高校立德树人
国际化探索与实践

GAOXIAO LIDE SHUREN GUOJIHUA TANSUO YU SHIJIAN

罗志雄◎主编

中国农业出版社
北京

编　委　会

主编：罗志雄

编委：李晓辉　黄剑峰　雷　好　关煜航

目　录
CONTENTS

引　言

一

高等教育国际化是一个相当复杂的概念，学者从不同视角开展研究，学界至今仍然没有完全达成共识。但是，现实中存在的高等教育国际化的表现形式倒是显而易见：学生与学者的跨国流动，教育项目、教育机构的跨国流动，课程国际化及其教学方式的变革，科学研究项目的国际合作，留学经济和教育服务贸易快速发展，等等。根据国际化载体的不同，还出现了传统国际化（国外国际化）、在地国际化（本土国际化）、在线国际化（虚拟国际化）等国际化现象。

20世纪中期以来，高等教育国际化与高等教育现代化相互激荡，高等教育国际化已成为世界各国提高高等教育水平的重要途径。发达国家希望通过国际化来巩固其高等教育现代化的优势地位，发展中国家则希望通过国际化来提升自身的高等教育水平。高等教育国际化由此成为各国高等教育现代化竞争的重要场域[1]。

培养人才和生产知识成为现代大学的重要职能，从而凸显了现代高等教育的共性，遮蔽了其文化传统基础和民族国家特点。美国学者阿特巴赫认为，在高等教育国际化背景下，大学除了传播知识、技能及价值观，还服务于政治和经济目的等其他目的；除了经济收益，教育的、政治的和文化的动机也与国际化息息相关[2]。

高等教育国际化在促使全球高等教育发展的同时，也给发展中国家高等教育的发展带来严峻挑战。一方面，发展中国家高等教育国际化预期收益具有不确定性，而且面临着高等教育主权、民族文化传统、民族自信心等方面的潜在影响，以及人才流失、资金流出等现实问题。另一方面，高等教育国际化表现出鲜明的非对称性特征，发达国家主要是输出型国际化，并且通过选择性输出和目的性输出来掌控国际化主动权，而发展中国家主要是输入型国际化，面临发达国家输出型国际化裹挟而容易失去自主性[3]。

二

改革开放以来，邓小平同志亲自部署高等教育对外开放，积极推动相关人员成规模出国留学，以此提高我国科技教育水平。邓小平同志"三个面向"的核心要义，在于强调高等教育现代化必须通过"面向世界"来增强"面向现代化"和"面向未来"的能力[1]。

1985 年 5 月，《中共中央关于教育体制改革的决定》开启了我国高等教育改革的序幕。同年，国家教育委员会等部门制定《外国留学生管理办法》。1996 年，国家留学基金管理委员会成立，进一步释放了出国留学和来华留学教育的发展活力。我国加入世界贸易组织（WTO）之后，相继出台了《中华人民共和国中外合作办学条例》及《中华人民共和国中外合作办学条例实施办法》，中外合作办学迈入健康发展的法治化轨道。《国家中长期教育改革和发展规划纲要（2010—2020 年）》对扩大教育对外开放、加强国际交流与合作作出了具体部署，旨在培养大批具有国际视野，通晓国际规则，能够参与国际事务和国际竞争的国际化人才。

党的十八大以来，我国坚持对外开放不动摇，不断开创教育对外开放新格局，全面提升教育国际合作交流水平，形成了更全方位、更宽领域、更多层次、更加主动的教育对外开放局面，增强了我国教育的国际影响力和亲和力。

2016 年，《关于做好新时期教育对外开放工作的若干意见》明确要求"坚持扩大开放，做强中国教育，推进人文交流"；《推进共建"一带一路"教育行动》提出"聚力构建'一带一路'教育共同体"。2019 年，《中国教育现代化2035》将"开创教育对外开放新格局"作为面向教育现代化的十大战略任务之一。2020 年，《关于加快和扩大新时代教育对外开放的意见》着眼于加快推进我国教育现代化和培养更具全球竞争力的人才。正是在中共中央、国务院各项政策的引领和推动下，我国教育对外开放总体布局不断得到完善，全方位、宽领域、多层次的教育对外开放局面逐步形成。

三

立德树人是中华文明对于教育及德性的独到理解与深刻把握，又是世界高等教育发展的共同潮流，其中蕴含的教育理念是人类文明的共同成果；立德树人还是中国共产党高等教育思想的核心理念，是中国共产党高等教育实践中始终不变的重大关切。党的十八大以来，习近平总书记发表了一系列关于立德树人问题的重要论述，将立德树人的理论意蕴提升到了崭新的高度，他明确指出："培养什么人、怎样培养人、为谁培养人是教育的根本问题。"

2017年，中共中央、国务院印发的《关于加强和改进新形势下高校思想政治工作的意见》中明确指出"高校肩负着人才培养、科学研究、社会服务、文化传承创新、国际交流合作的重要使命"，高等教育国际化成为高校一个新的重要发展方向。当前，世界正经历百年未有之大变局，中国特色社会主义建设进入了新时代，这为高校立德树人国际化实践带来了新的挑战与机遇，如何在世界大变局背景下创新思想政治教育路径，是高校立德树人国际化实践必须回答的命题。在经济全球化、高等教育国际化的浪潮中，西方国家的教育体系率先迎来了挑战，其德育工作的经验和教训对进一步改进我国高校立德树人工作有一定的借鉴意义。

正如加拿大学者奈特所言："高等教育国际化本身不是目的，而是达到某个目的的手段。"[4]我们要在坚持社会主义办学方向的前提下，积极借鉴西方国家在长期的教育实践中积累的丰富的德育工作经验，学习其符合现代德育发展规律的有效做法。

一是要在高等教育国际化过程中探索适应我国国情的德育模式。以中外合作办学为例，发挥其融合多元文化、整合全球资源的优势，通过引进、吸收、融合、创新，充实和完善中外合作办学在思政课程、课程思政、德育实践等方面的内容和方法，形成契合中外合作办学特点的德育工作体系和模式。

二是要从中外合作办学、来华留学以及中外人文交流等领域的实践中总结德育工作经验，将这些经验反哺到我国高等教育立德树人的实践中去。当前，高校落实立德树人根本任务，要坚持党的创新理论与高等教育国际化实践相结合，坚持发扬中华优秀传统文化教育的德育优势和借鉴国外德育经验相结合，努力构建适应新时代高等教育现代化的立德树人工作体系。

参考文献

[1] 张应强．中国高等教育现代化的方法论创新［J］．教育研究，2023，44（9）：108-126.

[2] 菲利普·阿特巴赫．全球化与国际化［J］．姜川，陈廷柱，译．高等教育研究，2010（2）：12-18.

[3] 张应强. 全球化背景下高等教育国际化理念的重新审视 [J]. 教育发展研究, 2021, 41 (23): 1-11.

[4] 简·奈特. 激流中的高等教育: 国际化变革与发展 [M]. 北京: 北京大学出版社, 2011: 24-26.

第一章　落实立德树人根本任务

党的十八大报告首次提出"把立德树人作为教育的根本任务"以来，以习近平同志为核心的党中央高瞻远瞩，就立德树人提出了一系列新理念、新思想、新论断。深入学习习近平总书记关于立德树人的重要论述，全面落实立德树人这一根本任务，是高校思想政治工作贯穿教育教学工作全过程的中心环节，是高校的立身之本[1]。

第一节　立德树人的渊源

立德树人，立意高远，语境宏阔。立德树人作为教育的根本任务，深刻揭示了教育的本质规律，指明了高等教育改革发展的方向，是当今高等教育共同面对的重大时代命题。高校是落实立德树人这一根本任务的主战场，既要汲取中华文明对于教育及德性的历史智慧，又要吸收世界高等教育有关德育的人类文明共同成果，切实回应中国共产党高等教育实践中始终不变的重大关切。

一、立德树人的中国文化基因

中华优秀传统文化源远流长、博大精深，凝聚着数千年中华民族的集体智慧，积淀了丰厚的道德文化遗产，是无数思想家对人与自然、人与社会、人与人等多方面进行伦理道德探索与思考的结晶。立德树人思想深深地植根于中华民族的优秀文化传统之中，作为一种成熟的道德价值体系，是中华民族在数千年德育文化中对个人伦理、家庭伦理、宇宙伦理的道德反思及伦理思考的智慧结晶，其所蕴含的重要教育意义与伦理启示在如今仍然熠熠生辉。

"德"是中国传统伦理文化的一个重要概念。关于立德树人的文化基因，高地认为，世俗性、超越性和政治性是中国传统立德树人思想的基本特征，奠定了中华民族立德树人文化传统的精神气质。殷人"以德为循"，将"德"理解为对神意的绝对依循和服从，笃信天命，通过占卜获得"神意"并将"神意"作为行动指南，而武王伐纣灭商被视为"修德配天"。从"以德为循"到"以德配天"，"德"从外在于人的神秘因素转换为内在于人的主观因素，这是中国传统政治伦理观的一次重大飞跃。"修德配天"观念，尤其是关于"政德"与"天命"的因果性认识，奠定了中国古代政治伦理思想基础，成为后来诸子百家思想特别是儒家思想的重要法理依据。从殷商"以德为循"的"神德"到西周"修德配天"的"人德"，标志着中国古代对"德"的认知从宗教性向世俗性的重大转变。立德树人在世俗化的同时，也被赋予超越性、终极性的意义与价值。关于"立德"最早的文字记载见于《左传·襄公二十四年》："太上有立德，其次有立功，其次有立言。虽久不废，此之谓不朽。"其中，"立德"位列"三不朽"之首，在世俗化的基础上被赋予了至高无上的地位。此时虽然尚未直接提出立德树人这一概念，然而"立德"已被赋予有别于宗教的超越性价值，事实上被确立为做人的最高价值目标和终极精神追求[2]。随着"立德"与教育的融合，"立德"也自然地从做人的至高境界转化为育人的终极追求。

西周初期"德"所对应的"人"仅限于统治者，"德"主要指的也是"为政之德"。春秋战国时期，"德"的内涵与外延进一步拓展，"德"不仅包括"为政之德"，还扩展到个人的"修身之德"。战国时期，已发展为上至君王、下至百姓的人皆有"德"的观念。从"神德"到"政德"再到"民德"，经过了一个世俗化、社会化、大众化的发展历程。春秋时期，"立德"开始具有了教育的内涵，教育和教化成为"德"之养成的重要途径，出现了"成德之教"的道德教化思想，强调"德"的养成除了需要自身的主观努力，也需要进行专门的教育培养，创设相应的环境和氛围。孔子把道德教化的政治功用提升到了"德治"的高度，这种"德治仁政"思想反映出古人对政治、法律、道德及教育内在关系的深刻把握，蕴含着丰富的政治智慧[2]。

二、立德树人的国际经验借鉴

立德树人并不是个中国独有的概念，培养出德才兼备、全面发展的人才是21世纪世界高等教育发展的共同潮流。

探究立德树人渊源的另一个维度，是横向把握中国与世界的双向互构，开拓全球视野，汲取他者经验。综观国际教育实践，立德树人的经验主要包括国家主导并开展德育、遵循青少年儿童身心发展规律开展学校德育、营造良好的道德文化社会氛围。

立德树人关系到能否为国家培养出合格公民，事关国家前途与命运。世界各国都非常重视价值观念的引领和思想品德的塑造，纷纷通过立法、战略规划、资源保障等手段掌握立德树人的主导权。联合国教育、科学及文化组织（UNESCO）于 2015 年发布《反思教育：向"全球共同利益"的理念转变？》这篇报告，该报告认为教育应当以人文主义为基础，强调为人类共同的利益承担责任，教育应该远离功利主义和经济主义，更多地纳入价值观、公民美德和正义感引领。美国于 2006 年出台了《美国高等教育行动计划》，规划了未来 10～20 年美国高等教育走向，强调了高校对社会的责任担当。日本在教育改革中提出"在 21 世纪把日本建设成为富有创造性的充满活力的国家"，要通过教育引导学生树立正确的道德观念，培养心胸宽广，体魄强健，富有创造性，具有自由、自律和为公共利益服务精神，面向世界的人才。此外，各国都在通过"人文教育""通识教育""社区实践"等德育方式，着力培养有责任感的合格社会公民和建设者，鼓励其在实现自我价值的同时贡献社会[3]。

伴随着人的主体意识的觉醒，学校德育的理念和方式也发生了转变，教育学界、心理学界的专家们开始更专注地从受教育者的视角来研究德育问题。近年来，许多国家针对不同年龄段学生设计德育目标、内容与方法，推动德育循序渐进、科学地开展。良好的道德文化是社会各个主体协同运行、合力作用的结果，政府、媒体、学校、社区、企业、民间组织以及个人都在道德文化的运行体系中发挥着重要作用，而良好的道德文化氛围则是立德树人的社会土壤[2]。

三、立德树人是中国共产党高等教育思想的核心理念

中国共产党从革命伊始就重视高等教育。为了造就致力于民族解放的革命先锋队，中国共产党在抗日战争时期创办了中国人民抗日军事政治大学、陕北公学等一批根据地大学，目标是培养具有强烈民族意识和坚定革命战斗精神的干部人才。新中国成立后，百业待兴，中国共产党更加重视加强高等教育来培养各类人才，以服务于建设人民共和国的伟大目标。1957 年 2 月，毛泽东同志在《关于正确处理人民内部矛盾的问题》讲话中指出："我们的教育方针，应该使受教育者在德育、智育、体育几方面都得到发展，成为有社会主义觉悟的有文化的劳动者。"[3]

改革开放以后，中国共产党更加深刻地认识到高等教育发展水平事关国家综合实力和国际竞争力。邓小平同志提出，教育要"面向现代化、面向世界、面向未来"，要培养"有理想、有道德、有文化、有纪律的'四有'新人"。1995 年颁布的《中华人民共和国教育法》规定："教育必须为社会主义现代化

建设服务，必须与生产劳动相结合，培养德、智、体等方面全面发展的社会主义事业的建设者和接班人。"这标志着"社会主义事业的建设者和接班人"成为我国教育方针明确规定的培养目标[4]。2002 年，江泽民同志在党的十六大报告中指出："坚持教育为社会主义现代化建设服务，为人民服务，与生产劳动和社会实践相结合，培养德智体美全面发展的社会主义建设者和接班人。"体现了中国共产党人立足国家实际对社会主义教育的理解和把握。2007 年，胡锦涛同志在全国优秀教师代表座谈会上发表讲话，他指出："要坚持育人为本、德育为先，把立德树人作为教育的根本任务，努力培养德智体美全面发展的社会主义建设者和接班人。"2012 年，胡锦涛同志在党的十八大报告中指出："把立德树人作为教育的根本任务，培养德智体美全面发展的社会主义建设者和接班人。"

党的十八大以来，习近平总书记发表了一系列关于立德树人的重要论述，将立德树人的理论意蕴提升到了崭新的高度，他明确指出："培养什么人、怎样培养人、为谁培养人是教育的根本问题。"2016 年，习近平总书记在全国高校思想政治工作会议上指出："要坚持把立德树人作为中心环节，把思想政治工作贯穿教育教学全过程，实现全程育人、全方位育人，努力开创我国高等教育事业发展新局面。"2017 年，习近平总书记在党的十九大报告中指出："要全面贯彻党的教育方针，落实立德树人根本任务，发展素质教育，推进教育公平，培养德智体美全面发展的社会主义建设者和接班人。"2018 年，习近平总书记在全国教育大会上指出："要把立德树人融入思想道德教育、文化知识教育、社会实践教育各环节，贯穿基础教育、职业教育、高等教育各领域。"2019 年，习近平总书记在学校思想政治理论课教师座谈会上强调："思想政治理论课是落实立德树人根本任务的关键课程。"

中国共产党立足于不同历史时期的时代特征和发展实际，坚持传承德育优先思想优秀内核并且不断丰富立德树人深刻内涵，进一步凸显了德育优先的时代性特征[5]。

📁 **案例 1 - 1**

在奋力谱写中国式现代化福建篇章中激扬青春梦想　贡献青春力量
——福建省委书记周祖翼到福建农林大学讲授思政课

2023 年 6 月 2 日，福建省委书记周祖翼到福建农林大学给师生讲授思政课，共同学习领会党的二十大精神和习近平新时代中国特色社会主义思想，深入学习贯彻习近平总书记给中国农业大学科技小院的学生回信精神，理解把握中国式现代化的理论体系和实践要求，助力推动广大青年在强国建设、民族复兴的新征程中展现担当作为，在奋力谱写中国式现代化福建篇章中激扬青春梦想、贡献青春力量。

周祖翼指出，党的二十大报告概括提出并深入阐述了中国式现代化理论，这是党的二十大的一个重大理论创新，是科学社会主义的最新重大成果。习近平总书记对中国式现代化的一系列重大理论和实践问题，作了全面、系统、深入的阐述，标志着党对现代化规律的认识达到了新的境界。周祖翼深入阐释了中国式现代化是强国建设、民族复兴的唯一正确道路，引导同学们在深刻理解的基础上深入思考自身在中国式现代化历史进程中担负的历史使命。青年是国家的希望、民族的未来，是以中国式现代化全面推进中华民族伟大复兴的主力军和生力军。大家要从学习中国式现代化理论中，增强作为中华民族一员的自尊心、自信心、自豪感，增强作为中国人的志气、骨气、底气，增强对中国特色社会主义的道路自信、理论自信、制度自信、文化自信，在推进中国式现代化中勇当开路先锋。

周祖翼详细介绍了探索中国式现代化福建实践的丰硕成果和光明前景。他说："党的十八大以来，全省上下深入学习贯彻习近平总书记重要讲话和重要指示的精神及党中央决策部署，牢记嘱托、砥砺前行，推动全省经济社会发展取得显著成就。新时代新征程，我们将紧紧围绕习近平总书记擘画的'机制活、产业优、百姓富、生态美'新福建宏伟蓝图和'四个更大'重要要求，一张蓝图绘到底，一步一个脚印推动落实，发展成就令人骄傲、发展前景令人振奋。希望大家学在福建、建设福建、奉献福建，在八闽大地追逐青春梦想、实现人生价值。"

周祖翼指出，习近平总书记关于青年工作的重要思想，是习近平新时代中国特色社会主义思想的"青年篇章"，凝结着党对青年和青年工作的无限关爱。他告诫大家要认真学习领会，在推进中国式现代化中立志做有理想、敢担当、能吃苦、肯奋斗的新时代好青年，既怀抱梦想又脚踏实地，既敢想敢为又善作善成，让青春在实现中国梦的火热实践中绽放绚丽的光彩；要坚定理想信念，听党话跟党走，早立志、立大志，学真理、悟真道，认真学好党史、新中国史、改革开放史、社会主义发展史，发挥福建独特优势，用好厚重的历史资源，传承红色基因，汲取奋进力量，始终坚定信仰信念信心，把个人的人生理想信念融入国家富强、民族复兴的伟业；要热爱伟大祖国，彰显青春价值，厚植爱国之情、砥砺强国之志、实践报国之行，把热爱祖国的大德与个人品德、社会公德有机结合起来，提升品德修养，注重崇德向善，做社会主义核心价值观的坚定信仰者、积极传播者、模范践行者，让爱国主义的伟大旗帜始终高高飘扬；要勤于学习实践，练就过硬本领，发扬钉钉子精神，持之以恒学、久久为功学，既要学知识更要学做人，既要提升专业知识技能，也要注重提升学习能力、创新能力、思维能力、沟通协调能力、团队合作能力等通用能力，加强理论武装，学习结合思考，理论联系实际，做到手脑并用、学用相长；要矢志艰苦奋斗，勇于创新创造，发挥青年人的闯劲、锐气、担当，树立正确的择业观、就业观、创业观，坚定执着地追求梦想，以青春之我、奋斗之我，为中国式现代化和新福建建设添砖加瓦。

周祖翼强调，新时代呼唤新青年，新青年一定是用党的创新理论武装起来的新青年，一定是忠实践行习近平新时代中国特色社会主义思想的新青年，一定是理想坚定、爱国爱党、牢记使命、砥砺奋斗的新青年。他希望大家在常学常新中提升理论修养，在真学真信中坚定理想信念，在学思践悟中牢记初心使命，在细照笃行中不断修炼自我，在知行合一中主动担当作为。他也希望大家珍惜韶华、不负青春，响应时代召唤，勇于从学校的"小课堂"走向田间地头的"大课堂"，积极投身乡村振兴主战场，真正把论文写在田野大地上，做新时代的奋斗者，让强国建设、民族复兴在奋斗中梦想成真。

授课前，周祖翼还来到李常盛图书馆，参观了校史馆和"习近平总书记关心指导福建农林大学建设发展"专题展厅。

资料来源：《福建日报》

第二节　立德树人的时代内涵

立德树人有深厚的历史渊源，有丰富的国际实践经验。高校要落实立德树人这一根本任务，首先要准确理解和把握其时代内涵。

一、习近平总书记关于立德树人重要论述的核心要义

（一）培养担当民族复兴大任的时代新人

习近平总书记多次强调"培养担当民族复兴大任的时代新人"具有现实意义。一个时期以来，教育中存在"疏于德、偏于智、弱于体、少于美、缺

于劳"的现实问题。"五育并举"是为了进一步落实教育促进人全面发展的目标，加快建设更加高质量的中国教育人才培养体系。"时代新人"这一概念的提出，既与培养社会主义建设者和接班人的目标一脉相承，是对现实问题的直面回应，更是实现中华民族伟大复兴对高质量人才培养的时代诉求和战略部署[1]。

培养时代新人，落实好立德树人这一根本任务，核心是要把握时代新人的科学内涵。时代新人突出表现为"德智体美劳全面发展的社会主义建设者和接班人"与"担当民族复兴大任的时代新人"。从人才培养的规格看，时代新人是德智体美劳全面发展的社会主义建设者和接班人，即"五育并举"和"德育为先"；从人才发挥的作用看，时代新人着眼于中华民族伟大复兴，有理想、有本领、有担当。

（二）全方位多要素协同育人

习近平总书记始终秉持的是"大教育观"：学校、家庭、社会都要积极承担各自责任，发挥不同的功能和价值；同时加强协同联动，构建"三位一体"的教育网络，构建全方位、多要素协同育人的合力。

家庭是落实立德树人的第一所"学校"，要发挥家庭对立德树人的奠基作用。加强家庭教育，是落实立德树人这一根本任务的内在要求。学校是落实立德树人的主阵地，要发挥学校的立德树人主体作用。学校是以育人为根本职责的专门场所，必须把立德树人作为学校一切工作的中心环节，把学校的课程、教学、管理、文化、教师等各要素都集中到立德树人这一根本任务上来。社会是落实立德树人的"大课堂"，要发挥社会对立德树人的支持作用。社会即学校，某种程度上说，社会上的所有活动都属于教育的范畴，社会对立德树人具有非常重要的作用[1]。

（三）为党育人、为国育才

"为党育人、为国育才"是中国共产党站在建设教育强国、实现中华民族伟大复兴的高度，对"为谁培养人"这一重大问题的时代回应。"为党育人"意指我国是中国共产党领导的社会主义国家，教育的根本任务是为中国共产党长期执政培养接班人。马克思主义理论中政党的阶级属性决定了我国教育必须坚持"为党育人"，体现了党对教育工作全面领导的坚定立场。"为国育才"意指立德树人事关国家繁荣和民族复兴。"为国育才"是百年未有之大变局下应对复杂的国际环境，能让中国抢占发展先机、赢得人才的战略部署。"为国育才"是实现"第二个百年奋斗目标"和中华民族伟大复兴的关键所在。中国特色社会主义教育必须把立德树人这一根本任务与中华民族伟大复兴紧密结合起来，为广大青年打好中国"底色"、筑牢中国"基因"，为实现中华民族伟大复兴的奋斗目标铸魂育人[1]。

二、准确理解习近平总书记立德树人重要论述的内涵

立德树人，既包含对"德"要义的理解，也包含对"立德"与"树人"内在关系的解读。"立德"是途径，"树人"是目标。二者互为辩证关系，统一于新时代中国特色社会主义高校的办学目标[6]。

一要着力把握培育践行社会主义核心价值观。习近平总书记继承中华优秀传统文化关于"德"的基本思想，并根据时代要求，对"德"的内涵进行了新的解读。习近平总书记强调树立国家的"大德"，要求青年学生勇于担当中华民族伟大复兴这一使命，勇敢担当实现中国梦的重任。把社会主义核心价值观内化为大学生的思想品德，是立德树人的重要目标；践行社会主义核心价值观是立德树人的基本要求，也是基本路径。

二要着力把握加强理想信念教育。社会主义道德既包括道德品质和道德能力，还包括理想信念、人生价值追求和法律素养等，是受教育者思想品德的综合体现。习近平总书记高度重视理想信念教育在立德树人过程中的重要作用，他多次强调革命理想高于天，以及理想信念就是共产党人精神上的"钙"。他指出："理想指引人生方向，信念决定事业成败。没有理想信念，就会导致精神上'缺钙'。"

三要着力把握坚持正确的政治方向。高校党委必须加强对立德树人的思想引领，全面落实党对高校的全面领导。习近平总书记强调："我国高等教育发展方向要同我国发展的现实目标和未来方向紧密联系在一起，为人民服务，为中国共产党治国理政服务，为巩固和发展中国特色社会主义制度服务，为改革开放和社会主义现代化建设服务。"办好社会主义高校，必须坚持以马克思主义为指导，全面贯彻党的教育方针。

四要着力把握人的全面发展。坚持立德树人这一根本任务，目的是培养德智体美劳全面发展的社会主义建设者和接班人。习近平总书记关于立德树人重要论述的核心要义与马克思主义关于人的全面发展理论是一脉相承的，立德树人也是中国进入社会主义新时代实现人的全面发展的现实路径与必然要求。

📁 **案例 1-2**

福建农林大学："四个突出"积极推进"大思政课"建设

突出"大格局"，让"大思政课""立"起来。落实主体责任。学校党委书记、校长带头讲"开学第一课"，构建校党委统一领导、党政齐抓共管的"大思政课"建设格局。完善培养体系。学校出台了《关于推进学校党建和思政工作守正创新"八大工程"的实施方案》《关于开展思政课守正创新规范化建设试点工作方案》等一系列涵盖教育、宣传、考核、监督、奖惩全过程的管理办法。强化协同育人。学校邀请党的二十大代表、国家菌草工程技术中心首席科学家、党的十九大代表、中国科学院院士等人士，为学生同上一堂"大思政课"。

突出"大课堂"，让"大思政课""活"起来。夯实"第一课堂"。学校开设课程有9门获评国家级课程，13门获评省级课程。提升习近平新时代中国特色社会主义思想概论课的水平，将优质师资向该课程倾斜。围绕"四史教育""乡村振兴""文化育人"等主题设置课程模块，开设《菌草与国际扶贫》《中国减贫的福建故事》《中国共产党革命精神谱系》《福建近代历史与文化》《大学生红色文化素养与应用》等系列选修课，精心拍摄120余个微专题影片，打造"思政课＋选修课"的"金课群"。活跃"第二课堂"。2019年以来学校邀请省内外专家举办沙龙讲座430余场，参加学生58 000多人，为学生推荐好书200多部，线上与线下互动16 000多次。《摆脱贫困》研究生读书小组，入选中国高等教育学会马克思主义研究分会2023年度马克思主义经典著作研读资助计划。开启"行走课堂"。学校组建"青春心向党"青年宣讲团、乡村振兴实践调研团、青马耕读师生宣讲团、福农党课下基层宣讲团等，重点打造"星火燎原之路"等5类具有地方特色的现场教学点，举办理论宣讲、科普和专业培训讲座670余场，受益66 700余人次，打通"思政小课堂"和"社会大课堂"。

突出"大平台"，让"大思政课""宽"起来。加强教学平台基地建设。学校与高校、研究机构、纪念馆等合作共建实践教学研修教学基地5个，发挥平台基地实践育人的功能。深化平台资源建设。学校积极推进省级闽派特色"大思政课"资源数据库建设，打造"红色八闽·英雄""红色八闽·事件""红色八闽·文物"等系列的资源建设。推动数字化赋能平台建设。学校牵头与省内8家马克思主义学院共建数字化思政课虚拟教研室。

突出"大师资",让"大思政课""强"起来。建强师资队伍。校党委成立党委理论宣讲团,各二级党委结合学科专业特色成立形式多样的师生宣讲团。2019年以来,马克思主义学院新补充专职思政课教师41人,数量增长了50%。优化培育体系。分层次跟踪培养一批具有发展潜力的优秀青年学术骨干教师,进一步优化教师队伍结构,3人入选2023年度福建省高校中青年马克思主义理论学术骨干培育计划,1人成为学校"百人攀登计划"培育人选,新增国家教材委员会高校哲学社会科学(马工程)专家委员会专家1人、宣传思想文化英才培育计划1人、福建省高层次人才(C类)1人。突出咨政育人。1篇调研报告得到国家领导人批示,并获国家发展和改革委员会优秀研究成果一等奖;4篇(次)被《经济日报》内参《舆情信息》《信息专报》采用;教学改革建议被福建省社会科学界联合会《成果要报》采纳。

资料来源:"福建高校思政网"公众号

第三节 立德树人实践的难点

立德树人是高校立身之本,是高校工作的中心环节。深入落实立德树人这一根本任务,已成为新时代高校的思想指南与实践遵循,需要以更宽广的视野、更全面的要求、更深刻的认识去把握重点、破解难题、取得实效。

一、掌握意识形态工作领导权

高校立德树人的难点首先体现在意识形态领域,高校思想政治工作是党的意识形态工作的重要组成部分。当前世界处于百年未有之大变局,后疫情时代经济下行压力导致原有的矛盾更加突出,各类思潮纷纭激荡,意识形态领域呈现出尖锐化和复杂化的趋势。因此,坚持党对高校的全面领导,坚持社会主义办学方向,贯彻党的教育方针,加强对师生的思想理论教育和价值引领,是高校做好意识形态工作的核心要义[7]。

二、有效激发主体道德自觉

高校立德树人的难点还在于唤醒主体的道德自觉,激发其自我意识并促使人格意识觉醒,实现道德的主动式内化。所谓主体的道德自觉,即大学生在与自身密切相关的道德关系和活动中有效发挥自身的能动性和主体性,进而遵循道德准则、加强道德建设、增强道德自律、优化道德品质的意识。在中华民族伟大复兴的新征程中，"两个一百年"奋斗目标为当代大学生提供了施展伟大抱负的人生机遇，激励大学生把自己的人生规划融入民族复兴、国家强盛的宏伟蓝图，在理想信念层面积极进取，并主动充盈自身的精神世界，合理规划自身的发展路径，积极进取，拼搏奋斗。在德育实践中，受制于道德在教育理念和教育方法上的缺失，一定程度上存在道德教育与道德实践脱节，"知而不信""言而不行"等现象，制约了主体有效激发道德自觉。同时，在市场经济内在的逐利性、追求利益最大化的弊端作用下，大学生在道德层面体现出焦虑化、功利性的特点，在对理想信念的坚持、道德品质的坚守时存在迷茫和动摇[7]。这些问题和困难，都是高校立德树人实践中必须正确面对、积极破解的。

三、有效驾驭网络信息环境

随着信息技术的迅猛发展，尤其是人工智能技术与社会生活领域深度融合，信息传播方式的变化导致青年一代的阅读形态、学习模式乃至交往方式正在发生深刻变化，高校立德树人也受到了前所未有的挑战。如何面对网络时代的新变化，把握新规律，采取有效策略形成长效机制，成为高校立德树人的重要课题。从道德教育视角来看，随着自媒体等传播平台的发展，信息过载、真伪难辨的泛在网络环境，实际上消解了主流话语体系，削弱了道德教育的实效性。从大学生的视角来看，信息过载、真伪难辨的泛在网络环境，一定程度上干扰了大学生科学理性地进行价值判断。对高校教育者而言，在网络信息环境下进一步赋予思想政治工作以新内容、新载体、新方式，有效规范大学生的网络道德行为以及涵育健康向上的网络文化，是提升立德树人实效性的现实方向[7]。

四、实现有效评价督导激励

高校立德树人面临评价激励方面的难点，由于德育工作具有涉及面广、见效周期长等特点，德育实践中仍然存在整体协同推进效果欠佳、德育措施落实不够到位等问题。高校要调动教育者和受教育者双方的积极性，在德育评价、德育督导、道德激励这3个环节共同发力，协同推进评价指标体系优化、德育过程跟踪督导、德育成效激励表彰等环节，全面落实立德树人这一根本任务。

第四节 立德树人实践的路径

教育部《高校思想政治工作质量提升工程实施纲要》对高校立德树人的有效路径进行了总结，即课程、科研、实践、文化、网络、心理、管理、服务、资助、组织共十大育人体系，其中课程育人、实践育人、文化育人作为课堂教学、研学锻炼、心灵浸润的主要方式，育人作用突出，三者协同推进、优势互补，对于增强立德树人的整体效应意义显著。

一、课程育人是立德树人的重要途径

课程育人是以课堂、课程、课本等理论教育的载体传授思想、政治、道德等知识的方式，是落实立德树人这一根本任务的基础环节。

（一）思想政治理论课是思想政治教育的主渠道

思想政治理论课系统地对大学生进行马克思主义理论教育，是巩固马克思主义在高校意识形态领域指导地位、坚持社会主义办学方向的重要阵地，是全面贯彻党的教育方针、落实立德树人这一根本任务的主干渠道和核心课程，是加强和改进高校思想政治工作、实现高等教育内涵式发展的灵魂课程。发挥思想政治理论课的吸引力、说服力、影响力，就必须紧紧围绕现实问题，增强教育教学的针对性。理论教育要纳入中华民族伟大复兴的宏大背景，关注社会变迁对人的思想道德产生的影响，紧密联系党带领全国人民实现"两个一百年"奋斗目标的生动实践，紧密联系"脱贫攻坚战""疫情保卫战"的生动实践，紧密联系学生的思想实际开展思想政治理论课的教育教学。当前，在利益多元化背景下的人的价值取向呈现出新特点，给社会主义的道德规范带来了严重挑战。同时，在百年未有之大变局背景下，意识形态领域斗争的新形势也给思想政治教育提出了新课题。在不断变化的利益关系面前，如果思想政治教育不能面向现实和生活，就会常常处在效果不佳的尴尬境地。

（二）课程思政是思想政治教育的重要渠道

课程思政是挖掘通识教育课程、专业课程的思想政治教育资源，把思想政治教育融入教育教学各环节的过程。张大良认为，课程思政作为一种新的教育理念，是新时期加强高校人才培养和思想政治教育的新要求、新举措、新方向，从根本上回应了"培养什么人、怎样培养人、为谁培养人"等重大理论与实践问题。近年来，高校全面落实立德树人这一根本任务，以全员、全程、全方位育人为引领，课程思政工作方案在高校得到贯彻实施，有效推进了各类专业课程与思想政治理论课同向同行。课程思政建设的基础在课程，根本在思政，重点在课堂，关键在教师，成效在学生。要有效加强课程思政建设，形成全体专业课教师开展课程思政一个都不少，学校开设的所有课程实施课程思政一门都不缺位的"课程思政＋思政课程"协同育人大格局[8]。

（三）教师是落实立德树人这一根本任务的责任主体

教师是落实立德树人这一根本任务的主体力量。大力弘扬教育家精神，加快推进教育强国建设，必须让教育者先受教育，让传道者自己先明道、信道，充分彰显教师在立德树人中的主体作用。认真遵循习近平总书记有关好教师的标准，把师德师风作为评价教师队伍素质的第一标准，按照"四有""四个引路人""四个相统一""三个牢固树立"的要求，加强新时代师德师风建设。推动师德师风建设常态化、长效化，是匡扶师道正义、守护学生成长、赋能教师发展的战略安排，是建设高素质教师队伍的必由之路。要用党的创新理论武装高校教师，牢牢把握"四个服务"意识，始终坚持正确的政治方向，树立崇高的精神追求；要在实践中培育、凝聚高校教师坚定的理想信念；要强化评价激励机制，严格落实师德建设制度，有效防止师德失范行为。高校教师要牢记"为党育人、为国育才"的初心使命，树立"躬耕教坛、强国有我"的志向和抱负，自信自强、踔厉奋发，为强国建设、民族复兴伟业做出新的更大贡献。

二、实践育人是立德树人的基本途径

实践是检验真理的唯一标准，是认识的源泉，也是育人的基本途径之一。实践性教育指受教育者通过动手操作、主动探究、参与社会活动等形式获取知识、经验和能力，并形成情感、态度和价值观的过程。党的教育方针明确要求教育必须同生产劳动和其他一切社会实践相结合。我国高校已经形成实践教育与专业学习、服务社会、勤工助学、择业就业、创新创业相结合的工作机制。同时，军事训练、社会调查、生产劳动、志愿服务、公益活动、科技发明和勤工助学等实践活动，对于大学生树立正确的人生观、价值观和社会责任感具有不可替代的重要作用。因此，立德树人既要有严谨的课堂理论教育，又要有生动活泼的社会实践。

社会实践是锻炼人的意志品质的基本途径。人的意志要通过社会实践体现出来，并且通过社会实践的途径得到锻炼和磨砺，进而这种意志又会成为推动大学生成长和社会实践发展的重要精神力量。社会实践的目标越高，遇到的困难越大，环境越艰苦，对人的意志的锻炼强度就越大，从而人的意志力量就越强大。新时代从实践途径推进高校立德树人工作，要从更新教育理念开始，从思想自觉落到行动自觉；要发挥评价的导向作用，扭转用单一指标评价教育质量的错误倾向；要整合社会资源，为高校开展实践性教育活动提供经费和保障条件[9]。

三、文化育人是立德树人的隐性路径

文化育人即以文化人，是指利用各种文化形式或载体，将教育内容融入学生的生活，让学生在良好的文化氛围和文化环境中，潜移默化受到相应教育的过程。文化育人可以促进人的社会化，使人从孤立、片面的状态过渡到完整、自由的状态，这是一个社会化与个人化统一的过程。

中华优秀传统文化、革命文化和社会主义先进文化凝聚着中华民族的辉煌历史，蕴含着中华民族的民族精神，贯穿着中华民族的理想信念，是中华民族共同创造的精神家园，也是中华民族生生不息的强大精神力量。高校文化育人就是要用中国文化谱系来涵养大学生的精神世界，培育时代新人。同时还要融入学校特色，同校史文化结合起来，既要讲好中华民族的故事、中国革命故事、改革开放和发展故事，又要发挥大学文化资源的作用，用身边的榜样力量来激励青年学生。

高校文化育人的重点在于"化"，文化具有无形性、渗透性、持久性、差异性、体验性等特征。文以载道，润物无声。通过营造文化氛围、文化环境去启发、感化大学生，从而培养青年学生对社会主义核心价值观的自觉认同。与理论说教和强制灌输相比，文化育人更多的是一种主体间性式的育人方式，它着重于被教育对象在受到文化的影响时，可以形成一种将其内化于心、外化于行的思想自觉与行动自觉[9]。

体现社会主义特点、时代特征和学校特色的校园文化，是高校文化育人的重要载体。校园文化一般认为可以分为物质文化、制度文化和精神文化，其中精神文化是校园文化的核心，物质文化是校园文化的基础，制度文化是精神文化和物质文化的中介。校园文化是通过学校长期养成和积淀而形成的，校园文化对学生思想观念和行为方式有着潜移默化的影响，具有重要的育人功能。福建农林大学聚焦立德树人这一根本任务，挖掘学校发展历程中具有德育价值的文化元素，总结凝炼出"五种品格"精神，激励当代青年学子以先贤的教育思想和科研精神为榜样，切实将"耕牛的拓荒""骏马的争先""蜜蜂的勤勉""青松的顽强""小草的奉献"等"五种品格"精神内融于心、外化于行，做走在时代前列的奋进者、开拓者、奉献者，书写无愧于伟大时代的青春之歌和精彩人生。

📁 案例 1-3

福建农林大学举办首届"五种品格"文化节

2023 年 5 月 20 日上午，福建农林大学首届"五种品格"文化节在福建农林大学拓荒广场举行，千余名师生参加了本次文化节。

福建农林大学已走过了 87 年的奋斗历程，涌现出了一大批立志农科、振兴中华的杰出人才，凝炼形成了"耕牛的拓荒""骏马的争先""蜜蜂的勤勉""青松的顽强""小草的奉献"等"五种品格"精神。

在学"五品"区，布置了开展学习贯彻习近平新时代中国特色社会主义思想主题教育展，讲述"五种品格"先进人物事迹；在行"五品"区，开设了蜂疗义诊特色服务，师生除了接受蜂疗义诊，还可以听取蜂疗知识的解说；在游"五品"区，师生共同体验丰富有趣的"五品"游戏，并向驻足的师生送出精美的"五种品格"周边文创产品；在创"五品"区，以不息为题，以日新为道，各个科研团队竞相展示相关科研创新成果。

据悉，福建农林大学首届"五种品格"文化节由校党委宣传部、学工部、研究生院、团委主办，动物科学学院（蜂学学院）承办，共设置了学"五品"、行"五品"、游"五品"、创"五品" 4 个活动区 30 余项活动内容。各活动区发挥特色，通过摆点的方式呈现福建农林大学"五种品格"文化内涵，还开展了"五种品格"作品展、百人共绘五品墙、公益无偿献血等系列活动，引导师生在体验"五种品格"深厚底蕴的同时，学思践悟，深入开展学习贯彻习近平新时代中国特色社会主义思想主题教育、领悟党的二十大精神，在参与中乐享和传播"五种品格"文化，提高爱校荣校意识，展示福建农林大学学子的文化自信。

资料来源：福建农林大学动物科学学院（蜂学学院）官方网站

第五节　构建立德树人的有效机制

立德树人的工作机制是指以立德树人为核心，以培养德智体美劳全面发展的社会主义建设者和接班人为目标，以学校、家庭、社会为实施主体，以制度化、规范化、科学化为基本特征，以全员参与、全程管理、全方位评价为保障，以立德树人为根本任务的人才培养模式。其内涵主要包括以下5个方面：一是以立德树人为核心，以此为出发点和落脚点，贯穿人才培养的全过程。二是以培养德智体美劳全面发展的社会主义建设者和接班人为目标。三是以学校、家庭、社会为实施主体，三者应该相互协调、相互支持、相互促进，共同推进人才培养工作。四是以制度化、规范化、科学化为基本特征。五是以全员参与、全程管理、全方位评价为保障。因而构建立德树人的有效机制，是深入开展立德树人工作的根本保障[9]。

一、建立高校"三位一体"育人机制

在高校党委的领导下，以思想政治教育工作者为中坚，以教师为主导，以学生干部为骨干形成的"三位一体"育人机制，构建起党政齐抓共管，专兼职队伍相结合，全校协同配合，学生自我教育、自我服务的工作局面。

构建育人机制，首先要加强党对高校思想政治教育的领导，用党的创新理论武装教职工，进一步推进辅导员队伍的职业化和专业化建设。关键要加强师德师风建设，完善师德评价体系，激励教师参与学生培养的全过程，增强专业教师立德树人使命感、责任感和获得感。重点要发挥大学生的主体作用，激励大学生"朋辈互助"，调动和提高学生骨干和广大学生在立德树人工作中自我教育、自我管理、自我服务的积极性、主动性、创造性。

二、建立"三全育人"相结合的内部整合机制

立德树人工作是一项系统工程，需要调动高校内部各方面的资源和力量形成合力，整合内部各种资源，形成全员、全过程、全方位育人（"三全育人"）的格局。教师要增强立德树人的思想自觉和行动自觉，自觉挖掘学科专业和教学过程中所蕴含的德育资源，既教书，又育人，使学生在获取知识的同时，得到德性的滋养与涵育。管理和服务岗位就是要把立德树人融入本职工作的全过程各环节，切实把德育工作落实到行动中。

当前，充分发挥"三全育人"工作机制在立德树人方面的作用，一是要强化"德育为先"的观念，突出德育的首要地位。要改变只有政工干部做学生思想政治工作的片面思想，发挥好各自的优势，做到教学、管理、服务优势互补。二是要强化德育工作考核，通过制度落实全体教职工德育职责，切实把立德树人这一根本任务融入各个部门、每个教职工的工作，分解到高校育人工作的各个环节里去。

三、建立学校教育、家庭教育和社会教育相结合的外部协同机制

学校、家庭和社会构成的外部协同机制，汇聚了三方面的教育优势，可以产生整体合力。其中，家庭教育是基础阵地，身先垂范，以情感人；学校教育是主要阵地，并对协调社会力量和家庭力量开展思想政治教育发挥着主导作用；社会教育是环境阵地，包括社会舆论、社会实践和社会环境，无处不在、润物无声。因此，立德树人要在党和政府的领导下，把学校教育、家庭教育和社会教育结合起来，为学校教育提供有力的外部支持，实现资源利用和教育效益的最大化，进一步提升育人成效。

📁 案例 1 - 4

福建农林大学"四位一体"：构建耕读教育实践育人新格局

播撒"信仰的种子"，深化"三农"认知。充分发挥福建省习近平新时代中国特色社会主义思想大学生研习社和中共党史读书社两个省级平台的龙头作用，深化联学共建、并排培养，持续办好学生社区"青春学堂"、"思想者"读书沙龙活动。邀请党政领导、党的二十大代表、专家学者、"五老"同志、优秀校友等为学生上"思政大课"，引导学生掌握"三农"理论、政策和实情，着力解决学生"学农不知农"的问题，帮助学生在加快推进农业农村现代化、全面建设社会主义现代化国家的伟大进程中找准学习研究、创新创业、实践应用的着力点，为学生全面健康发展奠定坚实的思想基础。福建农林大学在第八季福建省高校大学生学习马克思主义理论"一'马'当先"知识竞赛中，取得全省总决赛本科生组、研究生组团体双第一的佳绩。

拓宽"主渠道"，厚植"三农"情怀。福建农林大学主动对接农业强国建设的战略需要，深挖校本资源，将学科优势转化为育人特色，实施"专业精品＋特色通识"耕读教育课程建设计划，深度挖掘提炼专业知识体系中所蕴含的

耕读教育元素，在传统农业文化方面加强对学生的教育。围绕农业、林业和茶叶产业链发展，将专业指定依托课程打造成专业精品耕读教育课程，每个专业至少开设 32 个耕读教育学时。创设木工、特色植物培育、农产品加工、标本制作、茶叶生产和茶艺体验等"大国三农"特色农林通识课程，并纳入公共选修课进行管理，打造富有农林特色的"耕读文化""福文化"等"耕读"系列社区嘉年华，组织师生创作《点草成金》《我们的严院长》《深爱》等耕读文化作品，促进形成涵盖理论教学、实践教学、劳动生产等多个教学环节，第一课堂和第二课堂相融相通的耕读教育课程体系，激发学生投身"三农"、以身许国的家国情怀，使学生树立"以农报国"的志向抱负。

深耕"责任田"，淬炼"三农"本领。坚持把习近平总书记关于"三农"工作的重要论述作为教书育人的最好教科书，秉持"生根基层、知行合一"的育人理念，将耕读教育相关课程作为涉农专业学生的必修课，持续深化实践基地建设，通过建设标准化农田并引入教师农业科研项目，以及链接农业企业、休闲农庄、农机合作社等方式，进一步完善科教基地，为学生提供农作物育种、繁育等基本技能和产业实战锻炼，并通过耕读教学、田间实践、社会实践等形式，引导学生深度参与科研攻关、实际生产、实践操作和经营管理，促使学生主动深入农村、学会与农民打交道。持续开展农事实践训练，让学生在田野躬耕中出力出汗体验农事的艰辛，在耕读学习中感悟我国千年农耕文明历史和农村历史，让学生在各类型的科研基地、示范基地、推广基地中感受农业现代化前沿发展与农民生活的改善，提升学生对新时期"三农"工作的认识，自觉在理论知识与生产实践结合中练就强农兴农的本领。

收获"育人果"，彰显"三农"担当。充分发挥连续 36 年获全国暑期"三下乡"社会实践优秀单位的经验和优势，联动全校 43 家科技小院、百多名科技特派员，聚焦"三农"发展的关键领域、薄弱环节及重点和难点问题组织开展"大国三农"调研，鼓励学生深入农业农村生产一线开展科技咨询、产业服务并指导生产，解决产业问题，深度参与实际生产、实践操作和经营管理。紧密结合现代农业发展和人才培养实际，不断强化大学生职业生涯规划、创新创业教育和就业指导服务，抓好"三支一扶"、大学生志愿服务西部计划和研究生支教团选拔，选树全国高校毕业生基层就业卓越奖等一系列扎根"三农"事业的优秀典型，激励学生走进农村、贴近农民、走向农业，主动返乡创业，实现以农兴业。努力打造一支沉得下、留得住、能管用的乡村人才队伍，为乡村振兴提供源源不断的青春力量。

资料来源："FAFU学工"公众号

第六节　高校立德树人的重要意义

习近平总书记指出："教育是民族振兴、社会进步的重要基石，是功在当代、利在千秋的德政工程，对提高人民综合素质、促进人的全面发展、增强中华民族创新创造活力、实现中华民族伟大复兴具有决定性意义。"高校立德树人意义深远而重大，它不仅是大学教育的根本任务，更是塑造学生健康人格及培养德智体美劳全面发展的社会主义建设者和接班人的重要途径。立德树人与中国传统德育思想一脉相承，是传统教育理念在当代的弘扬与发展。同时，立德树人凸显了以人为本的教育理念，它强调了德育在教育体系中的核心地位，通过引导学生树立正确的世界观、人生观和价值观，培养他们具备高度的社会责任感和历史使命感，实现教师教书育人与学生成长成才相统一。再者，立德树人也是党的优良传统和马克思主义中国化历史经验在教育中的重要体现，它结合中国特色社会主义伟大实践，为实现中华民族伟大复兴的中国梦提供有力的人才保障。此外，立德树人与国际教育发展潮流同向同行，注重因材施教、个体引导，吸收并融合世界优秀文化成果，不断提升人才的全球化意识与国际化竞争力。

一、高校立德树人顺应文化传承与国家发展的需要

习近平总书记在全国高校思想政治工作会议上强调："我国有独特的历史、独特的文化、独特的国情，决定了我国必须走自己的高等教育发展道路，扎实办好中国特色社会主义高校。"中华民族拥有五千年的文明史，是世界四大文明古国中唯一文化延绵存续至今的国家，"立德"在中华民族文明赓续和血脉传承过程中，有着无可替代的作用。传统儒家思想认为，"立德、立功、立言"是人生不朽的 3 种方式。其中"立德"是人生的首要任务，指养成高尚的道德品质，如尧、舜、禹、孔子、孟子等圣人的道德品质；"立功"指建立功业，因为所取得的成就而为后世敬仰；"立言"则指对为人处事有所言说，因为真知灼见而被后世学习。这 3 种方式中，立德被放在首位，突出高尚的道德品质，这是最为人所称道、最值得人们去追求的。《荀子·礼论》中提到："先王恶其乱也，故制礼义以分之，以养人之欲，给人之求。"礼义制度是古代的圣王为了改变天下纷争离乱的状态而制定出来，以确保社会安定的。唐朝的孔颖达说："立德，谓创制垂法，博施济众，圣德立于上代，惠泽被于无穷。"博大

精深的中华优秀传统文化，为中华民族生生不息、发展壮大提供了丰厚滋养，支撑着中华民族的浩然正气。

随着经济全球化、政治民主化、文化多元化和信息网络化的深入发展，传统价值体系与新兴价值体系融合碰撞，出现了道德边缘化和信仰虚无化现象，功利主义、利己主义和虚无主义等思想交织。当前，我国的部分高校在人才培养中重智育轻德育、唯分数论等现象的存在，究其原因，即教育在实用主义思维惯性下以培养高级专业技能人才为追求，普遍存在重视树人之专业教育，而忽视立德之人文素养的问题。教育应该是一种"精神上成就人"的事业，教育之本，化智引识，应使人拥有自我发展、自我实现的能力。曾任耶鲁大学校长20年之久的理查德·莱文说过："真正的教育不传授任何知识和技能，却能令人胜任任何学科和职业。"而当教育缺失了人文情怀的熏陶，只把目光投向知识的传授时，教育便丢失了其本质，毫无生机。如果教育不能正本清源，发挥育人的引领作用，那么整个社会的风气都将被利益污染，又何谈所育之人能对社会、对国家、对人类有所贡献呢[10]？面对这一挑战，我们必须加强高校学生的思想政治教育，引导广大学生坚定共产主义理想信念，坚定中国特色社会主义的道路自信、理论自信、制度自信、文化自信，让理想追求在学生心中扎根，让学生切实树立以中国式现代化实现中华民族伟大复兴的崇高理想。

二、高校立德树人符合教书育人与学生成长成才规律

高校作为培养社会主义建设者和接班人的重要阵地，落实立德树人这一根本任务是为了保证我国社会主义事业的可持续发展。这不仅是党中央对高校的要求，也是高校肩负的重要使命。从教书育人规律来看，教书育人是教师在传授专业知识的同时，通过自身的道德行为和人格魅力，引导学生寻找生命的意义，实现人生的价值追求，塑造完美的人格的教育过程。这个教育过程可以分为两个层面：一是"教书"，即让学生获取知识并将其应用到实践中；二是"育人"，即培养学生的世界观、人生观和价值观，使学生学会做人。陶行知说："先生不应该专教书，他的责任是教人做人；学生不应该专读书，他的责任是学习人生之道。"因此，将立德树人作为中国特色社会主义高校的立身之本，是对教书育人规律的科学应用。学生成长成才，应该德智体美劳全面发展，这是一个综合性系统，不能忽视任何一个方面。根据马克思主义的观点，人之所以要实现全面发展，是因为人需要摆脱"人的依赖"和"物的依赖"，这是由人的全面本质所决定的。马克思认为，人的全面发展是以一种全面的方式进行的，在人的发展过程中，德育起着首要的作用，没有德育提供动力并确

定方向，智育、体育、美育、劳育就难以实现。因此，以人的全面发展为内涵的学生成长成才规律也促使我们将立德树人作为高校的立身之本。

三、高校立德树人反映中国式现代化的内在需要

习近平总书记在党的二十大报告中指出："教育、科技、人才是全面建设社会主义现代化国家的基础性、战略性支撑。必须坚持科技是第一生产力、人才是第一资源、创新是第一动力，深入实施科教兴国战略、人才强国战略、创新驱动发展战略。"中国共产党创办高等教育起步于革命时期，目标是培养造就一批能担重任、致力于民族解放的"革命先锋队"。抗日战争期间，在民族危机日益严重的形势下，为满足全面抗战的需要，中国共产党创办了一批以抗日军事政治大学、陕北公学、延安中国女子大学、鲁迅艺术学院等为代表的革命根据地大学。这一时期高等教育的办学目标是培养一大批具有强烈的民族意识和坚定的革命战斗精神的"革命先锋队"，培养万千谋求民族独立、人民解放的干部人才。至新中国成立之时，国内百业待兴，中国共产党通过发展高等教育培养了大批国家建设人才。中国共产党创办的高等教育发展于新中国，目标是培养造就一批为社会主义建设服务的"人民共和国建设者"[3]。新中国成立七十余年来，在中国共产党的带领下，我们坚持走中国特色社会主义道路，国家以经济建设为中心，改革开放、自力更生，创造了一个个举世瞩目的发展奇迹。如今，中国5G通信世界领先，电子商务、移动支付、高铁动车等纷纷成为国家的新名片；倡导"一带一路"、打造人类命运共同体，大国地位举足轻重；国内生产总值突破17万亿美元大关，已然跃居世界第二。从站起来到富起来，再到强起来，一代代青年学子在征程中燃烧青春、贡献力量。中国特色社会主义进入新时代，国际与国内环境都发生了深刻复杂的变化，实现中华民族伟大复兴，人才是关键，教育是基础。离开了人才，中华民族伟大复兴就失去了源源不断的动力；离开了教育，实现中华民族伟大复兴的高素质人才队伍也不可能形成[11]。如今，我们比历史上任何时期都更加接近实现中华民族伟大复兴的目标，这就更加需要发挥高等教育的作用，大力培养一大批德智体美劳全面发展的社会主义建设者和接班人，为以中国式现代化全面推进中华民族伟大复兴提供人才支撑。

四、高校立德树人体现国际教育发展的时代潮流

综观世界，立德树人理念在各国体现形式不一，但理念相近、殊途同归。苏格拉底、柏拉图、亚里士多德等均将人的德性培育提到相当的高度，主张把

知识与道德统一起来，苏格拉底认为"美德即知识"。20 世纪 30 年代末，美国出现了新传统派教育思想，很多学者都主张教育要以传递民族文化为己任，要培养人的智慧和理性，同时还应该塑造"完人"。这些观点强调了道德教育的重要性，这既是历史的传承，也是当前的趋势。处在世界百年未有之大变局之中，国际竞争趋于激烈，习近平总书记指出："当今世界的竞争说到底是人才竞争、教育竞争。"他强调："源源不断的人才资源是我国在激烈的国际竞争中的重要潜在力量和后发优势。"大力发展教育事业、持续培养高素质人才，是我国在日益激烈的国际竞争中赢得主动、适应国际环境变化的重要保证。

当前，各国都在关注教育发展和人才培养，日本在 21 世纪初开始实施"21 世纪 COE 计划"，德国在 2005 年推出了"卓越计划"，法国在 2010 年开始实施"卓越大学计划"。作为发展中国家，我国受到历史条件和现实因素的影响，高等教育起步较晚，但发展迅速。为了顺应历史潮流、提升综合国力，我国于 2016 年启动了"双一流"建设，目标是加快建设世界一流大学和一流学科[12]。因此，在建设中国特色社会主义高校中，将立德树人作为根本任务，不仅是实施科教兴国和人才强国战略的需要，也是在顺应我国教育国际化发展的时代潮流。

参考文献

[1] 吴安春，姜朝晖，金紫薇，等．落实立德树人根本任务——习近平总书记关于教育的重要论述学习研究之十 [J]．教育研究，2022，43 (10)：4-13.

[2] 高地．立德树人：文化基因、世界经验与中国道路 [J]．东北师大学报（哲学社会科学版），2018 (1)：26-34.

[3] 靳诺．立德树人：高等教育的根本任务和时代使命 [J]．中国高等教育，2017 (18)：8-12.

[4] 郑丽平．全面认识和把握教育的根本问题 [N]．光明日报，2023-08-14 (6).

[5] 黄莉．育人的根本在于立德 [J]．红旗文稿，2023 (2)：40-43.

[6] 苏国红，李卫华，吴超．习近平"立德树人"教育思想的主要内涵及其实践要求 [J]．思想理论教育导刊，2018 (3)：39-43.

[7] 李力，金昕．新时代高校立德树人的内涵、难点及实现路径 [J]．东北师大学报（哲学社会科学版），2019 (2)：149-154.

[8] 张大良．课程思政：新时期立德树人的根本遵循 [J]．中国高教研究，2021 (1)：5-9.

[9] 骆郁廷，郭莉．"立德树人"的实现路径及有效机制 [J]．思想教育研究，2013 (7)：45-49.

[10] 李晓华，袁晓萍．高校立德树人的时代内涵和实践路径 [J]．高等教育研究，2018，

39（3）：70-73.

[11] 肖贵清，车宗凯．立德树人是新时代高校的根本任务［J］．山东师范大学学报（社会科学版），2023，68（2）：1-10.

[12] 王学俭，杨昌华．立德树人：中国特色社会主义高校的立身之本［J］．新疆师范大学学报（哲学社会科学版），2018，39（1）：2，54-62.

第二章 高校立德树人国际化探索

随着全球化浪潮的影响，国家、地区之间的政治、经济、文化、社会联系持续加强，也推动着高等教育国际化的快速发展。改革开放以来，我国高等教育国际化发展不断加速。1983 年，邓小平同志提出教育"三个面向"的论断，即"面向现代化，面向未来，面向世界"。2010 年，胡锦涛同志在全国教育工作会议上指出："我们必须加强教育国际交流合作，提高教育交流合作水平，充分利用国内国际两种教育资源。要借鉴国外先进教育理念和有益教育经验，引进优质教育资源，提升我国教育的国际地位和影响力、竞争力。"[1] 2012 年，教育部在《教育部关于全面提高高等教育质量的若干意见》中，将"提升国际交流与合作水平"单列，进一步加强了高等教育的国际化建设。2017 年，中共中央、国务院在《关于加强和改进新形势下高校思想政治工作的意见》中明确了"高校肩负着人才培养、科学研究、社会服务、文化传承创新、国际交流合作的重要使命"从而高等教育国际化成为高校一个新的重要发展方向。

当前，世界正处在百年未有之大变局之中，中国特色社会主义建设进入了新时代，这为高校立德树人国际化实践带来了新的挑战与机遇。如何在世界大变局背景下创新思想政治教育路径，是高校立德树人国际化实践必须回答的问题。

第一节 高校立德树人国际化
实践的原则和途径

关于高等教育国际化，目前未有固定明确的定义。联合国教育、科学及文化组织（UNESCO）所属的国际大学联合会（IAU）给高等教育国际化的定义是"把跨国和跨文化的观点和氛围与大学的教学、科研和社会服务等主要功能相结合的过程"。高等教育国际化是一个不断发展的概念，随着国际高等教育交流合作呈现全方位、多层次、宽领域的发展态势，其内涵也在不断深化和拓展[2]。美国教授哈若瑞把国际教育与高等教育国际化视为同义语，他强调态度、观念的国际化，即要树立全球意识并形成国际化的精神气质和氛围[3]；日本学者江渊一公把高等教育国际化定义为对高等教育体系教学、研究和服务功能进行国际和跨文化比较的过程；我国学者郧正认为教育国际化是指在教育思想、模式、内容以及课程、教材、教师、学生等诸方面国际交流的趋势[4]；厦门大学刘海峰教授认为"高等教育国际化是高等教育扩大对外开放、加强国际学术交流、增加留学生的派遣与接收、开展合作研究与联合办学的趋势"[1]。

一般而言，大学对外交往的国际化活动主要集中在人员交流、学术研究、合作办学等方面。就人才培养角度来看，2016 年，中共中央办公厅、国务院办公厅印发《关于做好新时期教育对外开放工作的若干意见》，其中明确了"通过完善'选、派、管、回、用'工作机制，规范留学服务市场，完善全链条留学人员管理服务体系，优化出国留学服务。通过优化来华留学生源国别、专业布局，加大品牌专业和品牌课程建设力度，构建来华留学社会化、专业化服务体系，打造'留学中国'品牌"。结合当前各高校人才培养国际化实践，主要包括中外合作办学、来华留学、海外孔子学院人文交流等形式。

一、坚持社会主义办学方向是高校立德树人国际化实践的基本原则

2018 年，习近平总书记在全国教育大会上以"九个坚持"概括了新时代中国特色社会主义教育发展道路，其中一个重要方面，就是坚持社会主义办学方向。中国拥有五千年文明史，具有独特的历史文化和国情，全球化时代中国高等教育国际化实践，前提是全面贯彻党的教育方针，牢牢把握党在意识形态阵地的主导权，巩固团结奋斗的共同思想基础。要充分借鉴和利用国际教育理念中的先进经验，努力吸收国际教育积极成果，引导学生认同、传承和弘扬中华民族优秀文化，培育文化自信，推进中国教育现代化，为中华民族伟大复兴提供坚实的人力资源保障[5]。

首先，高校扎根中国大地办学的根本任务就是立德树人，要全面贯彻党的教育方针，培养德智体美劳全面发展的社会主义建设者和接班人，坚持为人民服务、为中国共产党治国理政服务、为巩固和发展中国特色社会主义制度服务、为改革开放和社会主义现代化建设服务的教育属性。高校在国际化办学过

程中，需要旗帜鲜明地坚持党的领导，牢牢把握意识形态的话语权、主导权。其次，高校在开展来华留学教育教学过程中，要通过开展汉语教学，传播语言载体里的中华优秀传统文化，通过专业教学和文化体验，感知中国改革开放的巨大成就以及中国特色社会主义道路自信、理论自信、制度自信、文化自信，培养知华、友华的国际化人才，为生源国经济社会建设服务，为"一带一路"和人类命运共同体建设贡献力量。再次，在开展教育人文交流，开展教育、科技援外工作中，要传播中国文化，讲好中国故事，增强中国教育的话语权，展示中国人民勤劳智慧、和平善良的正面形象。

总体而言，推进高校立德树人国际化实践，要以习近平总书记关于立德树人的重要论述为指导，因事而化、因时而进、因势而新，结合国内外的德育经验，进行教育理念的融合和创新；结合设置或引进的课程内容，挖掘并融入思想政治元素，寻求推进国际化办学课程思政建设的有效渠道；结合实践教学，将思想政治教育通过青年学生喜闻乐见的新载体、新形式提升青年学生的学习意愿和学习效果，从而促进青年学生综合素质提升，持续强化思想政治教育与国外优质教育教学方式的交叉融合，使我国高等教育面向国际化的同时实现内涵式、螺旋式上升发展。

二、借鉴吸收国际经验是高校立德树人国际化实践的重要途径

在全球化背景下，如何在继承和发扬中华优秀传统文化的基础上，借鉴吸收国外优秀道德建设成果，进一步丰富和完善中国特色社会主义道德体系，提高青年学生思想道德修养，是高校立德树人工作面临的重大课题。上海纽约大学原校长俞立中在接受中国教育在线采访时提到："教育国际化的原则是应该让学生了解这些源于文化和社会制度的差异，引导学生在比较、思辨的基础上构建自己的世界观、人生观、价值观，这样确立起来的观念才可能是影响一生的。"[6]

在坚持社会主义办学的基本原则下，我们也要看到一些西方国家在长期的教育实践中积累了丰富的德育工作经验，形成了一些符合现代教育发展规律的有效做法，特别是在经济全球化、高等教育国际化的浪潮中，西方国家的教育体系率先接受了挑战，西方国家的德育工作经验对进一步改进和加强我国高校立德树人国际化工作有一定的借鉴意义。因此，面对我国以及来自世界各地的青年学生群体，在高等教育国际化背景下，立德树人工作更要发扬传统和优势，借鉴国外德育工作经验，努力创造适应新形势的思想教育体系。

国内思想教育包含学生思想教育、党团教育、道德教育、法治教育等，重点关注主流价值观、道德观，以及民族文化、多元文化等对学生成长的影响及其传承和发展的规律。西方高校的德育则集中体现在价值观教育上，其目的在于促使青年的个性自由发展、自我完善，它以个人为中心，以个人前途为动力，吸引、促进学生自觉接受价值观教育。在内容上，西方高校的德育包括以诚信为核心的伦理道德教育，以历史学为主要内容的爱国主义教育，以健全人格为重点的心理教育。在方式上，注重"行为养成"，采用"渗透"的方式，具有广泛性的特点，将价值观的内容融入人文社会科学，使学生在无意识的过程中受到熏陶与教育。经过多年的合作，我们也看到了国际化的教育模式为思想教育提供了全新的舞台：一流的教育资源、多元化的教育理念、参与式互动型的授课方式等，这些都为学生的自我教育、自我管理、自我服务拓展了新的空间，也为高校立德树人国际化模式的构建提供了新视野、新机遇。

高校落实立德树人这一根本任务，不仅要积极借鉴国外、国内高校的经验，而且要立足国情、省情、校情，摸索适合自己学校发展的国际化人才培养模式，进一步理顺部门关系，明晰单位职责，推动归口部门统筹协调，协同各方力量共抓共建，发挥全员育人作用。从面上来看，要完善规章制度，杜绝盲目自大及超国民待遇等极端现象，持续在属地法律法规、国情与校情、语言文化、风俗传统等方面对中外学生加强教育，增强相互认知、认同，在国际化人才培养过程中，推进多元文化与需求匹配融合，使高校立德树人国际化实践更加丰富多彩，更加富有活力和生命力。

第二节　高校立德树人国际化实践的机遇与挑战

一、高校立德树人国际化实践的机遇

（一）政策支持

新时代，高校国际化进入提质增效的新阶段，承担着更高层次、更高水平国际化的任务。高校国际化作为我国教育对外开放的主阵地，应始终坚持党的全面领导，做好高校国际化进程中立德树人的工作，则是新时代中外合作办学、办学质量持续提升的保障。教育部部长怀进鹏在 2023 年全国教育工作会

议中强调："自信、自立、自强，更加精准地实施教育、科技、人才的国际交流合作，进一步拓宽人才培养国际化路径。"

国内办学指导层面，近年来，思想政治教育的作用更加突出，在中外合作办学快速发展的背景下，国家陆续出台了《孔子学院章程》《关于加快和扩大新时代教育对外开放的意见》《学校招收和培养国际学生管理办法》《来华留学生高等教育质量规范（试行）》《关于规范我高等学校接受国际学生有关工作的通知》《关于加强和改进新形势下高校思想政治工作的意见》等，对高校国际化发展指明了前进方向，提供了根本遵循。其中《关于加强和改进新形势下高校思想政治工作的意见》更是明确强调要高度重视中外合作办学中党的建设和思想政治工作，得力的政策和规范的制度，对高校国际化办学提出了新要求、新任务，同时也为加强和改进高校立德树人国际化工作提供了支撑和保障。2020—2022 年，教育部连续 3 年出台政策，支持在办的中外合作办学项目临时增加招生名额。

国际交流共建层面，国家提出"一带一路"倡议后，发布《推动共建丝绸之路经济带和 21 世纪海上丝绸之路的愿景与行动》，支持各省份加强与"一带一路"沿线国家的国际交流合作。以国家支持建设 21 世纪海上丝绸之路核心区的福建省为例，教育部与福建省人民政府于 2016 年签署"一带一路"教育行动国际合作备忘录，双方将以服务"一带一路"建设、构建"一带一路"教育共同体为总体目标，以提供人才支撑、促进民心相通、实现共同发展为重点任务，大力开展更大范围、更高水平、更深层次的教育国际合作交流，培养大批共建"一带一路"急需的人才，形成携手同行、顶层设计、政策倾斜、重点突破的"一带一路"教育行动国际合作新局面。福建省也相应出台了《福建省 21 世纪海上丝绸之路核心区建设方案》，明确指出要深化教育合作，打造 21 世纪海上丝绸之路研究的高端智库和学术交流平台，扩大互派留学生规模，增加来闽留学生数量，实施东盟十国来闽留学奖学金项目。大力培养和引进一批具有国际视野、通晓国际政治和经济运行规则、熟悉海上丝绸之路沿线国家和地区政治法律制度与国际法规的外向型、复合型人才。

（二）现实优势

经历了探索发展、规范发展和质量提升 3 个阶段，当前我国高校国际化发展的量和质都得到了相当的提升。

从发展成果上看优势。2022 年第十三届全国中外合作办学年会公布的数据显示：截至 2021 年年底，全国的高等教育中外合作办学机构和项目超过

2 300个，国内开设合作办学项目的高校超过 800 所，在校生规模超过 60 万人，已毕业学生超 200 万人。以福建省为例，福建省主动融入"一带一路"建设，持续深化对外交往，现已与 43 个国家的省、市建立了 111 对友城关系，福建省每年举办中国国际投资贸易洽谈会等品牌展览会，有效拓宽了联系交流渠道。福建省民营经济优势明显，与"一带一路"沿线国家贸易合作不断深化，2019 年，东盟、欧盟位居福建省外贸伙伴的前两位，而东盟和欧盟又是21 世纪海上丝绸之路的途经地和终点。伴随经贸合作深化而来的则是海量的留学需求，福建省与世界各国，特别是"一带一路"沿线各国有着悠久的教育交流合作历史。厦门大学、华侨大学、福建农林大学等高校与国外高校合作开办了一批孔子学院（孔子课堂）。厦门大学、福州大学、福建农林大学等高校与国外高校开展中外合作办学机构，已有机构 4 个、项目近 30 个。其中，厦门大学在马来西亚创办分校使之成为中国高校"走出去"在境外高水平办学的先行者；福建农林大学菌草技术作为我国农业技术对外援助项目，现已在 13 个国家建立示范基地或中心，开设的中非菌草技术发展研修班已为 105 个国家培训近万名学员。福建省与世界各国已实现互助、互信、合作，将沿着更大范围、更深层次、更高水平方向发展。

从教育改革上看优势。国外的优质教育理念、先进教学方法与国内相融通，多元的教育教学模式给学校、教师和学生带来了别样的学习体验及文化、思维碰撞。通过理性甄别、有效借鉴，已形成"引进—消化—吸收—融合—创新"的模式。近年来伴随着新冠疫情对线下教学的冲击，线上授课方式和平台更加成熟和多元，传统教学方式与网络载体的融合取得新突破，在线教育的理论和实践得到极大丰富，成熟的线上交流平台成为思想政治教育的新载体。在线教学的成功经验，实现了线上线下教育的深度融合，促进了传统教学方式的改革，使高校国际化教育的手段和载体更加多元，为摆脱中方、外方同时授课的教育教学难题及国内、国外分段培养的人才培养困境提供了新的解决方案，保障了教学任务的顺利实施，有效确保了思想政治教育工作的连续性，有助于人才培养质量的提升[6]。

从文化融通上看优势。我国开放交流历史悠久，具有历史文化、地缘、人缘等优势，拥有丰富的陆、海丝绸之路文化遗产，丝绸之路文化、商贸文化、瓷器文化、茶文化等，是吸引留学生来华求学的重要因素。同时，华人、华侨众多，这些华人、华侨具有共同的文化基础，如妈祖文化、客家文化、闽台文化、岭南文化、潮汕文化等，同时与大陆亲友关系紧密，民间交往密切，这也为推动高校立德树人国际化实践打下了基础。

二、高校立德树人国际化实践的挑战

（一）多元文化带来思想冲击

随着高等教育跨境贸易的推进，多元化社会思潮和政治价值观念也随之交流汇聚，意识形态领域的形势日趋复杂，对高校立德树人国际化提出了新要求、带来了新考验。

一方面，对于中外合作办学项目学生的培养，按照《中华人民共和国中外合作办学条例》和《中华人民共和国中外合作办学条例实施办法》的有关规定，中外合作办学的外方课程以及国外教育机构教师数量等 4 项指标都要在三分之一以上。因此，中外合作办学课程设置更加侧重于语言能力及专业课程的国际化，为了获取更多优秀的教学资源，外籍教师比例也在不断增加。国外的思想政治教育途径、方法和手段相对来说比较隐性，经常是通过日常的学习和生活来开展的，使学生在潜移默化中受到教育，而每个国家的教育都在不同程度上渗透了自己的主流意识形态，外籍教师在教育教学过程中自然会表达出自己的意识形态观念，这难免会对世界观、人生观、价值观正在形成期的大学生产生影响，这也增加了中外合作办学时对学生进行思想政治教育的难度。要通过思想政治教育，让社会主义核心价值观入眼、入心、入脑，才能引导学生正确认识世界和中国发展大势、正确认识中国特色和国际比较、正确认识时代责任和历史使命、正确认识远大抱负和脚踏实地。

另一方面，多元文化交流的环境背景下，不同文化背景下成长起来的来华留学生在文化观念、思想意识上有别于国内学生。如何将中华优秀传统文化与生源国文化相融合，是当前国际中文教育教学面临的重要课题。在这种环境下，学生的文化背景、价值观和接受能力各异，如何将传统文化知识与学生的实际需求和兴趣相结合，是教学过程中需要考虑的重要方面。

（二）思想政治教育的针对性、实效性有待提高

目前高校国际化办学过程中，思想政治教育的针对性、实效性有待提高，主渠道、主阵地的作用有待发挥。以中外合作办学为例，2003 年颁布并于2019 年进行第二次修订的《中华人民共和国中外合作办学条例》明确要求："中外合作办学机构应当按照中国对同级同类教育机构的要求开设关于宪法、法律、公民道德、国情等内容的课程。"以习近平同志为核心的党中央高度重视高校党的建设和思想政治工作，对中外合作办学领域党的建设和思想政治教

育提出了新要求，并制定了相关实施方案。中外合作办学领域立德树人工作不断得到重视并取得较大成果。

中外合作办学作为我国高等教育国际化的一种新形式，具有自身特点：引进国外优质教育资源，实施外语授课或者双语授课，师生国际交往频繁，学生面临多元化社会思潮影响，中外合作办学领域的大学生阶段性学习任务重、国际视野开阔、思想比较活跃。中外合作办学的过程中，引进的国外教师、教材和教育理念、教学模式，必定对教育教学产生一定影响，其中，就包括对大学生思政教育场景、情景、语境产生影响。外教的出现，以及由此带来的教材、教育理念、教学方法自然而然地改变了课堂教学特别是思政课课堂教学的情景和氛围，影响到教师说话的语境。中外合作办学项目思政教师在坚持中国特色的哲学社会科学话语体系的条件下，如何做到善于理解知悉外方的思维理念和表达体系，实现不同文化之间的对话并讲好中国故事呢？

1. 课程体系

中外文化比较教育有待加强。提高该领域思政课教学的针对性，要坚持统一性和多样性相统一，落实教学目标、课程设置、教材使用、教学管理等方面的统一要求，又因地制宜、因时制宜、因材施教。要严格按照教育部《新时代高校思想政治理论课教学工作基本要求》，充分发挥高校思政课育人主渠道作用，应覆盖马克思主义基本原理等课程，同时应增加中外文明交流互鉴等方面的内容。应通过学习中外文明的渊源及交流、发展历程，把握不同文明之间的演进脉络和规律，帮助学生认识、了解中华文明源远流长的发展进程及近代以来中华民族波澜壮阔的抗争史、奋斗史，从而弘扬中华优秀传统文化、中国革命文化、社会主义先进文化，增强中外合作办学项目内学生的文化自信和民族自豪感，树立为实现中国梦而奋斗的信念。应引导学生树立"人类命运共同体"意识，培养具有家国情怀，能够参与全球治理的国际化人才。

2. 教学模式

批判性思维培养有待加强。中外合作办学不但引进了发达国家的教育资源和理念，也为实施建立在小班化教学基础上的探究式教学模式提供了天然的契机。应结合课程教学实践，以热点问题为导向，以学生为中心，在教师启发引导下学生自主学习和合作探讨"教"与"学"的过程。可以从文献研读、小组汇报、课堂讨论、课程论文、单元测试等若干方面展开，并从课堂向课前和课后延伸，涵盖思想政治教育全过程，实现思政课教学有虚有实、有棱有角、有情有义、有滋有味，不断增强学生的获得感。同时，还要借鉴国外一流高校重视实践教学的优势，要坚持理论性和实践性相统一，用科学理论培养人，重视思政课的实践性，把思政小课堂同社会大课堂结合起来，教育引导学生成长为社会主义的建设者和接班人。

3. 教学机制

中方、外方教师协同合作有待加强。西方国家率先迎来了经济全球化、高等教育国际化的挑战，在长期的教育实践中形成了相当丰富的德育工作经验。在理念上，西方高校的德育注重从个人出发，激发个人创造力，促进青年的个性自由发展、自我完善，强调个人价值实现。在方式上，西方高校的德育注重"行为养成"，采用"渗透"的方式，具有广泛性的特点，将价值观的内容融入人文社会科学，使学生在无意识的过程中受到熏陶与教育。同时，中外合作办学项目中的部分学生具有出国交流学习、分段式培养的特点，要解决好分段式培养模式和全程培养模式之间的思政课教学衔接问题，要解决好中外合作办学项目中的出国学生和在国内学生的思政课衔接问题。对出国学生要通过科学有效的教育教学安排，实现思想政治理论教育不断线[7]。

📁 **案例 2-1**

福建农林大学：以"福习社"点亮"福"文化

"福"是中华民族深沉的文化基因，既寄托了对幸福生活的向往，也表达了对美好未来的祝愿，理解"福"文化，能帮助国际友人更好读懂中华文化，增强中华文化国际传播效能，促进构建人类命运共同体。2021年，福建农林大学成立了"一带一路"留学生"福"文化研习社（简称"福习社"）。近年来，学校依托"福习社"教育平台，引导来华留学生感知"福"文化，喜爱"福"文化，实践"福"文化，进一步讲好中国故事，传播好中国声音，展现可信、可爱、可敬的中国形象。

特色课程与才艺团队相结合，让"福"文化教育"活"起来

"我的中文名是爱福，来自巴基斯坦，我在福州已经7年了。"留学生瓦希德一边做着自我介绍，一边熟练地冲泡功夫茶。"这是我在学校选修课上学会的，我们'福习社'的茶艺队还在省里获奖了呢！"瓦希德口中的选修课，正是"福习社"为来华留学生精心设计的特色课程，包括茶艺学、菌草学、蜂疗学、咏春拳等。课堂以外，"福习社"还牵头组建了茶艺队、舞龙队等才艺团队，组织他们结合各自的兴趣，开展"感知中国"系列活动。

通过这套特色选修课与才艺团队的组合拳，让来华留学生接触更丰富的"福"文化，使他们切身感受到"福"可感可触，"福"文化的生命力就这样被激活了。

文化交流与学术交流相碰撞，让"福"文化传播"动"起来

"这次参加的'福'文化嘉年华太棒了，我会把'福'文化分享给家人朋友，也希望有机会和他们一起'福天福地福州游'。"参观完"福"文化主题街区后，缅甸籍留学生魏雪激动地说。"福习社"一直鼓励来华留学生多进行文化交流，通过文化交流了解中国、读懂中国。近年来，"福习社"先后组织福游、福创、福味等各类来华留学生文化活动，吸引400余人次参加，辐射近万人次。有不少参与短期交流的国际学生，因在闽期间丰富的"福"文化体验，而选择来闽、来校长期求学。

"福习社"也积极组织来华留学生参加各类学术交流，通过学术交流，让来华留学生感受当代中国的科技腾飞。福建农林大学承办的"一带一路"安溪铁观音发展高峰论坛、太平洋岛国农业农村可持续发展国际论坛等活动，让来华留学生在高规格的学术氛围内，获取新知，得到历练，为担任中外科技文化交流的"福"使者打牢基础。

文化交流与学术交流的助力，不仅让来华留学生了解了中国传统文化的魅力，更让他们看到了当代中国的新风貌。他们的朋友圈里，都是这些交流活动的照片，而他们也在每次的分享中，成为"福"文化的讲述者与推介者。

软实力与硬技术相融合，让"福"文化成效"亮"起来

因为喜爱"福"文化，"福习社"成员们在省、市各级文化赛事中屡获佳绩。在他们的带动下，远在2万千米外的南非德班孔子学院，学生们也积极参与"福"文化的学习，在当地起到良好的宣介效果。

受"福"文化的感染，"福习社"成员们不仅更加喜爱中国文化，也将"福"文化的精神带到家乡。"我要刻苦学习菌草技术，让这株'幸福草'造福我的家乡，我想成为家乡的林教授！"2021年，"中国大学生自强之星"奖学金获得者——卢旺达籍博士留学生艾玛布尔神情坚毅地说。艾玛布尔口中的林教授，正是党的二十大代表、"感动中国2022年度人物"林占熺，也是他的导师。在林教授的言传身教下，艾玛布尔既学习了菌草技术，懂得了造福一方的崇高，也更明晰了自己为家乡人民谋幸福的志向和努力方向。

"我现在就是梅迪的后援团，他们有什么菌草问题，都会咨询我。"艾玛布尔口中的"梅迪"，正是他的妻子，是毕业于福建农林大学国家菌草工程技术研究中心的硕士生，现任卢旺达菌草项目的协调员。艾玛布尔指着电话里的通信记录笑着说："虽然很辛苦，但我在中国学会了一个字——福，用我的辛苦换回家乡人民的幸福，值！"

资料来源："学习强国"福建学习平台

第三节　高校立德树人国际化实践的重点环节

一、突出组织引领作用

在高校国际化办学过程中，应夯实并突出中国共产党领导的核心地位。一要完善党组织覆盖。在中外合作办学机构中，要建立起完善的党组织，党组织书记要全程参与机构的最高层会议（如联合管理委员会、理事会等），牢牢把握意识形态工作的领导权和话语权。我国与国外高校合作开办孔子学院，应精心选拔政治觉悟高的党员干部，外派兼任行政职务，实现党组织对办学过程、行政事务的监管。二要加速中外合作办学培养体系的融合与创新，对于学生入党发展流程和办学模式之间存在矛盾这一问题，有针对性地推进党员发展工作的方法革新。三要创新党组织工作体系，如党建信息系统的开发与应用，提升工作效率，打造网络信息化党建工作精品项目或平台，实现对海外交流学生的管理和正向引导。四要在多元文化思想背景下探索党建带团建的有效路径，树立优秀学生党员典型，营造充满正确价值观的良好氛围。结合师生实际情况，加强教师党支部和学生党支部的联动，发挥党员先锋模范作用，协同联动班级、团支部，围绕服务学生，通过做真事、实事、好事，发动学生党员，感召学生主动将理论知识与实践活动有机结合，开展学风建设、实践育人、社会实践、志愿服务。

二、抓好思政教育教学

突出高校国际化办学的思政课教学新要求，按照 2018 年教育部《新时代高校思想政治理论课教学工作基本要求》，认真推动思想政治理论课的教学计划和教学要求落到实处，结合国际化办学实际，在立德树人过程中重点突出爱国主义教育、中外文明交流互鉴等内容，消除国内思想政治理论课与国外引进的专业教学体系之间相互隔绝的"两张皮"现象，构建适合国际化办学的思想政治理论课课程体系。思想政治理论课作为高校的必修课，除了保质保量地完成授课内容，还需要在方式方法上有所创新。第一，要优化思想政治理论课的教学机制。探索思想政治理论课教师与辅导员协同开展思想政治理论课教学机制，实现课堂教学与实践教学相结合、思想政治教育与学生事务管理服务相结合。第二，要探索思想政治理论课实践教学新办法。聚焦学生这一施教主体，根据国际化办学不同类别学生的特点，提升思想政治教育的针对性、实效性和感召力。开展事迹教育，学习钱学森、黄大年等留学回国知识分子的生动事迹。组织学生前往各地传统文化遗迹、红色圣地等参观学习，引导学生充分认识国情，树立正确的世界观、人生观、价值观。

三、创新教育管理形式

聚焦拓宽立德树人国际化新格局。利用新媒体和新技术来拓展沟通、宣传方式，建立新媒体工作团队，构建新媒体工作矩阵，根据国际化办学机构学生的不同教育时期和不同教育任务，收集动态信息，开展育人工作。推进高等教育大数据管理平台建设，将外国留学人员纳入整体进行管理，增设英文界面，开发并维护好来华留学生从入学申请到毕业离校的全环节信息化平台。

聚焦构建协同互联的高校国际化办学立德树人模式。打造家校齐抓共管的全员育人体系，形成学校、家庭、社会相结合，以及国内国外、线上线下相结合的立体育人模式，拓展育人资源。将思想政治教育与家庭价值教育这两个阵地的育人功能有机融合，实现中外资源互通、家校信息沟通、师生感情联通，尤其在学生出国留学阶段，面临思想政治教育的缺位，可通过家校互联模式及时补位，从而实现学生思想政治教育的持续不间断。此外也应注重构建警校联动、社校联动、处院联动等多层次、全方位的联动，建立联合预警和信息通报工作机制，切实共同做好育人工作。

聚焦优化管理服务的新机制。理顺部门关系，明晰责任工作，创新管理模式，以学生为本，完善来华留学生预科教育体系，建立精准化成长档案，做到国内外学分互认，开展弹性化签证办理、国别化普法宣传、网格化宿舍管理、多元化资助帮扶、可视化学风督查等，切实以高质量、人性化的管理服务提升来华留学生的融入感、幸福感、归属感。

四、建强专业师资队伍

遵循工作规律，以国际化办学机构学生为中心，围绕教师、辅导员、教务员等群体及相应工作职责建立健全"定制式"立德树人机制。国际化办学机构教师与我国传统普通高校的教师相比，除了承担教学或者运行管理的基本职责外，还是国外优质资源的吸纳者和内化者、先进教育理念的学习者和融合创新者，对我国高等教育的国际化革新起着重要的推动作用。

教育部明确要求将师德师风作为教师招聘的首要要求和第一标准，在国际化办学领域，更应对此予以注重，建强顶层设计，加快制定和完善中外合作办学的相关政策和指导性原则，强化相关教师队伍建设，从源头上把握价值引领的主导性。要以提高教师的思想政治素养为核心，积极吸纳优秀的"海归"教师入党，贯彻落实课程思政建设。要注重以多种方式引导外籍教师、"海归"教师认同并弘扬中国传统文化，积极践行社会主义核心价值观，把寻找共同价值追求的"最大公约数"作为思想政治教育工作的切入点，搭建中外教师参与专业科研工作的平台，创造外籍教师与中方教师科研合作的机会，在软硬件设施上不断与国际高校接轨，充分考虑职称评定、职业发展、薪资体系等涉及教师切身利益的内容，摸索出一条中外合作办学教师队伍稳定发展的路径。辅导员是在第二课堂开展思政教育的主导者，要在配齐建强辅导员队伍的同时，更加注重以文化人、以文育人，结合国际化办学特点，精心设计各类党团和校园文化活动，奏响文化主旋律。

习近平总书记在庆祝中国共产党成立100周年大会上的讲话中指出："新的征程上，我们必须坚持大团结大联合，坚持一致性和多样性统一，加强思想政治引领，广泛凝聚共识，广聚天下英才，努力寻求最大公约数、画出最大同心圆，形成海内外全体中华儿女心往一处想、劲往一处使的生动局面，汇聚起实现民族复兴的磅礴力量！"高校立德树人国际化，要扎根中国大地，坚定不移地坚持中国共产党领导，坚持社会主义办学方向。同时也要精准把握不同学生群体的特点，不断优化和创新思想政治教育工作和人才培养的方法和载体，构建起新时代高校立德树人的新样板。

第四节　高等教育国际化的新趋势与高校的应对

在全球化浪潮的背景下，尤其是随着"一带一路"倡议的深入推进，高等教育国际化有了新的发展契机。在此背景下，高等教育领域中外合作办学、来华留学、境外办学，以及高等教育领域中教育、科技、人文交流蓬勃发展。同时，近年来逆全球化思潮与后疫情时代叠加，高等教育国际化趋势有了新变化。

一、高等教育在地国际化新趋势

20 世纪 90 年代，北欧地区一些国家提出高等教育在地国际化新思路，即"立足本土打造国际化教育环境，提升全体学生国际化水平与能力"，以克服传统国际化模式过分依赖学生跨境流动的弊端。当前，世界正经历百年未有之大变局，新冠疫情的暴发加剧了世界格局的演变。其一，全球新冠疫情迫使发达国家资本回流和产业链回撤，导致一些生产要素的国际流动受阻，增强了逆全球化的声势；其二，全球新冠疫情暴发催生了数字技术的迅速发展；其三，全球新冠疫情导致高等教育领域的国际交流一度中断，在线教育催生国际学生虚拟流动。外部环境的变化并没有终结国家间的竞争，反而为高等教育在地国际化提供了机会和动力[8]。

西方发达国家的经验显示，在地国际化的主旨是"确保所有学生都能具有国际视野，建立全球和跨文化能力"。在地国际化的途径：一是把全球维度和跨文化性融入国际化课程，构建包括本土开发/引进资源以及课外学习实践资源在内的国际化课程体系；二是依托数字技术赋能学生虚拟流动，共建、共享在线数字学习资源和平台，创新高等教育在地国际化模式；三是提升教师国际化素养，引进与培养相结合，着力提高教师国际化教学和实践能力；四是积极吸收国际学生，为本土学生在地国际化营造多元文化环境。

在国内国际双循环新发展格局的大背景下，我国要积极应对高等教育在地国际化。第一，要加强战略指引与政策布局，以便更好地服务学生全面发展与成长成才、赋能高校高质量发展、服务国家经济社会发展大局；第二，要积极学习国际高质量办学模式，探索学校治理、学术管理、师资队伍建设的新经验；第三，要立足本土打造国际化课程与教学体系，扎根中国大地培养堪当民族复兴大任的时代新人。

二、高校立德树人国际化实践内容

（一）国际理解教育

"国际理解教育"是第二次世界大战后联合国教育、科学及文化组织（UNESCO）提出的一种教育理念，旨在促进世界和平与发展。国际理解教育理论，以"全球公民"为培养目标，以"世界和平"为实施目的，强调文化间的理解、人权、民主、和平、可持续发展等核心价值，以拓展学生全球视野，提高学生国际沟通能力、外语能力、信息处理能力。2010 年，我国的《国家中长期教育改革和发展规划纲要（2010—2020 年）提出要"加强国际理解教育"，并提出"国际化人才"应该具备的素养——具有国际视野、通晓国际规则、能够参与国际事务和国际竞争。2013 年，国家主席习近平在俄罗斯莫斯科国际关系学院首次向世界提出"人类命运共同体"重大倡议。2016 年，《中国学生发展核心素养》对"国际理解"进行定义，并将其列入学生发展核心素养。2020 年，教育部提出"教育对外开放是教育现代化的鲜明特征和重要推动力。要坚持教育对外开放不动摇，主动加强同世界各国的互鉴、互容、互通，形成更全方位、更宽领域、更多层次、更加主动的教育对外开放局面"[9]。

高校立德树人国际化实践的使命就是讲好中国故事、传播中国声音，向世界展现真实的、立体的、全面的中国。中西方存在着深刻的历史文化隔阂，如何跨越文化鸿沟，消除文化误解，构建好中国的对外话语体系，需要进一步发挥国际理解教育的作用。

（二）跨文化适应能力培养

由于国家之间在语言、文化、社会结构和政治意识形态等方面存在差别，跨境人员在新的环境里学习、工作、生活往往面临多元文化的挑战，跨文化适应成为国际化人才培养的重要内容。有学者认为，国际学生的跨文化适应是学生个体内部心理调整、个体与东道国社会文化环境及个体与东道国高校相互调整的过程和结果，包括心理适应、社会文化适应、学术适应这 3 种形式[10]。

国际学生跨文化适应能力直接关系到他们在新环境中的学习、生活质量，是国际化人才培养的重要课题。来华留学生培养教育，要注重趋同化与差异化相结合，采取包括中文教育、文化体验在内的多元化措施，缩短其文化适应期。对出国学生而言，要加强外语能力、国际理解能力教育，做好跨文化适应的相关准备。

（三）全球胜任力

全球化时代，如何培养学生的国际意识和国际能力已成为世界各国教育普遍关注的热点问题。21 世纪以来，"全球胜任力"这一教育理念得到越来越多学者的认可，其理论体系不断得到完善，其实践经验也日益丰富。随着中国社会经济、文化等方面的快速发展和国际地位的提升，有必要在现有的基础上认真思考教育国际化在未来的战略定位。中央全面深化改革领导小组第十九次会议强调："教育对外开放是我国改革开放事业的重要组成部分，要服务党和国家工作大局，统筹国内国际两个大局，提升教育对外开放质量和水平。要增强服务中心工作能力，自觉服务'一带一路'建设等重大战略，推动实施创新驱动发展战略、科教兴国战略、人才强国战略。"这就要求加强对学生"全球胜任力"的教育培养，要结合中国自身的历史和现实条件，汲取其他国家"全球胜任力"理念的经验，在民族国家身份认同的基础之上，加强爱国主义教育，加强社会主义核心价值观教育，在现有的课程基础上进行内涵延伸与空间拓展，来建构适合国情的"全球胜任力"思想体系和实践模式[11]。

三、高校立德树人国际化实践措施

（一）发挥中外合作办学机构、项目优势，引进、吸收、消化优秀教育资源、方法、理念

中外合作办学作为我国高等教育国际化的一种新形式，其特点是引进部分境外优质的教学资源，在国内开展以中国公民为主要教育对象的教学活动，被称为"不出国的留学"。与公办教育、民办教育一起被誉为中国高等教育的"三驾马车"。中外合作办学融合了国内外优质教师和教育资源，形成了多元思想文化、多种意识形态交织碰撞的育人环境。长期以来，作为我国教育"特区"的中外合作办学领域，其思想政治教育一直受到重视，并且取得了积极成效。伴随高等教育国际化的不断推进，中外合作办学也迅猛发展，已成为我国培养国际化人才的重要渠道。新形势下，如何发挥中外合作办学的特色和优势，按照"统一性和多样性相统一"的要求，落实推进"大思政课"建设要求是一项刻不容缓的重要任务。中外合作办学引进国外优质教育资源，实施外语授课或者双语授课，师生国际交往频繁，受到多元化社会思潮的影响，大学生国际视野开阔、思想活跃。增强该领域思政课教学的针对性，就是要从课程体系上下功夫，要把立德树人融入思想道德教育、文化知识教育、社会实践教育的各环节，从而形成契合中外合作办学特点、课程设置优化、教学内容充实、主题鲜明、功能互补的课程教学体系[7]。

（二）发挥中华优秀传统文化的优势和治国理政的经验，培养来华留学生群体对中国文化和价值观的理解与认同

大力发展来华留学教育是推进我国高等教育国际化、深化教育对外开放的重要举措，同时也是培养知华、友华优秀人才，促进民心相通，服务国家外交战略布局的必然要求。2010 年，教育部印发的《留学中国计划》，明确提出要培养一大批知华、友华的高素质来华留学生。来华留学生的思想政治教育是高

校思想政治教育的重要组成部分，是完成高校立德树人这一根本任务的重要内容。由于来华留学生的自身特点和国际教育的特殊性，来华留学生德育与中国学生的思想政治教育有所不同。

以国际中文教育为载体，把语言文字承载的中华优秀传统文化融入来华留学生思想政治教育；开展高校来华留学生国情教育工作，展示当代中国的发展全貌，以此促进来华留学生对中国国情的了解，这也是来华留学生快速融入中国的有效途径，从而有效促进来华留学生对社会主义核心价值观的理解与认同。总之，要通过中文教学、专业教育、文化体验、趋同化管理等多种渠道，在来华留学生群体中讲好中国故事、传播中国声音，培养知华、友华、爱华人才，培育人类命运共同体的建设者、国际交流的推动者。

（三）用好孔子学院等教育和人文交流机制，在海外传播中国声音

随着我国综合国力的增强和国际影响力的扩大，以及"一带一路"倡议的进一步落实，世界各国对于中文学习的需求急剧增加，中文作为各国了解中国的重要工具和文化载体，受到了越来越多国家和地区的重视。为推动中文走向世界，提升中国语言文化的影响力，我国自 2004 年起，在借鉴英国、法国、德国、西班牙等国推广本民族语言经验的基础上，探索在海外设立以教授中文和传播中国文化为宗旨的非营利性教育机构，以中国儒家文化代表人物孔子的名字将其命名为"孔子学院"。

孔子学院承担着传播文化、传承文明的重任，秉持开放包容、交流互鉴的理念，致力于将中国文化的魅力和中国智慧传播到世界各地，为世界文化多样性的繁荣贡献力量。这是一项需要长期坚持、持之以恒的崇高事业，也是孔子学院一直以来不懈追求的目标和与生俱来的使命。孔子学院在中文教学中的立德树人注重深度及多维度的拓展，而在海外传播中国文化的过程中，立德树人则更强调广度与影响度的提升，能够通过因地制宜地开展内容和形式丰富的文化体验活动以及深化品牌影响力来实现。

（四）吸收国际德育资源和理念，丰富并提升立德树人工作成效

随着全球化、信息化的加快发展，中外思想文化交流、交融、交锋更加频繁，这既使我国身处更加直接、更加激烈的国际文化竞争之中，又对青年学生的道德修养、道德素质提出了新的要求，也为高校学习世界各国有益文化成果包括优秀道德成果提供了难得的机遇。

习近平总书记在 2013 年 8 月 19 日的全国宣传思想工作会议上发表重要讲

话，他指出："对我国传统文化，对国外的东西，要坚持古为今用、洋为中用、去粗取精、去伪存真，经过科学的扬弃后使之为我所用。"贯彻落实"以我为主，为我所用"的原则，要从4个方面着手。第一，必须从建设中国特色社会主义文化或道德的需要出发，从中国特色社会主义文化建设或道德建设的实践出发，来传承、吸收和借鉴优良道德传统和优秀道德成果；第二，必须为中国特色社会主义文化建设或道德建设服务；第三，必须坚持马克思主义指导思想，坚持中国特色社会主义的道路和前进方向；第四，必须运用马克思主义的立场、观点和方法，对外来文化或道德成果进行具体分析，科学鉴别，择善而从[12]。

📁 **案例 2 - 2**

福建农林大学戴尔豪西大学联合学院成立

2023年4月，教育部致函福建省政府，批准福建农林大学正式设立中外合作办学非独立法人二级机构——福建农林大学戴尔豪西大学联合学院。该机构是福建农林大学获批的首个中外合作办学机构，也是福建省内本次获批的唯一的中外合作办学机构和项目。

福建农林大学与加拿大高校合作办学起步于2003年，经过20年的发展，从2个国际课程实验班发展到5个中外合作办学项目，学科涉及农学、工学，培养层次有本科、博士，合作高校包括不列颠哥伦比亚大学、戴尔豪西大学。福建农林大学戴尔豪西大学联合学院的成立标志着福建农林大学中外合作办学工作迈上一个新台阶。

资料来源：福建农林大学官方网站

第五节　培养全球化时代具有国际视野和家国情怀的优秀人才

党的十八大以来，习近平总书记深刻把握和顺应世界发展大势，站在党和国家全局高度，多次强调广大青年学生和教育工作者要有国际视野和全球眼光。2016年12月，习近平总书记在全国高校思想政治工作会议上强调："要教育引导学生正确认识世界和中国发展大势，……正确认识中国特色和国际比较，全面客观认识当代中国、看待外部世界。"2019 年 3 月，习近平总书记深情嘱托思想政治理论课教师："视野要广，有知识视野、国际视野、历史视野，通过生动、深入、具体的纵横比较，把一些道理讲明白、讲清楚。"这些重要论述为新时代培养社会主义建设者和接班人提供了新的思路[13]。

一、国际视野是全球化时代优秀人才的核心素养

国际视野指个体或组织对全球政治、经济、文化、社会等方面的认识和理解，以及对不同国家和地区的政治、经济、文化、社会状况的观察和分析。国际视野不仅包括对全球事务的了解，还包括跨文化沟通和交流的能力。国际视野的培养可以让个体具有开放的心态，使个体具备良好的语言能力和跨文化意识。

在人才培养的语境下，国际视野主要指一种品格和能力，这种品格和能力包括立足中国、关怀人类的意识，兼容并蓄的开放态度和胸怀，正确认识世界和中国的知识与能力。把握社会主义建设者和接班人的国际视野，可以从观念、知识和能力这 3 个维度出发。

一是观念维度，指具有国际视野的社会主义建设者和接班人应当具备的立场、观点和态度，具有坚定的中国立场，包括拥护和坚持中国共产党的领导，坚持社会主义制度，认同人类命运共同体理念等。二是知识维度，指具有国际视野的社会主义建设者和接班人应当具备的中外知识储备。三是能力维度，指具有国际视野的社会主义建设者和接班人应当具备的国际交流与比较能力。要有纵横比较与审慎思辨的能力，能够在中外国际比较的过程中，鉴别各种不良社会思潮，认识到中国特色社会主义事业发展的历史必然性与强大优势，坚持中国特色社会主义道路自信、理论自信、制度自信、文化自信；要有跨文化交流与沟通的能力，熟悉世界多元文化，能够与不同文化背景的人沟通交流，具备通晓国际规则，能够参与国际事务和国际竞争的能力。

如今，中国逐渐走向世界舞台中央，国际视野的重要性愈加凸显，已经成为新时代社会主义建设者和接班人重要的核心素养，有利于促进个人发展，提高组织竞争力，促进文化交流融合，增强国家软实力。

学者姜锋则从"从中国看中国""从中国看世界""从世界看中国""从世界看世界"这 4 个维度来解读"全球视野和世界眼光"。他认为，全球话语能力包括全球理解力、全球表达力、全球沟通力，全球话语能力不仅仅是一种交际、交往、沟通能力，其本质是一种理解纷繁现象的本质、适应时代和环境变迁、应对当前和未来挑战、创造美好世界的知识生产与知识创新能力。他强调

从 4 个方面培养大学生的"全球视野和世界眼光"：熟悉本国历史与传统，了解国情；善于学习人类文明优秀成果并将其中国化；在国际比较中认识中国特色，坚定自我认同；把握世界大势和时代潮流，具备求同存异、引领全球治理的能力[14]。

二、国际视野与爱国情怀的辩证关系

国际视野与爱国情怀的关系是辩证统一的：爱国情怀是国际视野的根本立场和前提，国际视野拓展了爱国情怀的时代内涵，二者有机统一于中国特色社会主义的伟大实践中。

爱国情怀是国际视野的根本立场和前提。全球化时代，随着互联网技术迅速发展，各国之间的联系和互动越来越紧密，各种社会思潮复杂多变，意识形态领域斗争形势严峻。同时，随着中国特色社会主义市场经济的发展，人们生活水平日益提高，个体意识进一步觉醒，人们的思想、心理、价值观念等日益多元、多样、多变。新形势下，必须牢牢把握意识形态工作领导权，进一步加强社会主义教育，坚定地厚植爱国情怀。随着社会的发展，爱国情怀会被赋予了新的时代内涵。新时代的爱国情怀，既不是故步自封，也不是盲目排外，而是自强不息、开放包容的爱国主义。正如习近平总书记所强调的："中国人是讲爱国主义的，同时我们也是具有国际视野和国际胸怀的。"国际视野和爱国情怀有机统一于中国特色社会主义实践中。二者在"培养什么人、怎样培养人、为谁培养人"这个教育的根本问题上有机统一，均是新时代中国特色社会主义建设者和接班人应当具备的核心素养；二者在实现中华民族伟大复兴的中国梦中有机统一，共同为实现"两个一百年"奋斗目标提供更高素质的人才；二者在"构建人类命运共同体"的世界梦中有机统一，人类命运共同体以全人类福祉为出发点和落脚点，既需要爱国情怀也需要国际视野，二者统一于实现中国人民和世界人民美好生活的共同愿景中。

三、培养全球化时代优秀人才的两个维度及其逻辑理路

（一）培养全球化时代优秀人才的两个维度

1. 培养具有国际视野的社会主义建设者和接班人

一是加强国际理解教育，拓宽学生的国际化视野。进入新时代以来，中国逐渐走向世界舞台中央，不断为人类做出更大贡献。今后，中国将继续发挥负责任大国的作用，积极参与全球治理体系改革和建设，不断贡献中国智慧和力

量。我们所处的全球化时代，国际视野成为高层次人才的核心素养，家国情怀和国际视野成为社会主义建设者和接班人的基本素质。高校立德树人工作，要促进学科交叉融合，搭建知识创新平台，创新人才培养模式，提升学生全球理解力、全球表达力和跨文化沟通力。

二是加强具有全球视野的高层次国际化人才培养，为我国参与国际治理提供人才支持。《国家中长期教育改革和发展规划纲要（2010—2020年）》提出："适应国家经济社会对外开放的要求，培养大批具有国际视野、通晓国际规则、能够参与国际事务和国际竞争的国际化人才。"《教育部等八部门关于加快和扩大新时代教育对外开放的意见》进一步提出："提升我国高等教育人才培养的国际竞争力，加快培养具有全球视野的高层次国际化人才。"

加快培养具有全球视野的高层次国际化人才，各方要进一步加强学习，深化认识，提高站位，更加自觉地把高层次国际化人才培养纳入学校育人体系，还要进一步解放思想，开拓创新，提升能力，更加有效地发挥高层次项目在人才培养方面的积极助力，同时要进一步注重执行，确保精准落地，扩大成效，更加主动地走在教育人文交流和国际合作的时代前列，共同推动国际化人才培养工作更高质量开展[15]。

2. 培育知华、友华的国际化人才

教育部、外交部、公安部联合制定的《学校招收和培养国际学生管理办法》明确要求高等学校应当对国际学生开展中国法律法规、校纪校规、国情校情、中华优秀传统文化和风俗习惯等方面内容的教育，帮助其尽快熟悉和适应学习、生活环境。体现在立德树人的教育内容中，主要涉及中国国情教育、中文和中国文化教育、跨文化交流能力和全球胜任力培养、中国法律法规教育等方面。来华留学教育立德树人，是一个涵盖教育理念、教学内容、师资队伍和管理制度等多方面的综合体系，应坚持以德育为核心，以能力培养为重点，以全面发展为目标，构建与来华留学生特点和需求相匹配的立德树人教育体系，为来华留学生的成长成才提供全面支持，帮助他们实现个人价值和社会价值的统一。具体来说，可以通过以下4个主要路径实现这一目标。

一是贯彻国家教育政策，落实课程思政理念。来华留学教育是中国高等教育的重要组成部分，要围绕国家教育发展的总体目标，通过一系列教育政策和措施，推动来华留学立德树人的内涵式发展，提升我国教育的国际影响力和竞争力。加强来华留学教育课程思政工作，实现知识教育与价值引导的双重目标和指数效益，是培养人类命运共同体的建设者、文明交流互鉴的推动者，以及具有全球竞争力的高素质、国际化人才的重要途径，也是提高中国在世界话语

体系地位的重要举措。

二是融入地方区域特点，完善立德树人教育体系。来华留学教育应充分挖掘和利用地方特色资源，包括独特的历史文化、风土人情等，将其融入教学内容和教学过程，丰富立德树人内涵，使来华留学生能够在了解中国文化的基础上，认识地方特色，了解中国的多样性和丰富性。地方特色经济与产业发展也是来华留学教育立德树人实践可以依托的重要领域。

三是结合学校特色优势，构建三全育人体系。学校特色是其在长期办学过程中形成的独特优势和核心竞争力，包括具有特色的优势学科、优秀的师资力量、独特的教学模式、突出的科研实力等。结合学校特色优势构建三全育人体系，既能够充分发挥学校的优势资源，又能够增强育人的全面性和深度。这不仅有助于深入落实立德树人理念，提升来华留学教育的质量和水平，也有助于培养出更多具有全面素质和创新能力的优秀人才。

四是打造高素质教师队伍，健全管理制度。优秀的教师是确保来华留学教育立德树人质量的核心，高素质的管理队伍对于保障来华留学教育秩序和稳定至关重要，一支专业、负责、友好的教学和管理团队，无疑会增强留学生对中国教育的认同感和体验感，从而提升中国教育的国际声誉和影响力。

（二）培养全球化时代优秀人才的逻辑理路

第一，发挥高校思想政治理论课的教育引导作用，培养国际视野应当具有的立场、意识和态度。思想政治理论课担负着培养社会主义建设者和接班人的重要使命。一是坚持正确的课程教育方向。厚植社会主义建设者和接班人的爱国主义情怀，奠定其国际视野的根本立场和价值基础。二是将国际视野纳入课程教育目标和教学内容。培养社会主义建设者和接班人适应全球化发展的素质，包括爱国情怀、国际化意识、国际安全意识、人类命运共同体意识等。三是强化课程的实践育人功能。以喜闻乐见的形式开展互动式实践教学，培养社会主义建设者和接班人的国际视野。

第二，汲取人类优秀文明成果，夯实融通中外文明的知识储备。以读书融通中外文明，夯实知识储备，可以从 3 个方面进行。一是推荐好书、引导读书。高校引导学生读优秀传统文化经典、马克思列宁主义经典、中外传世经典和专业经典。通过读书学习，让学生更好地认识世界、了解国情民情；使学生掌握事物发展规律，通晓天下道理，学会理性思考；让学生更好地掌握专业知识，面向实际、深入实践，以知促行、以行求知、脚踏实地、苦干实干。二是积极组织各种形式的全民阅读活动。持续举办读书节等一系列阅读推广活动，依托大学生研习社、读书会等社团组织，在青年学生群体中开展有组织的马克思主义经典文献、世界名著阅读活动，借助新媒体技术和 AI 技术，采取阅读优化策略，增强大学生群体的阅读实效性。三是培养终身学习的理念和习惯。让学生通过学习增长知识和见识，开阔国际视野，提升内在素养，寻求所处时代的价值本质，创造新的时代文化，成为融通中外文明的引领者。

第三，拓展国际交流的平台和渠道，提高国际交流与比较能力。新时代，高校培养社会主义建设者和接班人的国际视野，要借助多方国际交流合作平台。一是实施"走出去"战略，依托构建人类命运共同体理念和"一带一路"倡议，主动与国际知名企业建立联系，构建国外实习基地，以提供国外短期学习和实习工作的机会；开展人文交流，选派青年志愿者、国际汉语教师到孔子学院（孔子课堂）开展对外汉语教学和中华文化展示交流，使师生在实际的工作和生活体验中具备养成国际视野所需要的知识、思维与能力。二是积极与国外高校开展合作办学，统筹利用国内国际两种教育资源，实现特色学科和特色领域的优势互补，与世界一流大学合作，完善人才联合培养模式，加快建设扎根中国大地的现代化大学。三是建立世界学术共同体，充分运用多媒体技术，打破时空限制，实现国际学术共研、共享，让师生能够及时了解世界科学技术新成果、国际学术科研新动态。四是加强各种国际项目建设，支持师生参加国际学术会议和访学活动，聘请高水平的外国专家和教师来华讲学，举办国际学术会议进行学术交流，等等。总之，要在国际交流合作实践中不断提高社会主义建设者和接班人的国际交流与比较能力，积极向世界传播中国理念、中国精神和中国价值，不断增强各国人民对中华文化、中国道路与中国模式的理解和认同[13]。

📁 案例 2 - 3

国家主席习近平复信南非德班理工大学孔子学院师生

2023 年 8 月 18 日，国家主席习近平复信南非德班理工大学孔子学院师生，鼓励他们学好中文，为传承发展中南两国友好事业、促进中非友谊合作贡献力量。

习近平指出，10 年前，我见证了德班理工大学孔子学院的成立。我很高兴地看到，经过双方共同努力，两国教育文化交流结出累累硕果，众多南非青年通过学习中文，了解了中国的历史文化，拓宽了职业选择的道路，实现了人生的梦想。

习近平强调，中国和南非都是重要的发展中大国，两国有着同志加兄弟的特殊友谊，学习了解彼此的语言文化，有助于推动两国人民相知相亲、世代友好。欢迎你们在学好中文的同时，多到中国走一走、看一看，更加深入地认识和理解中国，利用所学所思、所见所闻，把一个真实、立体、全面的中国介绍给更多的朋友，努力做传承发展两国友好事业的使者，为促进中非友谊合作、构建人类命运共同体贡献自己的力量。

2013年3月，习近平主席访问南非期间，见证了中南双方签署德班理工大学孔子学院共建协议。成立10年来，南非德班理工大学孔子学院累计培养了近万名学员。该院50名师生之前联名致信习近平主席，讲述了学习中文的经历、收获和体会，感谢习近平主席和中国政府为非洲青年追求梦想提供了更多机会，热切期盼习近平主席再次访问南非。

2023年12月15日，福建省委书记、省人大常委会主任周祖翼在福州会见了参加"寻迹中国式现代化"主题冬令营活动的南非德班理工大学孔子学院师生一行。该冬令营为期15天，行程涉及福州、宁德、武夷山、泉州、厦门、北京等城市。此前，9月19日，福建省委副书记、省长赵龙率团访问南非期间考察了德班理工大学孔子学院，并参加了德班理工大学孔子学院建院10周年庆典系列活动。

资料来源：新华网、福建农林大学官方网站

参考文献

[1] 许传静. 我国大学国际化问题研究 [D]. 重庆：西南大学，2010.

[2] 任友群. "双一流"战略下高等教育国际化的未来发展 [J]. 中国高等教育，2016 (5)：15-17.

[3] 陈学飞. 高等教育国际化——从历史到理论到策略 [J]. 上海高教研究，1997 (11)：57-61.

[4] 栾凤池. 略论高等教育国际化的研究 [J]. 徐州师范大学学报（哲学社会科学版），2008 (4)：130-135.

[5] 石晶，郭尧，李思琪，等. 新时代国际教育资源本土化之路与成都华德福探索 [J]. 国家治理，2019 (23)：2-16.

[6] 朱彦彦，赵加强. 中外合作办学思想政治教育工作探讨 [J]. 河南大学学报（社会科学版），2022，62 (2)：117-122，155.

[7] 罗志雄. 推进高校中外合作办学项目"大思政课"建设的三个维度 [EB/OL]. (2023-12-19). www.news.cn/book/20231219/1ab6d4f72f76402fa0b0bc00a031f73a/c.html.

［8］刘宝存，苟鸣瀚．高等教育在地国际化的关键经验与中国选择［J］．中国高等教育，2023（19）：40-43.

［9］姜英敏．全球化时代我国国际理解教育的理论体系建构［J］．清华大学教育研究，2017，38（1）：87-93.

［10］朱国辉．高校来华留学生跨文化适应问题研究［D］．上海：华东师范大学，2011.

［11］滕珺，张婷婷，胡佳怡．培养学生的"全球胜任力"——美国国际教育的政策变迁与理念转化［J］．教育研究，2018，39（1）：142-147，158.

［12］陈旻，陈勇，穆斐．论正确吸收借鉴国外优秀道德成果［J］．伦理学研究，2014（6）：21-25.

［13］闫利利，高地．新时代社会主义建设者和接班人的国际视野培育研究［J］．思想政治教育研究，2020，36（6）：132-136.

［14］姜锋．培养具有全球视野和世界眼光的高层次国际化人才［J］．中国高等教育，2020（21）：26-28.

［15］樊未晨．专家：培养高层次国际化人才刻不容缓［EB/OL］．（2023-11-14）．http：//news. cyol. com/gb/articles/2023-11/14/content_6z9RK0TjpG. html.

第三章 中外合作办学
立德树人实践

第一节 中外合作办学及其立德树人价值意蕴

一、中外合作办学基本概述

中外合作办学是伴随着改革开放在教育领域出现的新事物。20 世纪 80 年代，中国人民大学、南京大学等重点大学与国外高校联合举办学位班或者科研中心，这是我国中外合作办学的初始形态，开启了我国中外合作办学的征程。随后，中外合作办学的项目逐渐增多。为了规范中外合作办学，确保办学质量，1995 年，国家教育委员会制定出台了《中外合作办学暂行规定》，在这一文件的指导下，作为对外教育交流和教育对外开放的一种探索模式，中外合作办学得到了一定的发展。21 世纪后，为了适应加入世界贸易组织（WTO）的新要求，我国对涉及中外合作办学的有关事宜进行了制度化、法规化操作。我国于 2003 年 3 月颁布了《中华人民共和国中外合作办学条例》，这一文件的颁布为进一步扩大教育对外开放和规范中外合作办学提供了法律遵循。2004 年，随着中外合作办学具体实践的深入，为了增强针对性，教育部颁布了《中华人民共和国中外合作办学条例实施办法》，进一步规范了中外合作办学的具体管理制度和举措。《中华人民共和国中外合作办学条例》和《中华人民共和国中外合作办学条例实施办法》的颁布标志着我国中外合作办学走上了法治化轨道，也因此得到了快速、良性的发展。

《中华人民共和国中外合作办学条例》对中外合作办学概念界定、性质宗旨、办学监管、组织与管理、教育与教学、资产与财务、变更与终止、法律责任等都做了具体的规定。明确了中外合作办学属于公益性事业，是中国教育事业的组成部分；确定了国家对中外合作办学实行扩大开放、规范办学、依法管理、促进发展的方针；表明了国家鼓励引进外国优质教育资源，鼓励在高等教育、职业教育领域开展中外合作办学，鼓励中国高等教育机构与外国知名的高等教育机构合作办学；强调了中外合作办学者、中外合作办学机构的合法权益，受中国法律保护；规定了中外合作办学机构依法享受国家规定的优惠政策，依法自主开展教育教学活动；要求中外合作办学必须遵守中国法律，贯彻中国的教育方针，符合中国的公共道德，不得损害中国的国家主权、安全和社会公共利益；中外合作办学应当符合中国教育事业发展的需要，保证教育教学质量，致力于培养中国社会主义建设事业的各类人才；对中外合作办学提出了具体的约束，明确要求不得举办实施义务教育和实施军事、警察、政治等特殊性质教育的中外合作办学；明确要求中外合作办学机构不得进行宗教教育和开展宗教活动；明确拒绝外国宗教组织、宗教机构、宗教院校和宗教教职人员在中国境内从事合作办学活动[1]。

《中华人民共和国中外合作办学条例实施办法》是结合实践经验，就有效落实《中华人民共和国中外合作办学条例》，对中外合作办学机构审批和设立、组织和活动、管理和监督有明确规定。中外合作办学指中国教育机构与外国教育机构依法在中国境内合作举办以中国公民为主要招生对象的教育教学活动。从办学形式来看，中外合作办学有"中外合作办学机构"和"中外合作办学项目"两种形式，"中外合作办学机构"是指经教育部批准的外国高校同中国高校在中国境内合作举办的以中国公民为主要招生对象的教育机构；"中外合作办学项目"是指中外合作办学者不设立专门的教育机构，而是在学科、专业、课程等方面，合作开展的以中国公民为主要招生对象的教育教学活动[2]。

随着我国高等教育普及程度不断提高、人民对高质量教育的需求不断扩大，以中外合作办学作为高等教育国际化的重要举措，是跨国高等教育在我国的重要实践，成为中国教育改革与发展的大势所趋。经过近30年的发展，我国高等教育中外合作办学的规模进一步扩大、类型逐渐增多在引进国外优质教育资源、提升学科建设水平、优化国际化人才培养模式、推动教育体制改革等方面发挥了重大作用。中外合作办学又被称为"不出国的留学"，作为一种相对低成本接受国际教育的方式，越来越受到学生和家长的关注。

相关统计数据显示，1995年全国中外合作办学项目只有71个，经过近30年的发展，中外合作办学事业取得了长足发展。截至2023年年底，本科层次的中外合作办学机构186个（含独立设置办学机构10个），中外合作办学项目1 111个；研究生层次的中外合作办学机构95个，中外合作办学项目177个；全国中外合作办学机构和项目的数量达到1 569个，覆盖了全国除西藏、台湾、香港、澳门以外的 30 个省份，覆盖理学、工学、农学、医学、法学、教育学等 11 个学科门类 200 多个专业。中外合作办学机构和项目每年招生超过 15 万人，在校生超过 60 万人，其中高等教育在校生占比超过 90％，毕业生超过 200 万人。中外合作办学已进入了高水平、示范性发展的新阶段（表 3-1）。

表 3-1　全国中外合作办学机构和项目情况

省份	本科层次中外合作办学		研究生层次中外合作办学	
	机构/个	项目/个	机构/个	项目/个
北京	8	38	8	38
上海	16	64	12	22
天津	2	25	4	10
重庆	4	30	1	3
江苏	21	104	17	13
浙江	17	50	13	25
广东	16	23	10	10
海南	8	12	5	1
福建	7	25	0	4
山东	16	95	6	3
江西	0	26	0	3
四川	6	22	0	6
安徽	1	24	0	2
河北	6	43	2	4
河南	14	139	0	1
湖北	4	65	5	6
湖南	2	37	0	3
陕西	11	23	4	8
山西	1	2	0	1
黑龙江	2	64	2	3
辽宁	15	53	3	5
吉林	5	72	1	1
广西	1	23	0	0
云南	0	19	0	3
贵州	2	14	1	2

（续）

省份	本科层次中外合作办学		研究生层次中外合作办学	
	机构/个	项目/个	机构/个	项目/个
甘肃	1	4	1	0
内蒙古	0	9	0	0
宁夏	0	3	0	0
新疆	0	2	0	0
青海	0	1	0	0
合计	186	1 111	95	177

数据来源：教育部中外合作办学监管工作信息平台。

福建农林大学中外合作办学始于 2003 年，首批招生项目为福建农林大学与加拿大新斯科舍农学院（2012 年 9 月，新斯科舍农学院并入加拿大东部名校戴尔豪西大学，该校随即与福建农林大学签署合作办学接管协议，承接了有效期至 2027 年的合作办学协议的法律承诺）合作开展的园艺专业本科教育项目、农业资源与环境专业本科教育项目；2007 年与加拿大新斯科舍农学院合作开展园艺专业本科教育项目、农业资源与环境专业本科教育项目；2013 年与加拿大不列颠哥伦比亚大学合作开展生态学专业本科教育项目；2015 年与戴尔豪西大学合作开展风景园林专业本科教育项目；2020 年与加拿大戴尔豪西大学联合申报开展植物保护专业博士研究生教育项目，获教育部批准，招生期限为 2021—2025 年（每年 1 期），学制 4 年，每期招生 5 人，纳入国家博士研究生招生计划，学生参加中方高校组织的博士研究生招生考试。福建农林大学中外合作办学项目获批情况见表 3-2。

表 3-2　福建农林大学中外合作办学项目获批情况

获批年份	项目	合作院校
2003	园艺专业、农业资源与环境专业（国际课程实验班）	加拿大新斯科舍农学院
2007	园艺专业、农业资源与环境专业（本科教育项目）	加拿大新斯科舍农学院
2013	生态学专业（本科教育项目）	加拿大不列颠哥伦比亚大学
2015	风景园林专业（本科教育项目）	加拿大戴尔豪西大学
2020	植物保护专业（博士研究生教育项目）	加拿大戴尔豪西大学

数据来源：福建农林大学官方网站。

福建农林大学中加合作办学项目自 2003 年招收首届学生以来，努力借鉴国内外先进办学理念，积极引进国外优质教育教学资源，依托学科优势，凸显专业特色，努力打造合作办学项目精品，先后培育了以国家双语示范课程《农业生态学》为代表的一批优质双语课程；坚持以学生为中心，国内外"双校园"携手联动，努力实现跨文化适应，致力于培养具有国际视野、熟悉国际规则、能够参与国际竞争的复合型、创新型人才；务求实效，扎实推进，实现了从项目到机构的重大跨越，福建农林大学戴尔豪西大学联合学院逐步成为学校国际化办学的示范窗口与平台，得到教育主管部门的肯定与社会各界的好评，形成了鲜明特色。

一是依法办学，质量有保障。戴尔豪西大学是世界学术名校，2022 年的 QS 世界大学排名为第 272 位，是加拿大十大名校之一，也是加拿大 U15 研究型大学联盟成员之一；不列颠哥伦比亚大学建于 1908 年，前身为麦吉尔大学不列颠哥伦比亚分校，于 1915 年独立，主校区位于加拿大第三大城市温哥华，该校在 2023 年 U. S. News 世界大学排名中位列第 35 位，在 2023 年 QS 世界大学排名中位列第 47 位。项目经教育部审核批准，办学纳入合作双方的整体人才培养与教育质量监控体系，接受教育部中外合作办学评估。

二是优质资源和先进理念。项目依托校本部完善的教学设施及雄厚的师资力量，引进加拿大先进教育理念和优质教学资源，建立了一支经验丰富的双语教学师资队伍和一批双语示范课程，具有博士学位或高级职称的教师比例高达 90%，采用小班教学，为学生提供多层次、高品质的教育服务。

三是机制灵活、自由选择。项目通过引进国外原版教材、外教亲临授课、教育资源远程共享、双语教学、英语强化等形式，着力培养专业技能与英语能力并重的国际化复合型人才。学生申请至加拿大合作高校学习且完成学业的，可同时获两校文凭；学生全程在国内学习的，可获福建农林大学毕业证书和学位证书。

四是融贯中西、通达世界。坚持立德树人，努力营造浓厚的国际化办学氛围，积极开展有益的跨文化交际活动，使毕业生具备国际化的视野、多元化的知识结构，获得国内外高校和科研机构的广泛认可，学生本科毕业后可申请国内外知名高校继续攻读硕士、博士学位，或进入国内外企事业单位、跨国公司就业。

办学 20 年来累计招生 2 646 人，其中 774 位同学通过项目进入加拿大合作院校学习，有 500 多人次获得合作院校各类奖学金，有 2 位同学荣获加拿大本科生最高奖"总督银质奖章"的殊荣。通过项目进入加拿大合作院校学习的本科毕业生，近一半进入多伦多大学、不列颠哥伦比亚大学、麦吉尔大学、阿尔伯塔大学、戴尔豪西大学、纽布伦斯威克大学、萨斯喀彻温大学、麦克马斯特大学、圭尔夫大学、曼尼托巴大学、纽芬兰纪念大学、柏林洪堡大学、波鸿鲁尔大学、新英格兰大学等一流大学继续攻读硕士、博士学位；另有一大批毕业生考取中国科学院大学、浙江大学、中国农业大学、华东师范大学等国内知名大学继续深造，其余毕业生或自主创业，或进入农林、环保、金融等行业，顺利实现就业。

福建农林大学以中加合作办学项目为基础，通过引进境外优质教育资源建立起一套与国际接轨的教育教学管理模式和机制，通过外派访学、合作交流培养了一批具有国际视野和跨文化交往能力的青年教师，促进了学校教育国际化发展战略的确立，在推动学校加快开放办学脚步上发挥了积极作用；先后与加拿大、美国、澳大利亚、日本、荷兰、德国等12个国家（地区）的40所高校新签订校、院际学术交流合作协议，与近30所国外高校、科研机构正在开展实质性合作，与40多个国家（地区）的100多所高校及科研机构保持着密切的往来与协作关系；学校2012年成为教育部接收中国政府奖学金来华留学生院校，于2013年与南非德班理工大学共建孔子学院，之后南非德班理工大学孔子学院积极开展中文教学、文化交流、职业技能培训等工作，累计培养近万名学员，获评"全球先进孔子学院"，获得"全球示范孔子学院"称号。

2023年，在福建农林大学中外合作办学20周年之际，福建农林大学与加拿大戴尔豪西大学联合举办的中外合作办学非独立法人二级机构——福建农林大学戴尔豪西大学联合学院获教育部批准设立，于2024年开始招生。该机构是福建农林大学获批的首个中外合作办学机构，该机构的获批是福建农林大学与加拿大戴尔豪西大学20年来合作的重大突破，是福建农林大学在国际化办学上取得的又一标志性成果，对于学校进一步引进优质教育资源、提升开放办学质量、助推"双一流"建设、服务中加人文教育交流具有重要意义。

福建农林大学戴尔豪西大学联合学院首批将开展风景园林、农林经济管理两个专业的本科学历教育，届时联合学院将充分发挥两校相关领域的育人优势，引入加拿大戴尔豪西大学的先进教育理念和教学方法、全程配备中外双方的优质课程、师资，采取"4＋0"模式培养，使学生可享受双方大学的优质资源，成绩达到要求，可获得中加双方学校的学位证书，帮助学院学生实现"不出国留学"的梦想，为乡村振兴和绿色发展培养国际化、创新型专门人才；联合学院的设立，还为进一步加强福建农林大学与戴尔豪西大学在科研、学术等领域的全方位合作，并积极为福建省与加拿大新斯科舍省的友好省建设贡献力量，实现了中外合作办学引进优质教育资源、推动教育教学改革的初衷。

二、中外合作办学立德树人的价值意蕴

随着高等教育国际化的推进，中外合作办学已成为继公办教育、民办教育后高等教育的三大重要办学模式之一，据不完全统计，高等教育领域的中外合作办学机构（项目）在校学生超过 60 万人，这个群体中的大部分学生赴国外合作院校学习深造，经过若干年的学习深造，成长为具有国际视野，掌握先进科学技术，掌握世界语言，能够参与国际竞争的国际化复合型人才；能否用家国情怀来感召这部分学生，把这部分学生培养成"放眼世界、胸怀祖国"的社会主义建设者和接班人是评价中外合作办学效果的重要维度之一。中外合作办学领域（机构、项目）必须坚决贯彻党的教育方针，坚持立德树人这一根本任务，强化中外合作办学领域党建与思想政治工作，将家国情怀厚植于每个学生的内心深处，激发中外合作办学大学生的祖国意识，确保合作办学培养的人才为我所用，并使之转化为推动改革开放和社会主义现代化建设的强大力量，确保合作办学为人民服务，为中国共产党治国理政服务，为巩固和发展中国特色社会主义制度服务，为改革开放和社会主义现代化建设服务。

党的二十大报告中强调要优先发展教育事业，要全面贯彻党的教育方针，落实立德树人这一根本任务，发展素质教育，推进教育公平，培养德智体美劳全面发展的社会主义建设者和接班人[3]。

进一步加强高校立德树人是新时代高等教育的重要责任与使命，强化中外合作办学领域的立德树人工作是实现党对其领导、落实党的教育方针的题中应有之义，也是提升国家国际形象的有效措施，更是中外合作办学学生健康成长的重要保障[4]。

从担负教育使命，实现教育目标来看，强化中外合作办学领域的立德树人工作可以确保党对中外合作办学教育的领导，落实党的教育方针。中外合作办学是引进和借鉴国外先进教育理念和教育资源，在中国境内实施的一种创新型教育模式，是教育现代化、教育国际化的一种有益探索，是对我国高等教育的有益补充，但不是我国教育的"试验田"，更不是我国教育的"特区"，中外合作办学本质上还是中国共产党领导下的人民大众的教育，根本目的还是在于培养新时代中国特色社会主义的建设者，必须要扎根中国大地办教育，以中国国情、政情、社情、民情为遵循；要坚决贯彻党的教育方针，坚持立德树人这一根本任务，始终坚守为党育人、为国育才的初心，始终服务强国建设和复兴伟业。由于中外合作办学接受中外两种不同教育资源、理念、师资造成办学模式

具有特殊性，再加上中外合作办学领域处于中外多种意识形态交织、多种文化交融、多元价值取向碰撞的前沿阵地，要确保党的教育方针得到有效贯彻，立德树人这一根本任务取得成效，应通过强化中外合作办学的立德树人工作，来引导学生在多种文化、价值碰撞的复杂环境中，坚定马克思主义信仰、共产主义信念、中国特色社会主义信心，提升学生对中国共产党的信赖度，使学生在学习和掌握国外有益的先进科学技术和文化知识的同时，筑牢信仰之基。具体来看，中外合作办学领域立德树人，一个重要方面就是立"爱国之大德"。中外教育体制、教育理念虽有差异，但爱国教育是世界上任何民族、任何国家、任何制度、任何教育都接受的一个"最大公约数"，爱国教育是中外合作办学双方都能接受的一个重要载体。应强化对广大中外合作办学学生的爱国教育，引导学生在接受国外优质教育资源的同时，坚定爱国主义信念，胸怀中国特色社会主义事业和祖国人民，在学习国外先进科学技术、文化知识的同时，不忘根，毕业后更好地投入强国建设、民族复兴伟业，真正成为堪当民族复兴大任的时代新人。

从国家的世界影响力维度来看，强化中外合作办学领域的立德树人工作是实现国家国际形象持续提升的有效措施。推动构建人类命运共同体是新时代中国特色大国外交的总目标，中国始终是世界和平的建设者、全球发展的贡献者、国际秩序的维护者、公共产品的提供者，要有效落实这一总目标，需要努力提高国家在国际事务中的参与权、话语权，这一切都需要以良好的国际形象为基石，而国际形象主要靠自身的发展，但走向世界各地的中国人也是中国国际形象的重要塑造者与维护者，中外合作办学学生是向世界展现当代中国的重要窗口，同时在国外学习期间，他们也是中国经济、政治、文化等各领域发展成果的直接讲述者，这些学生身上体现的民族特征更是国家形象的直接展现，加强中外合作办学领域的立德树人工作，引导广大学生"立大德、明公德、严私德"，有利于在异国他乡当好中国人、讲好中国故事，从而树立中国的良好形象。

从中外合作办学学生个人成长的角度看，强化中外合作办学领域的立德树人工作，是中外合作办学学生成长成才的坚强保障。我国当前中外合作办学主要采用"双校园""双资源""双理念"的培养模式，学生既主动接受合作院校先进的专业知识和技能的教育，也必然会受到西方消极文化、不良生活方式、不同道德观念甚至个人主义价值观的负面影响，特别是后期进入国外合作院校学习，西方"普世价值"和所谓的"民主、自由"思潮会对学生的世界观、人生观、价值观具有消极影响，中华优秀传统文化和社会主义核心价值观与西方文明客观上在这部分学生心中进行着无形的"争夺战"。应加强中外合作办学领域的立德树人工作，用党的创新理论武装学生，用新时代伟大成就感召学生，用中华优秀传统文化涵养学生，用社会主义核心价值观引领学生，确保学生在文化的激烈碰撞中明辨是非，拥有正确的人生追求，坚定理想信念，让马克思主义意识形态和中国特色社会主义共同理想成为中外合作办学学生在外学习生活的精神支柱，为学生成长成才保驾护航。

第二节　高校中外合作办学立德树人实践：以福建农林大学为样本

一、高校中外合作办学立德树人的福建农林大学实践

中外合作办学是我国社会主义教育的组成部分，同样肩负着培养担当强国建设、民族复兴大任的时代新人的使命。国务院颁布的《中华人民共和国中外合作办学条例》明确规定："中外合作办学应当符合中国教育事业发展的需要，保证教育教学质量，致力于培养中国社会主义建设事业的各类人才。"高等教育领域的中外合作办学，引进国外高校优质教育资源和先进理念，在发展高等教育国际化和提升高等教育质量方面发挥了重要作用，但也存在中外不同理念冲突、管理体制差异、多元文化碰撞等特殊情况，对中外合作办学领域立德树人提出了特殊的要求。近年来，高校中外合作办学领域的思想政治教育工作队伍坚持党对中外合作办学的领导，坚持立足中国大地办教育，落实党的教育方针和高校党建工作重点任务，坚持以立德树人为教育的根本任务，结合中外合作办学的特殊性，大胆实践，取得了一定的工作成效，同时在实践中也出现了一些困难，认真总结成效，针对困难分析原因，有助于该领域坚持问题导向，提质增效，建立长效机制。

福建农林大学在20余年的中外合作办学实践中，充分认识到中外合作办学应培养掌握现代化科技、掌握世界语言、熟悉国际规则、具有世界胸怀的国际化人才，自觉站位于把中外合作办学项目学生培养为发展中国特色社会主义事业不可或缺的有用人才，围绕"培养什么人、怎样培养人、为谁培养人"这一教育的根本问题，从战略上重视学生思想政治教育，突出重点稳抓意识形态工作，以促进学生成长成才为目标，在树立科学理念、探索有效途径、优化课程体系、整合教育资源、构筑育人体系等方面下功夫，构建了强有力的学生思想政治工作体系，立德树人取得良好长效[5-6]。

（一）树立科学理念：政治引领与成长服务相统一

中国特色社会主义的教育要实现"四个服务"，核心在"人"，根本在于培养中国特色社会主义事业的坚定支持者、建设者。另外，从终极目标上考虑，教育的根本价值追求是实现人的全面发展，落脚点是人，因此教育的工作指向必然是学生，出发点是促进学生健康、全面、和谐发展；考虑到中外合作办学的实际情况特别是中外合作办学处于接触西方价值观和理论思潮的前沿地带，立德树人必须坚持政治引领和成长服务相统一，既坚持引领青年学生听党话、跟党走，又坚持以学生为中心，发挥学生主体功能，尊重学生主体意识，以情动人、以理服人、以绩感人，增强立德树人的针对性、实效性。福建农林大学在中外合作办学领域坚持树立科学的教育理念，协调推进政治引领与成长服务相统一、相融合。一是坚持用党的理论武装与感召学生。深入学习贯彻习近平新时代中国特色社会主义思想，结合各个重要时间节点开展相应活动，如开展"迎国庆、庆中秋"主题系列微活动，开展学习党的二十大精神"六个一"系列活动等主题党团日活动，开设的《理想信念通识教育》课程，充分发挥社科理论专家的作用，邀请福建省委党校专家对学生进行党史、哲学、中国传统文化、改革开放、国际形势、中国特色社会主义理论等方面的教育，用党的先进理论武装和感召学生，引导在校大学生正确认识世情和国情，认清我们所处新时代的机遇与挑战，增强责任意识、使命意识、机遇意识、忧患意识，从而激励他们奋发有为，努力把自己培养成复合型国际化人才，为实现中华民族伟大复兴的中国梦而努力。二是坚持用社会主义核心价值观引领学生。旗帜鲜明地开展社会主义核心价值观教育，发挥第二课堂党团学活动的主阵地功能，突出开展社会主义教育、爱国主义教育、理想信念教育和公民道德教育，持续开展社会主义核心价值观宣传教育活动，开展以社会主义核心价值观为内容的主题党团学活动，开展诚信主题辩论赛，结合英语学习的需要成立"彩虹桥"大学生志愿服务队，经常开展学雷锋志愿服务工作，开办"道德讲堂"，在新生中开展"文明养成"主题教育活动，将核心价值观融入学生第二课堂，积极引导青年学生践行社会主义核心价值观，树立崇高理想，培养爱国情怀。三是注重人文关怀。结合学生关注的热点和面临的困难，热心为学生提供服务，在服务学生成长成才过程中和风细雨，润物无声地开展立德树人工作；特别针对中外合作办学项目学生学习任务重，面临双文化、双校园学习的挑战，立德树人工作开展过程中，尤其要重视跨文化过程中的心理疏导工作，引领学生拥有良好的心理素质；为夯实学生出国后的跨境适应能力，要积极为学生创造机会，提高学生异域环境的适应能力并培养学生自强自立精神；加强对经济困难学生的引导和激励，做好资助政策的宣传工作，促其健康成长，助其成才，注重挖掘经济困难学生的"逆袭"故事，通过身边人、身边事对学生进行励志教育；针对学生适应不良问题、英语学习问题、出国选择问题、理想与现实的冲突问题、人际关系的处理问题、贫困生心理问题进行引导，帮助学生拥有良好的心理素质，增强学生自我认识、自我调节和承受挫折的能力，全过程、全方位对国内学生进行心理辅导及心理健康教育，适时掌握出国学生思想、心理动态并予以疏导帮扶；将学生教育引领工作融入出国学习所必需的英语学习（雅思、托福考试）、留学生涯规划、签证指导等具体业务，多角度为学生提供政策咨询和帮助，融思政元素于其中，实现服务育人。

（二）途径探索：知行合一，将立德树人融入实践养成教育

2018 年 5 月，习近平总书记在北京大学考察期间，叮嘱学生青年要联系实际，做到知行合一。"知行合一"是中国古代哲学中涉及道德修养、道德实践的有关认识论和实践论的重要命题。中国古代哲学家认为不仅要认识（"知"），尤其应当实践（"行"），只有把"知"和"行"统一起来，才能称得上"善"；新时代，习近平总书记嘱托青年学生做到知行合一，为青年学生成长成才指明了具体路径，也为高校立德树人提供了重要遵循。福建农林大学在中外合作办学领域高度重视道德实践环节在立德树人中的重要作用，注重主题实践平台的建设，发挥主题实践活动的育人功能。一是强化思想政治理论课实践教学，通过形式多样的实践教育活动，根据思想政治理论课实践教学计划组织学生到中国船政文化博物馆、福建省革命历史纪念馆、三坊七巷参观学习并回顾中国晚清第一批出国留美幼童杰出代表詹天佑、严复等人在闽经历，通过让学生了解中国近代化的艰辛历程来激发学生放眼世界、报效祖国的爱国情怀；二是开展社会调查，结合改革开放 46 周年、新中国成立 75 周年等历史性时刻，确定调查的主题、内容，指导学生开展实践性学习，指导学生在调查研究的基础上撰写调查报告，提高学生的思想政治素质和社会观察分析能力；三是发挥党团组织、学生班级主渠道作用，发挥学生自我服务、自我教育、自我管理的作用，为学生骨干的实践锻炼搭建平台，在实践中提升学生骨干的管理能力，培养学生骨干的服务意识；四是发挥青年志愿者协会、红十字会等组织的群众性特点，发挥学生社团与校内外联系广泛的特点，扩大学生的参与面，使学生在社团活动中得到历练；五是抓跨文化适应能力提升，将跨文化适应内容融入思想政治理论课，持续推进"国际讲坛"等活动，邀请"海归"专家学者、合作校方教师、国内外优秀学友等开设跨文化适应方面的专题讲座或交流会、拓宽学生的国际视野，提升学生的多元文化认知；六是启动中外合作办学项目学生跨文化交流能力提升计划，帮助学生适应中外文化冲突、每年举办国际文化节、英语文化节等系列素质教育活动，促进中外师生交流互动，丰富学生跨文化体验，提升学生跨文化适应能力，学生国际交流能力并拓宽全球视野。福建农林大学通过系列主题实践活动培养了学生的爱国主义情感、集体主义观念和社会主义道德情操，帮助学生树立了正确的世界观、人生观和价值观。

（三）优化课程：发挥思想政治理论课的"关键课程"作用

教育主管部门要求中外合作办学项目的思想政治理论课课程设置按照普通高校的标准执行，然而中外合作办学项目大多实行"2+2"模式，学生在我国境内学习年限较短，学习压力大；按照四年制普通高校本科生的思想政治理论课课程设置要求结合中外合作办学项目实际，有针对性地做好思想政治理论课的"三进"工作是不可回避的课题。一是探索课程设置。严格按照中共中央宣传部、教育部开设必修课的总体要求，开满开齐思想政治理论课，同时结合中外合作办学项目的特点设置拓展课程，拓展课程包含中华文明史、西方文明史、公民道德法治教育、职业生涯规划及创业教育、形势与政策、国防教育、技能教育等；通过充实教学内容，完善课程设置，形成结构合理、功能互补、相对稳定的课程体系；以爱国主义教育为主线灌输马克思主义中国化最新成果，加强对学生的公民道德法治教育，让学生重视学习世界各民族优秀文化，从而培养出具有中西方文化视野，能借鉴、吸收、弘扬世界文明成果的国际化人才。二是创新教学方法。采用专题教学法、案例教学法、研讨教学法等多种方法进行启发式教学，同时综合运用多媒体教学、课堂讨论、主题演讲、分专题讲座等方法，努力提高学生的学习兴趣及参与程度，并将其纳入相应课程来考核成绩。

（四）整合资源：推动国内外立德树人资源同频共振

福建农林大学中外合作办学项目实行"2+2"培养模式和"3+2"培养模式，学生前两（三）年在国内学习，后两年到国外合作高校学习，具有整合国内外资源开展思想政治教育的天然优势。一是建立国内外师生交流平台。通过建立"出国留学学生QQ（微信）群"，及时掌握出国留学学生的学习生活情况、关注热点及思想动态；加强网络阵地建设尤其是做好"留学生风采"栏目建设，积极组织发表出国留学学生的稿件，及时反映出国留学学生的学习、生活、思想情感等方面的情况。二是促进国内外学生的交流。抓住出国留学学生回国探亲返校的机会，与其进行面对面的交流，进一步了解和掌握其在国外的情况；通过举办座谈会等形式搭建回国返校学生与国内在校生交流平台，促进彼此交流互学互进；同时充分利用引进课程的教师来华授课的机会向其了解国外学生的学习生活情况，并且采取多种形式增进合作院校教师与国内一、二年级学生的交流和沟通，便于为学生出国留学作准备。三是坚持出国留学学生思想政治教育不断线。成立出国留学学生工作领导小组，把出国留学学生思想政治教育工作的责任分解到人，包括书记、院长在内的学院管理团队与出国留学学生密切联系，交流并关心出国留学学生健康成长；建立学生出国前的谈话制度，每年院领导和政工教师在学生出国留学前与其进行谈话，明确要求学生胸怀祖国，遵守留学国家的法律，刻苦学习，报效祖国；每年选派教师带领学生到留学目的地与合作学校一起开展学生学分对接、学生专业选择等事宜，同时协助解决出国留学学生在国外生活、学习中遇到的困难和问题。

（五）构筑特色：构建家校互动双向协同育人机制

教育界历来重视家庭、社会与学校在育人方面的互动。西方高校更是重视校友资源对学校发展的作用，重视调动家长参与学生的教育。实践证明，家庭参与对于学生的健康成长具有积极意义，其作用是不可替代的，应借鉴吸收国内外的有益经验积极开展家庭、社会与学校的互动。具体做法：召开新生入学家长会建立学校与家长的联系平台；举行新生家书征文比赛鼓励学生以书信的方式跟家长汇报自己在大学的学习生活情况；院长每年给每位学生家长发一封信，通报学生的学习成绩、思想表现；根据学生的成绩、兴趣、特长及家庭条件，适时约请家长参与学生出国留学方案的策划；邀请家长参加毕业典礼，共同分享和见证孩子成长成才的喜悦；同时尝试建立家长电子邮箱一览表及学校与家长沟通的 QQ（微信）群，建立学校与家长联系的快速通道。

二、中外合作办学领域立德树人实践的基本经验和主要挑战分析

20 余年来，福建农林大学紧紧抓住立德树人这一根本任务，坚持用党的创新理论铸魂育人，把中外合作办学领域立德树人作为实现中外合作办学"四个服务"功能的基础工作抓实抓细，真正把学生党建和思想政治工作作为中外合作办学领域人才培养的最大政绩，真正把学生思想政治工作当主业，切实承担起在中外合作办学领域立德树人这一重大历史使命。

（一）基本经验

1. 认真做好顶层设计

把中外合作办学领域立德树人作为人才培养体系的基础性环节，从办学管理体制、教育教学安排、人才培养体系、学生评价体系等方面科学地设计，针对青年学生进行政治引领，加强中外合作办学领域的党建与思想政治工作，以党的政治建设为统领，用高质量党建引领高质量人才培养，将政治引领融入课程体系、教育管理体系、校园文化建设体系、服务保障体系，保证人才培养的社会主义方向。坚守"立足中国办大学"的办学立场，坚守中外合作办学引进国外优质教育资源，推动教育教学改革，提高教育质量，培养社会主义建设者和接班人的初心。具体来说，就是自觉提高政治站位，把在中外合作办学领域立德树人作为认真落实党对中外合作办学绝对领导的应有之义，主要做法：一是在合作办学项目（机构）的筹备申报阶段，就将党组织设置、党建工作相关制度、思想政治理论课的开设、党建思想政治工作等核心议题与外方充分沟通，并将具体条文写入中外合作办学协议和人才培养方案，夯实立德树人的法理基础；二是设立执行中外合作办学项目的实体学院，设置二级党委、团委，发挥党委的政治核心和监督保障功能，配齐、配强学院党委书记；三是确保党建与思想政治工作的场地、经费和人员通过制度得到保障，除党委书记、副书记以外的委员、支部书记、政治辅导员也配备到位，保证党的工作同步开展，并随学院规模的扩大而同步发展壮大，保证在规范办学、依法管理，以及保护中方高校师生合法权益等方面充分发挥领导和监管作用。

2. 突出工作重点

中外合作办学领域是中外不同的文化、意识、价值理念交融、碰撞、冲突的前沿阵地，抓好学生意识形态工作是该领域学生思想政治教育工作的重中之重。旗帜鲜明地开展马克思主义和中国特色社会主义理论体系的宣传教育，以坚定青年学生的"四个自信"作为工作关键点，牢牢掌握意识形态工作的领导权、主动权、主导权，旗帜鲜明地反对在中外合作办学领域中出现的错误观点和不良倾向，汇聚正能量。

3. 注重队伍保障

打造中外合作办学领域思想政治工作的队伍体系，配齐、配强该领域党政管理队伍和思想政治工作队伍，辅导员师生配比高于其他普通专业，为精准思政提供队伍保障；注重提升教师育人能力水平，加强该领域专任教师的师德师风建设，强化教师言传身教和以身示范的作用。

4. 创新工作手段

福建农林大学针对中外合作办学领域教学模式的特殊性，以及教学内容多样化、教学理念国际化带来的学生思想政治教育工作更多的挑战与不确定性，以改革为动力，以创新为抓手，从多个方面努力做好该领域学生思想政治工作，紧紧抓住培养社会主义建设者和接班人的重大使命，从思想引领、生命安全教育、业务素质提升、规则意识培养等方面构建学生思想政治教育的内容体系，将马克思主义教育、社会主义教育、爱国主义教育融入学生在校学习生活全过程[6]。

（二）面临的主要挑战

中外合作办学领域立德树人也存在一些困难，具体来看，主要表现在中外合作办学领域学生思想政治教育工作存在短板与不足，通过文献分析法、调查问卷法并结合福建农林大学 20 余年来的具体实践进行理论联系实际的分析，存在的问题归纳起来主要有以下 3 个方面。

1. 针对性不够：中外合作办学的特殊性把握不到位

虽然我国高校的中外合作办学已走过多年的发展历程，在资源引进、教学改革、人才培养等方面有了较好的实践经验，但由于很多中外合作办学的规模在举办院校内部占比不大，缺乏规模效益，举办高校针对中外合作办学的性质和培养方式的特殊性单独开展学生思想政治教育工作的积极性较低、机制不够完善、创新性方法不足，通常直接套用其他非中外合作办学专业的学生思想政治教育模式，采用与非中外合作办学学生同质化的思想政治教育，未能建立起专门针对中外合作办学学生的思想政治教育体系，导致针对中外合作办学学生的思想政治教育工作缺乏能够与中外合作办学模式和中外合作办学学生思想特点相结合的具有针对性的教学内容、教育方式和教育体系，不能较好地结合客观实际，而很少积极主动探索适用于中外合作办学学生的思想政治教育模式，使得中外合作办学领域的思想政治教育工作流于形式，手段单一，缺乏具体和感性的号召，教育的针对性和国际特色不足；导致思想政治教育存在未能充分结合实际情况和办学特点、与学生思想需求的实际联系不够紧密、教育的针对性不足的问题。又比如，中外合作办学存在跨境办学的客观情况，对中外合作办学学生的思想政治教育不可能像传统思想政治教育一样保持学制内一以贯之，必然要经历双校园的时空转换，很多高校在开展思想政治教育的过程中没有处理好国内国外的教育衔接问题，导致思想政治教育的断层和停滞，并未形成完整的培养链条，影响了在同一群体中开展思想政治教育的延续性和连贯性，影响了中外合作办学领域立德树人的成效[6]。

2. 实效性不足：中外合作办学在"多元文化"影响的应对上不够有力

中外合作办学学生的思想政治认知情况是当前思想政治教育实效性的直接体现。有学者对中外合作办学学生的思想政治认知情况进行了调查，结果显示，中外合作办学学生总体政治立场坚定，认同马克思主义在我国意识形态领域的指导地位和中国共产党是中国特色社会主义事业的领导核心，但仍有部分学生在思想政治认知上存在一定偏差，主要表现在部分学生的理想信念模糊，信仰缺失。理想信念动摇是最危险的动摇，理想信念滑坡是最危险的滑坡。一方面，对于中外合作办学学生来说，理想信念也体现着个人的意志追求，影响着在奋斗求学过程中个人理想目标能否实现，调查结果充分说明了部分中外合作办学学生政治信仰缺失、信仰情况复杂，需要加以正视。另一方面，当前中外合作办学学生的价值追求存在偏差，文化自信也受到了一定冲击。虽然当前大部分学生认为个人价值更多体现在高尚的人格、对社会的贡献程度等方面，但仍有少数学生认为个人价值更应该体现在实际金钱的多寡和权力的大小等方面，充分反映了中外合作办学学生在国外多元价值观的影响下，对于拜金主义和享乐主义等错误价值观念的推崇，这背离了中外合作办学的人才培养导向，需要加以重视；在中外合作办学过程中，了解和掌握不同国家的多元文化是国际化人才的基本要求，很多学生在出国后面对多元文化环境不能进行理性判断，对于自己国家的优秀文化缺乏自信心，除此之外，不少学生认为随着时代发展，社会主义先进文化和中华优秀传统文化对自身的吸引力不强，并且相较而言，认为西方文化更具优越性。通过以上分析可知，当前部分中外合作办学学生在理想信念、政治信仰、价值追求、文化自信等方面存在一定的思想认知偏差，这充分说明了当前中外合作办学领域的思想政治教育存在实效性不足的实际问题。另外，调研结果还显示，中外合作办学项目还存在思想政治理论课门类缩水、配置不齐、未针对中外合作办学学生开展专门的思想政治理论课、主渠道作用发挥效果不佳的实际问题，不利于学生正确的价值观念和思想认知的养成，影响了对中外合作办学学生的教育实效[7]。

3. 兼容力不强：统筹中外优质文化资源的能力有待提高

中外合作办学旨在培养能够通晓中外文化和国际规则的复合型人才。因此，当前在中外合作办学学生的思想政治教育中，其应充分引入中华优秀传统文化，引导学生坚定文化自信，同时还应积极吸收借鉴国外优秀思想教育资源，充分利用国外优秀思想教育资源培养学生开放包容的文化心态，拓宽学生的国际视野。因此，高校思想政治教育的开展应该注重国内外优秀文化资源的整合利用，以丰富的国内外优秀文化资源助力中外合作办学学生的素质提升和成长成才。2021 年相关调查数据显示，有 27.5％的学生所在高校较少运用中华优秀传统文化开展思想政治教育；有 14.36％的学生所在高校未能运用中华优秀传统文化开展思想政治教育；有 30.64％的学生所在高校能够很好地引入国外优秀思想教育资源开展思想政治教育工作；有 22％的学生所在高校很少运用国外优秀思想教育资源开展思想政治教育；有 18.4％的学生所在高校未运用国外优秀思想教育资源开展思想政治教育[7]。以上数据充分反映了当前中外合作办学高校在实际的思想政治教育开展中没有较好地统筹中外优质文化资源，不能较好地利用国内外优秀文化资源开展思想政治教育，这在一定程度上削弱了思想政治教育的兼容性，不利于当前国际化人才的培养。

（三）原因分析

1. 涉外特征增加了中外合作办学领域学生思想政治教育工作的难度

中西方在意识形态、价值取向、文化传统等方面存在的差异，导致合作双方在办学理念、思维方式、认知倾向等方面存在分歧，中方在引进优质教育资源的同时难免受到西方一些负面因素的影响。中外合作办学项目的思想政治教育工作者应当具备怎样的素质，如何开展思想政治教育工作，如何贯彻党的路线、方针、政策，这些都是中外合作办学项目思想政治教育需要探讨的课题。就福建农林大学中外合作办学项目而言，学生长期受到合作高校所在国——加拿大的文化及教学理念等的熏陶，这给世界观、人生观、价值观尚未成型的大学生带来激烈的冲击，给中外合作办学领域的思想政治教育带来严峻考验[4]。

2. 中外合作办学领域特殊的学习模式给思想政治教育的开展带来难题

中外合作办学学生可以选择双校园的培养模式，流动性较强，国内学习时段，大部分学生英语学习压力大，部分学生贪图享受，游离于集体之外，对时政和党团活动关注度低、集体观念淡薄等。如何针对这类学生的特点来优化思想政治教育的方法和模式，实现思想政治教育的目标，是中外合作办学项目学生思想政治教育面临的难题。

3. 中外合作办学领域客观上存在思想政治教育隐性弱化的情况

由于各种主客观因素，当前对中外合作办学的评估更多关注的是合作院校资质、合作模式、资源引进、专业设置、招生制度、项目运行、财务管理等方面，对学生思想政治教育缺少刚性要求和有效措施，导致有些中外合作办学项目片面追求出国率并重视英语教学，甚至有些教职工认为思想政治教育理论课可有可无，隐性弱化了中外合作办学学生思想政治教育。此外，中外合作办学项目在课程设置上的矛盾也导致思想政治教育被隐性弱化，中外合作办学项目的课程设置有自身特点，比如英语要达到对方高校的要求，方可选修对方高校开设的课程，方可听得懂双语课程。在这种情况下中外合作办学项目学生的学习压力比较大，学生投入第二课堂和社会实践的时间和精力较少，思想政治教育很难完全按照普通专业的原有模式开展。

第三节　高校中外合作办学立德树人机制的构建理念及实现路径

一、高校中外合作办学立德树人机制的构建理念

（一）融合两种理念，强化价值引领，展现"共同"育人情怀

任何一个时代、任何一个国家、任何一个社会形态的发展进步都离不开价值引领。当今世界，各国都注重主流价值观的培育和弘扬，而全球化互动正在改变着我们的生活状态和交往方式，多种价值观共存已经是不能回避的现实问题，中外合作办学领域的价值观冲突、碰撞、融合、共生尤其明显。中外合作办学立德树人机制的构建要响应现实需求，立足于构建能够有效落实党的教育方针的长效机制。要坚持"以我为主"，对中外合作办学领域的学生开展有效的思想政治教育，确保人才培养的正确方向，切实培养堪当强国建设、复兴伟业重任的时代新人。在中外合作办学过程中，合作办学的双方高校必然要实现理念交流、资源融合、载体交融，在此过程中，中方高校要始终坚守"以我为主"的办学前提，旗帜鲜明地在学生中开展思想政治教育，用新时代党的创新理论铸魂育人，大力传承中华优秀传统文化、弘扬社会主义核心价值观，强化社会主义意识形态的价值观引领；与此同时，也不能回避中外合作办学过程中，中国文化和西方文化之间的交流与碰撞，举办方要坚持问题导向、需求导向，包容、吸收、借鉴、转化一体推进，推动双方同向同行，使学生能够在跨文化背景下，成长为具有国际视野，能够参与世界交流的综合型人才，以此为引领，在立德树人机制构建时要努力使中外合作办学双方都注重价值引领、展现育人情怀。需要特别注意的是，高校中外合作办学立德树人机制的构建，中外双方都必须尊重立德树人的价值原则和价值导向，必须注重寻找合作双方的"最大公约数"，始终把立德树人作为贯穿所有环节的"红线"，牢牢把握正确的教育教学方向，善于用好国内外两种资源、两种理念，抓住双校园、双主体，在"以我为主"的基础上，实现有效融合，在共情中强化价值引领的作

用，打通各主体间的情感通道，确保最终形成的立德树人机制合乎教育规范，向着正确的道路和方向迈进，构建培养国际化人才的"同心圆"。

（二）整合两种资源，坚持协同联动，构建"共进"育人格局

中外合作办学领域的合作双方不是简单地将资源整合、相加，而是要实现优化组合、提质增效，中外合作办学立德树人机制的构建也不是把双方简单地组合在一起，而是要立足于加强中外院校的合作与交流，建立长期稳定的合作关系，形成协同联动、资源整合、优势互补的良好局面。要在育人情怀一致的前提下，通过对双方各个要素、各类资源的优化整合，科学地设置中外合作办学项目内部的工作机理和内在联系，实现各种资源、各种要求、各类主题、各种载体的共享互通，以及信息的交流互动，构建"共进"育人格局，最大限度发挥立德树人的整体功能。要在顶层设计中，通过科学规划、合理分工，构建齐抓共管的管理格局，减少因双方文化、理念差异导致的内耗。在人力、物力分配上，要从制度建设、学科支撑、教师队伍建设中完善保障机制，促进各育人资源同频共振、纵向延伸。需要特别注意的是要抓住最关键环节，也就是激发内生动力，要从动机激励体系、过程监督体系、结果评价体系中构建并巩固高校中外合作办学立德树人领域的反馈调节机制，提升体系内驱力，不断推动体系更新升级，推动中外合作办学双方从合作协同联动走向一体化，以"一盘棋"的意识来推进有关工作，在"共进"中切实提升中外合作办学项目立德树人的成效，实现中外合作办学项目的育人初衷[8]。

（三）挖掘资源功能，落实"共建"育人机制

在当前全球化背景下，中外高校之间的交流合作日益密切。然而，在这样一个多元文化交融的环境中，构建立德树人长效机制，对学生进行有效的思想政治教育，培养具有国际视野和家国情怀的高素质人才，成为我国的一个重要课题。高校中外合作办学应该善于挖掘资源功能，落实"共建"育人机制，充分发挥合作双方在资源、技术、管理等方面的优势，共同为培养国际化人才而努力。首先，双方共建德育教育体系。不管是哪种制度下的教育，都应该培养道德高尚的人才，这是中外高校育人工作的"最大公约数"，合作双方应根据自身特点和需求，结合双方文化差异，创新德育、教育的内容和形式。在课程设置上，在落实国家关于高校思想政治理论课开设要求的基础上，可以引入国外优质资源，特别是跨文化德育课程、世界历史进程、世界经济形势等，拓宽学生的国际视野；在实践活动上，可以借鉴国外先进经验，提升学生的实践能

力。此外，可以通过开展联合研究、志愿服务等途径，增强学生对社会主义核心价值观的理解和认同。其次，双方共享优秀师资力量。高校可以从国内外招募一批政治素养高、教学经验丰富的教师，建立教师队伍共享机制。同时，可以利用现代信息技术，实现教师教学资源的共享。此外，可以通过定期开展教师培训和交流活动，提高教师的教学水平和能力；双方可以通过优化课程设置和教学方法来整合双方的优质资源，创新课程体系；可以借鉴国外先进的教学方法，如项目式学习、探究式教学等，提高学生的学习兴趣和积极性。同时，也要注重培养学生的自主学习能力，提高学生在面对困难和问题时独立思考的能力。最后，合作双方协同推进创新创业，双方高校可以与相关企业合作，开发创新创业项目，为学生提供实践机会。同时，可以通过举办创新创业方面的竞赛、论坛等活动，培养学生的创新意识和创业能力，在这个过程中，学生可以更好地了解国际市场，增强自身的国际竞争力。

二、高校中外合作办学立德树人机制的实现路径

（一）聚焦根本任务，强化顶层设计

立德树人是教育的根本任务，是高校思想政治工作贯穿教育教学全过程的中心环节，是高校的立身之本。高校中外合作办学是高等教育的一种形式，其根本任务并无二样，这就要求高校中外合作办学要聚焦根本任务，秉持"育人为本，德育为先"的教育理念，强化立德树人的顶层设计。既要立足于中国高等教育的一般性，加强马克思主义理论教育，强化学生对中华民族伟大复兴中国梦的理解与认同，注重社会主义核心价值观的培育与践行，引领学生坚定理想信念、厚植爱国情怀、提升道德品质、培养担当精神，从而彰显中国特色社会主义高校立德树人的鲜明主题；又要注重分析高校中外合作办学的特殊性，准确把握高校中外合作办学立德树人的特点、难点和重点，在跨文化适应、对外交流能力提升、不同意识形态交融中提升坚定正确方向的能力等方面重点发力，彰显高校中外合作办学的包容性、世界性。

1. 坚持立德树人目标一元性和资源多样性相结合

国务院颁布的《中外合作办学条例》中明确规定："中外合作办学应当符合中国教育事业发展的需要，保证教育教学质量，致力于培养中国社会主义建设事业的各类人才。"此项规定明确要求中外合作办学学生和国内其他学生的人才培养导向是一致的。因此，高校中外合作办学领域要坚决落实习近平总书记"四个坚持不懈"要求，旗帜鲜明地以马克思主义和社会主义核心价值体系

为开展立德树人工作的根本指南，坚持社会主义办学方向并立足中国大地办教育，全面贯彻党的教育方针，坚持中方高校在中外合作办学开展过程中的主体地位，掌握教育的主动权、主导权、主体权，引领广大青年学生听党话、跟党走，做中国特色社会主义的坚定信仰者、积极践行者、有力贡献者。同时，也要准确把握作为国际化办学特殊载体的定位，吸收借鉴国外高校先进办学理念、优质教育资源、科学管理办法也是合作办学的题中应有之义。高校中外合作办学的中方高校要全面分析国外高校优秀的办学理念、教育资源等对立德树人的正向推动作用，抓住资源多样性、文化多元性对高等教育国际化人才培养的有利作用，引领中外合作办学学生不断拓宽自身国际视野，培养"接受多样性、尊重差异性、构筑共融性"的本领，为将来更好参与国际竞争夯实基础。

2. 用好国内外多元文化的育人作用，做到互补、融合、提升

高校中外合作办学领域的学生应该既是社会主义建设者和接班人，也应是具备广阔的国际视野和全球情怀，助力人类命运共同体建设的国际化人才；既要自觉传承中华优秀传统文化和社会主义核心价值观，也要能够准确把握中外文化差异，通晓中外交往规则，能够参与国际竞争。高校中外合作办学领域的立德树人工作要立足国内、走向世界，要注重优质教育资源的整合，要善于用好中外多元文化的育人功能，秉承"不忘本来，吸收外来"的博大胸怀，引导学生在传承好中华民族的优良文化传统，坚持不懈地进行国家、民族、历史、文化的认同感塑造的同时，加强对其他国家文化和价值理念的理解、尊重与接纳，培养自身开放包容的心态；引导学生将中外多元文化优势互补、资源融合、作用提升，实现人才培养由封闭到开放，由单一到综合的转变，在增强民族自信与国家自豪感，培养民族文化认同感的同时，也充分汲取世界优秀教育资源，提升自身作为国际化人才应具备的素质能力和专业水平，努力成长为兼具中西方文化视野的新时代人才[7]。

3. 给予政策空间，激发中外合作办学领域立德树人积极性

西交利物浦大学执行校长席酉民指出："高层次的大学国际化并不是简单照搬他国经验，而是根据人类经验和实际情境，探索适宜本国的、独具特色的人才培养体系。"综观我国高校的中外合作办学历程，除了个别独立设置的高校外，普遍是依托校内的二级学院开展，但由于当下的高校管理机制，开展中外合作办学的二级学院缺乏办学的自主权，在中外合作办学中设计、组织和统筹办学的能力有限，工作普遍受到母体高校国际化办学理念的制约。在大多数高校中，中外合作办学领域立德树人缺乏特殊性的考量，而是与其他学院的工作一体布置、一体落实，照搬现有的立德树人体系。但由于中外合作办学的特殊性，一般化的工作体系存在与中外合作办学实际不相适应的情况。因此，在顶层设计上，高校要结合中外合作办学的实际，给承担中外合作办学的二级学院更多授权，把管不好的、不该管的下放给开展中外合作办学的执行单位，管住该管的、能管好的。

4. 敢于创新，应对好特殊性

中外合作办学领域要坚持守正与创新相结合，自觉做好中国特色高等教育和国际化办学理念在有机衔接基础上的制度设计。一是要自觉增强意识形态工作的能力，牢牢把握中外合作办学学生意识形态工作的主导权，并将其作为一项长期而重要的持续性工作；二是要充分适应国际形势，满足我国的思想政治教育的方针和方向的同时，顺应国际高等教育的前沿要求；三是在思想政治教育内容的构建上，要既包含合作院校的文化氛围与特点，植根于我国的优秀传统文化，还要充分体现中外双方不同的文化根源、文化脉络，除此之外，还要有相应的国情教育；四是在构建协同机制于教育的切入点方面，应当充分考虑中外双方的共同需求，提升教育实效。

（二）抓住关键问题，加强主体建设

中外合作办学立德树人实践的主体是立德树人机制的主导元素，承担着立德树人工作的组织和实施。具体来看，当前中外合作办学立德树人机制的主体元素可以理解为高校中对中外合作办学学生施加有目的、有计划、有组织的思想政治教育影响的个体或群体，既包括教育主管部门、高校和开展中外合作办学的主办机构与相关部门，也包括思想政治教育理论课教师、辅导员、专业课教师、外方教师在内的思想政治教育具体实施者。他们在立德树人实践中发挥着不可替代的作用，但是随着中外合作办学项目规模的不断扩大、办学层次升格、办学结构复杂多元化、办学机制不断创新，中外合作办学项目立德树人工作主体的能力存在与国际化办学实践不相符的问题，比如在如何有效实现思想政治教育与专业学科教育的融合、如何妥善处理国际视野与本土文化的碰撞等问题上还有能力短板；加强主体建设是高校中外合作办学领域立德树人机制中的关键环节。就中外合作办学立德树人工作而言，加强主体建设，应该聚焦完善工作队伍、着力提升主体能力、形成工作合力。

1. 要完善工作队伍

具有国际化视野和跨文化交流能力的学生思想政治教育工作队伍，是做好中外合作办学领域立德树人工作的重要基础，是加强学生思想政治教育主体队伍建设的首要任务，学生政治辅导员和思想政治理论课教师是学生思想政治教

育工作主体中的关键，要在完善这两支队伍上下功夫。首先是针对中外合作办学领域学生思想政治教育工作的特殊性来强化政治辅导员队伍，要坚持中外合作办学处于意识形态的前沿阵地的问题导向，选拔配备政治素养强、业务能力精、通晓国际规则、具有丰富经验的政治辅导员到中外合作办学领域开展工作，处理好一般性和特殊性的关系，有针对性做好中外合作办学领域学生的思想引领和成长服务。其次是要加强思想政治理论课教师队伍建设，思想政治理论课教师是开设思想政治理论课的教学主体，高素质和专业化的思想政治理论课教师，不仅是知识和真理的传播者，同时也是学生良好品格的引领者和塑造者；相对于中外文化交流频繁、中西价值观碰撞激烈、意识形态斗争隐性存在的实际情况，当前，中外合作办学领域的思想政治教育队伍存在专业性有余、融合性不足的问题，要特别注重选拔具有坚定理想信念、扎实理论功底，具有国际视野、能够进行国际比较的优秀思想政治理论课教师到中外合作办学领域任教。

2. 要着力提升主体能力

中外合作办学是全球化背景下，培养具有国际视野和实际国际交流能力的高素质人才的有效模式，对我国高校补齐国际化教育在教学资源短缺、能力不足方面的短板具有重要意义。但是在实际运作过程中，也存在教育主体能力与国际化办学需要不相适应的突出矛盾，随着中外合作办学项目规模的不断扩大，中外合作办学项目的管理主体能力也存在着与实际不相符的问题。中外合作办学项目的管理主体分为3个层面，一是宏观管理主体，也就是教育主管部门，主要负责中外合作办学审批、监管、服务和评估等方面的工作，是中外合作办学立德树人的主要管理主体，宏观管理主体应不断深化中外合作办学领域的政策法规研究，为中外合作办学项目实施特别是项目党建与思想政治教育工作提供有力的政策保障、方法指导、制度环境。二是中观管理主体，也就是高校管理层，主要负责中外合作办学项目的组织协调、经费管理、资源调配、队伍建设等方面的工作，对中外合作办学立德树人的落实具有重要影响；学校管理层应具备较强的国际视野，能够洞察国际教育发展趋势，引领项目实施，为合作办学提供政策、资源、条件等方面的保障。三是微观管理主体，主要是负责中外合作办学项目中的教学、科研、实践等方面工作的教师、思想政治教育工作者，是立德树人实践中最重要的核心力量，微观管理主体要自觉增强立德树人使命感和素质本领；学校管理层应加大教师队伍建设力度，优化教师培训、选拔与激励，提升教师的教育教学水平。提升中外合作办学项目中各层级管理主体的能力是确保项目成功的关键，各级主体要根据各自职责，通过政策法规研究、国际视野培养、专业机构合作能力提升、教师队伍建设能力提升和学生群体满意度提升等方面的具体实施路径，有望有效提升中外合作办学项目的管理主体能力，为我国教育国际化提供有力支持。

3. 形成工作合力

让所有高校、所有教师、所有课程都承担好育人的责任，使各类课程与思想政治理论课同向同行，这明确指出了当前专业课教育也承担着重要的育人职责及思想引领的重要使命。专业课教师是专业课课堂教学的主体，也是课程思政体系建设的重要组成部分，中外合作办学学生的专业课教师由中方和外方教师共同担任。首先在中方教师方面，中方教师应具有较高的政治素养以及将思想政治教育的知识融入专业课教学的能力和水平，要积极拥护马克思主义指导思想和党的各项路线、方针、政策，能够深入提炼自身知识体系中的独特思想价值和精神内涵，挖掘专业基础课程中的思想政治教育元素，适度从专业、历史、文化等角度拓展当前课程教育的深度和广度，使专业课教育和思想政治教育形成协同效应，达到润物无声的育人效果，丰富学生专业学识、增长见闻见识、塑造良好个人品格。其次在外方教师方面，由于在中外合作办学模式下，有相当比例的专业课教师由外方教师担任，因而外方教师在中外合作办学中扮演着重要的角色，也承担着重要的育人作用。外方教师来自不同国家，具有不同的文化背景和政治信仰，外方教师在帮助学生开阔视野和思维以及引入先进教育理念的同时，也会掺杂着一定的价值观和意识形态内容。高校在外方教师育人作用发挥方面，要严把入口关，加强教学监控力度，避免课堂内出现意识形态问题，避免出现借助课堂对学生进行"分化"教育的情况；要发挥学生骨干作用，有效构筑意识形态风险管控"防火墙"；注重对外方教师的引导，增进外方教师对中华优秀传统文化的了解，扭转部分外方教师对学生思想政治教育的理解偏差，调动外方教师的积极性和能动性，发挥其在育人方法和育人理念上的先进性；将中方的教育内容和外方的教育方法与手段相结合，整合资源，强化优势，实现中外教师育人作用的协同发挥[7]。

（三）注重资源整合，发挥体系功能

高校必须深刻把握立德树人的整体性和系统性要求，构建全员、全过程、全方位的育人格局，在战略融合与协同中聚合人力，拓展资源，这是新时代推进高校立德树人工作的必由之路。立德树人作为人才培养的核心理念，其本身就强调德才兼备，需要以系统思维和协同意识，对校内参与立德树人工作的各领域、各环节和各要素进行优化整合，构建全员参与、全时贯穿、全域协同的工作机制，凝聚育人合力，提升立德树人落实成效。要立足高校立德树人工作的整体性，理顺高校思想政治教育工作体系内部各资源、各要素之间的关系，破解"几条线""几张皮"的困局，实现各育人力量之间的有效协同。要挖掘教学、科研、管理、心理等不同领域的立德树人资源，发挥不同类型资源的立德树人功能，形成多维度、全环绕的育人氛围。要立足高校思想政治理论课建设和课程思政改革，推进课程协同，强化课程育人。思想政治理论课课程要着力创新，以理论性、思想性，以及亲和力、针对性打造"金课"，提高课堂育人的质量。课程思政要着力深化改革，以思政元素与专业课程的有机结合，做到"守好一段渠""种好责任田"。要立足"学校—家庭—社会"的整体性，构建全领域的立德树人协同机制。要合理评估学校、家庭和社会在立德树人工作中所承载的德育价值与功能，重新规划学校、家庭和社会的德育责任，扭转三者之间存在的越位、错位和失位的乱象，共同为学生营造良好的成长环境[9]。

第四节　高校中外合作办学立德树人实践提质增效路径思考

一、坚持党建引领，把稳立德树人正方向

中外合作办学是我国高等教育的重要组成部分，肩负着新时代办好中国特色社会主义教育的历史使命，在发挥中外合作办学为人民群众提供多样化、高质量的教育，推动中国高等教育国际化的同时，必须坚持和加强党对中外合作办学的全面领导，确保中外合作办学的教育方向不发生偏离，确保立德树人这一根本任务在该领域得到有效、准确落实，为中外合作办学质量提升和创新发展提供根本保障。加强中外合作办学领域的党建工作，既是落实党对中外合作办学工作实现有力领导的重要渠道，也是把稳该领域人才培养方向的题中应有之义。从目前情况看，中外合作办学领域的党建工作呈现加强态势，主要表现在3个方面。一是工作机构设置到位，当前中外合作办学机构和项目无论规模大小均按照有关规定设置了基层党组织；二是管理机制顺畅，该领域党组织原则上纳入合作办学中方举办高校党的组织体系，接受统一领导、统一管理；三是政治核心作用发挥有效，该领域的党组织书记进入联合管理委员会，直接参与重大事项决策，另外也通过加强党的基层组织和党员队伍建设，推动党组织和党的工作覆盖，加强该领域的思想政治工作、意识形态工作，有效领导工、青、学等开展工作。

（一）存在的差距

从全面加强党的领导的新要求和当前的实际情况来看，中外合作办学领域的党建工作还存在进一步加强和提高的迫切要求，离有效落实党的教育方针、落实立德树人这一根本任务的具体要求也存在一些差距，主要表现在以下 3 个方面。

1. 对中外合作办学领域意识形态管理的难度认识不充分

中外合作办学引进外方高校办学理念、教材、师资，双方互动交流密切，师生互访频繁，是中西方意识形态交汇的重点领域，尤其是在涉及哲学社会科学、中外文化交流等方面的课程中双方意识形态碰撞激烈，是高校领域意识形态工作的最前沿，部分中外合作办学举办高校（机构或项目）没有充分认识到斗争的严峻性、复杂性，没有深刻认识到意识形态管理的难度，工作缺乏针对性。

2. 在青年学生中发展党员不够有力

中外合作办学举办高校（机构或项目）普遍存在一个问题，那就是党建工作对青年学生吸引力不足、感召力不够，青年学生入党积极性不高。究其原因，主要有 3 点。第一，一些中外合作办学举办高校（机构或项目）将提高赴境外出国留学率作为重要的办学目标，某种意义上被异化为国外大学的"预科班"，大量优秀学生只关注申请出国，造成优秀的潜在党员发展对象的流失；第二，中外合作办学机构（项目）很多采取"双校园"分段式的学习模式，与其他学生相比，该领域的学生普遍存在较大的学习压力，客观上参加党的创新理论学习、党的教育活动和社会锻炼的时间较少；第三，中外合作办学领域目前还缺乏灵活有效的培养机制，不能很好地将党建的原则性和中外合作办学机制的特殊性有效统一，部分学生甚至产生担心入党会对将来留学和就业带来不利影响的错误认知。

3. 中外合作办学领域党务干部队伍建设存在短板

党务干部的配备缺乏针对性，中外合作办学领域普遍存在党务干部配备不足，兼职多、专职少，缺少系统培训和激励机制等问题，较为突出的情况是由于其体量在中外合作办学举办高校（机构或项目）内占比较小，属于小众群体，党务干部普遍纳入学校管理干部统一配备，党组织书记普遍存在熟悉党务工作，但对中外合作办学的特点和规律研究不多，跨文化交流能力不足，在董（理）事会或联合管理委员会中地位不突出，话语权不够，党建工作与业务工作难以有机融合，影响了中外合作办学领域党建工作的有效开展。

（二）改进的措施

党建引领，是中外合作办学领域把稳立德树人方向的重要保障，要坚持目标导向和问题导向相结合，全面加强中外合作办学领域的党建工作，以高质量党建引领中外合作办学领域立德树人高质量实现。

1. 要坚守中外合作办学初心，加强顶层设计

中外合作办学领域首先要坚守"立足中国办大学"的办学立场，要坚守中外合作办学的目的是引进国外优质教育资源，推动教育教学改革，提高教育质量，在新时代培养社会主义建设者和接班人的初心。在进行顶层设计方面，要从人才培养体系、学生评价体系等方面科学地进行设计，将立德树人作为人才培养体系的基础性环节，加强中外合作办学领域的党建与思想政治教育工作，以党的政治建设为统领，用高质量党建引领人才培养高质量，将政治引领融入课程体系、教育管理体系、校园文化建设体系、服务保障体系，保证人才培养的社会主义方向。

2. 要创新党员培养管理路径，夯实工作根基

中外合作办学领域立德树人成效如何，一个直接的体现就是能否培养出拥护中国共产党领导、拥护中国特色社会主义制度、听党话、跟党走的新时代好青年。能否通过在青年学生中宣传党的政治主张，吸引一批批优秀学生加入党组织，并通过有效的党员教育管理来培养使用，加强党员党性锻炼，为党组织源源不断地输入新鲜血液，是检验中外合作办学立德树人成效的重要维度。要强化学生党员培养，针对中外合作办学领域青年学生入党积极性不高这一问题，结合中外合作办学的实际，创新学生党员培养路径；要坚持在理念、文化碰撞交融的国际化办学领域的青年学生中培养一批批合格的共产党员，通过强化信仰教育、理论武装、知行合一，全面提升青年学生党员的政治能力、思维能力、实践能力，构建优秀团员、入党积极分子、预备党员、正式党员"全链条"模式；要注重发挥青年学生党员在弘扬社会主义核心价值观过程中的作用、在促进校园和谐过程中的作用、在培育优良校风学风过程中的作用；要结合实际重点做好出境学习党员管理，中外合作办学领域由于其办学模式、办学理念的特殊性，学生党员的教育管理挑战更多、任务更重，特别是对出境学习党员的管理是中外合作办学领域的一个突出的实践问题，尤其需要重视[10]。

3. 要着力抓好意识形态工作，守住工作底盘

要针对中外合作办学领域的重要风险，紧紧抓住意识形态工作，旗帜鲜明地开展马克思主义和中国特色社会主义理论体系的宣传教育，以坚定师生的道路自信、理论自信、制度自信、文化自信为工作关键点，牢牢掌握意识形态工作的领导权、主动权、主导权，旗帜鲜明地反对在合作办学领域出现的错误观点和不良倾向，汇聚正能量。由于中外合作办学的意识形态工作的环境比较复杂，要坚持有理有据有节，善于抓住主要矛盾，坚持"靶向发力"，聚焦学生的爱国主义教育，有利于把意识形态工作做得润物无声，避免办学双方出现教育隔阂。要旗帜鲜明地开展爱国主义教育，结合中外合作办学特有资源，守正创新、创新方法、拓展内容，以"中华传统文化"教育，增强学生的民族自尊；以中国梦教育，筑牢思想基础；以"中国改革开放成果"教育，提高道路自信心；以"国际关系"教育，提升国家自豪感。

4. 加强党务队伍建设，提升党建工作能力

要针对中外合作办学的特殊性，意识到该领域意识形态工作的严峻性，高度重视该领域党组织班子的配备，要坚持普遍性与特殊性相结合，做到人岗匹配。既要考虑党务干部的基本条件，也要考虑党务干部是否具有国际视野、跨文化交流的能力；要选拔既有国际化办学工作经验，又具有党建和思想政治教育工作经历的年轻干部担任党组织负责人；要选拔政治素质过硬、视野开阔、群众基础好、工作有热情的教工党员担任支部书记，确保在工作中能坚持原则性与灵活性相结合，更好实现"以我为主"基础上的理念融合、资源交融，实现中外合作办学的初衷。

二、强化精准思政，夯实立德树人主渠道

近年来，中外合作办学发展迅猛，众多大学生在接受西方优质教学资源与教育理念，提升自身综合素质特别是国际化能力与素养的同时，其自身世界观、人生观、价值观也受到外方文化、价值取向、生活习惯等方面的影响。当前，中外合作办学领域立德树人工作存在一系列挑战，在这样的背景下，深入研究和不断加强中外合作办学领域学生思想政治教育工作，是落实立德树人这一根本任务的需要，也是保证党领导中外合作办学的需要，更是培养有国际视野、有祖国情怀的国际化人才的需要。在中外合作办学领域要牢牢抓住思想政治教育工作这个党的优良传统，坚持目标导向、问题导向相结合，针对中外合作办学领域思想政治教育工作遇到的挑战，坚持思想政治引领主业，通过精准思政促进学生成长成才，通过创新体制机制来构建闭环工作体系，科学有效地开展学生思想政治教育工作[11]。

（一）强化政治引领，筑牢"四个感召"的思想引领闭环体系

感召青年学生跟党走，坚持用党的理论武装与感召学生，深入学习贯彻习近平新时代中国特色社会主义思想，充分发挥思想政治理论课和社会科学理论专家的作用，对学生进行党史、哲学、中国传统文化、改革开放、国际形势、中国特色社会主义理论等方面的教育，用党的先进理论武装和感召学生，引领青年学生深刻理解中国共产党为什么行、为什么好、为什么能，激发青年学生跟党走的决心；感召青年学生弘扬社会主义核心价值观，旗帜鲜明地开展社会主义核心价值观教育，发挥第一课堂主渠道作用，发挥第二课堂党团学活动的主阵地功能，突出开展爱国主义教育、理想信念教育和公民道德教育，持续开展社会主义核心价值观宣传教育活动，开展以社会主义核心价值观为内容的主题党团学活动，可结合中外合作办学领域英语学习的需要，成立相关的大学生志愿服务队，开展跨文化就业服务，将社会主义核心价值观融入其中，积极引导青年学生培育和践行社会主义核心价值观，树立崇高理想，培养爱国情怀，养成公民道德；感召青年学生奋发成长成才，引导青年学生正确认识世情和国情，认清我们所处新时代的机遇与挑战，增强责任意识、使命意识、机遇意识、忧患意识，奋发有为，努力把自己培养成复合型的国际化人才，为强国建设、民族复兴伟业凝聚青春力量；感召青年学生胸怀人类命运共同体，中外合作办学领域培养的学生是促进经济全球化、推动不同文化融合交流、创建和谐世界的重要力量，要用全人类同发展共进步的大世界观教育并引领青年，激励青年学生以建设人类命运共同体为己任，把实现个人人生价值融入人类命运共同体建设。

（二）强化精准发力，打造"四个维度"的服务成长闭环体系

抓安全稳定夯实成长成才基础，把安全稳定工作融入大学生思想政治教育，将大学生生命意识与伦理教育作为安全教育基础性工作，提升学生敬畏生命、珍惜生命的人文素养水平。抓学风建设助力学业，注重通过学风建设来增强学生学习与能力提升意识，以引进国外先进教学理念、教学方法、考核办法，注重平时考核和过程考核，激发学生学习持续力为基础，通过目标引领促学风、正确导向促学风、有效激励促学风来提升学生的学习内生动力；充分发挥党政领导、科任教师、管理干部、学习骨干等群体在学风建设中的重要作用，提升学生主动性与积极性。抓跨文化适应能力提升，将跨文化适应内容融入思想政治理论课课程，邀请"海归"专家学者、合作校方教师、国内外优秀

学友等开设跨文化适应专题讲座或交流会，拓展学生的国际视野，增进多元文化认知；举办英语文化节等系列特色素质教育活动，促进中外师生交流互动，丰富学生跨文化体验，提升跨文化适应能力。抓学术意识教育，夯实出国学习的规则意识，以学术规则为突破口，将学术诚信教育作为提升学生综合素质的重要抓手，可以通过诚信考试倡议书、开展考风考纪专题教育活动，结合外方高校对学生学术诚信的具体要求，围绕加强学生学术道德教育、发挥专业教师主导作用、发挥学生主体作用来营造良好学术诚信氛围，完善学术诚信考评机制，从而构建大学生学术诚信教育的常态模式。

（三）强化机制创新，构建"四个课堂"的工作渠道闭环体系

强化"课程"的第一课堂作用，把思想政治教育元素全面融入知识教育体系，用好第一课堂这个人才培养主渠道，包括提高思想政治理论课的针对性、推动思想政治理论课的授课方式创新、强化思想政治理论课的课程气氛等，结合中外合作办学的培养模式，探索推动专题教学、研讨式教学、实践教学"三位一体"教学模式改革，全方位开展理想信念教育，加强爱国主义、集体主义、社会主义教育，坚持在改进中加强，提升思想政治教育的时代感、针对性和亲和力，满足学生成长发展需求[12]；抓课程思政渠道建设，充分发挥教师的自主性和创造性，充分挖掘各类课程蕴含的思想政治教育元素，探索专业课与思想政治教育结合的可能性，将思想政治理论融入基础教育教学相关科目中，形成一套完整的教育体系，形成协同效应，不断激发学生的求知欲，在学好专业课程的同时有意识地引导学生去进行思想政治领域的探索，让思想政治教育渗透学科领域[13]。发挥"文化"第二课堂作用，广泛开展校园文化建设，注重以文化人、以文育人；遵循文化发展规律，凸显高品位，弘扬主旋律，搞好校园人文环境、文化设施，开展形式多样、健康向上、格调高雅的校园文化活动，形成良好的校风、学风，借助校园人文环境、学习交流活动、社团志愿服务等，巧妙地将思想政治教育融入方方面面，让学生在潜移默化中受到熏陶、得到教育，如在教室、宿舍、走廊、湖畔亭椅等展示社会主义核心价值观，让学生随时沉浸在充满思想政治文化的环境中，润物无声地提高学生的思想境界[14]。注重"实践"第三课堂作用，充分发挥实践育人功能，促进课内外、校内外多种资源的充分融会贯通，推动创新创业教育与思想政治教育紧密结合，通过各类社会实践加强学生与社会的联系，使学生真正地进入社会、了解社会，最终服务社会，在实践的过程中培养学生的道德素质与社会责任感。重视"网络"第四课堂功能，结合中外合作办学"双校园"实际，当学生到国

外后，在观察与体验时难免会受到国外价值观、媒体等的影响，此时思想政治教育更不能停，要实现全程育人，确保学生思想政治教育的连贯性和延续性，学生思想政治教育没有暂停键，要主动掌握并运用新媒体，构建网络平台，主动占领网络教育新阵地，如利用 QQ、微信、博客、电子邮件等平台克服跨境教育产生的时空障碍，加强与中外合作办学学生的沟通互动，了解学生思想、生活、学习状况，主动实施教育[15]。

三、注重文化浸润，构筑立德树人软环境

校园文化是高校立德树人载体的重要组成部分，主要由校园内有关的教育理念、教育主体、教育资源、教育设备、管理制度和软硬件等相互作用、相互融合而形成，从而营造出用而不觉的育人软环境。中外合作办学由于其主体多样、文化多元等特殊性孕育了不一样的校园文化，主要表现为引进国外优质教育资源、外语授课或双语授课、师生国际交往频繁、采用分段式双校园教学模式等，在教育资源引进过程中必然会出现文化碰撞、交流、融合的双向互动，这种文化的双向互动带来的跨文化适应成为高校立德树人的现实情况和重大挑战。跨文化适应主要指个体移居到相对陌生的社会环境后，同外界建立并保持相对稳定联系的过程。中外合作办学领域要结合中外合作办学的自身特点，针对跨文化适应这一突出问题，有效整合资源，创造性地营造兼容中外的文化氛围，帮助学生在跨文化背景下，不断提升心理适应能力、社会文化适应能力、学术适应能力，有效应对国家之间在语言、文化、社会结构和政治意识形态等方面存在的差别，做好自身内部心理调整，以及个体与东道国社会文化环境、个体与东道国高校的相互协调，更好地在异域学习生活环境下迎接多元文化的挑战，融入新的学习生活环境。

（一）增强文化的融合性，促进校园文化的国际化[16]

当前不少中外合作办学项目（机构）更加注重和强调引进国外资源，更加关注学习并借鉴国外大学的办学模式、办学理念、管理机制，忽略了办学过程中的文化整合。从中外合作办学的初衷来看，中外合作办学应该通过引进教育资源和教育理念，倒逼教育教学改革，为教育发展注入新的活力；通过借鉴国外高校的教学方法、管理制度，来引领教育改革国际化方向，提升国际化人才培养的能力和水平，助力国家更好参与全球治理。因此，中外合作办学领域必须把"中""外"这两个字并在一起，我们才能真正体会到文化碰撞的力量，要把中国与世界联系起来、融合起来，实现"中西合璧"，只有这样，才能有

效开展国际化视野下的开放式教育，让学生们通过对世界的观察，来了解国际化的企业文化、建立国际化的价值观以及领导国际化的战略思想。要注重国际化特征与民族特色相结合、中华优秀文化与西方优秀文化相结合，弘扬中华民族优良传统文化精髓的同时，严格把握以中华优秀传统文化和社会主义先进文化为根本，以开放和借鉴的心态学习吸收西方优秀文化的原则，借鉴和吸收世界高等教育中的有益成分，及时解答和指导学生在文化碰撞中的困惑，助力国际化人才培养。要注重多元文化的整合，破解中外合作办学中由于不同的教育思想和教学方法并存、多元文化冲突而出现的合作障碍，以全球化为前提，以我国主流文化为内核，结合中华优秀传统文化、时代特点、教育现状，结合教育教学、人才培养等过程，进行有效消化、合理吸收，做到求同存异，坚持世界眼光和历史眼光相结合，有效实现文化共生整合，形成国际化文化特色。

（二）精准施策，提升学生跨文化适应能力

校园文化不仅要展现校园的鲜明特色，更重要的是通过校园文化这一文化生态系统的运行和发展，在潜移默化中影响学生、塑造学生，健全学生的人格，启迪学生的思维，帮助学生成为更健康、更有活力的人。在中外合作办学领域，外方教师和来华留学生的参与是校园文化建设的一大亮点，要帮助学生学会如何和外国友人沟通，掌握与外方教师交流的礼仪和礼貌，适应在不同文化、政治背景中，世界观、方法论的不同等意识形态差异，这一切必须基于提升学生的跨文化适应能力。提升学生跨文化适应能力是培育国际化人才的重要环节，也是中外合作办学领域立德树人的题中应有之义，这就要求我们在校园文化建设中注意引导，要以爱国主义教育为主线，加强思想引领，构建学生跨文化适应的精神支柱；要以高水平大学建设为契机，加强国际化校园硬件设施的建设，构建学生跨文化适应的基础保障；要以中华优秀传统文化教育为抓手，强化学生与国家、家庭、学校的感情维系，构建学生跨文化适应能力的文化支撑；要以服务学生为中心，围绕学生成长成才，构建国内外协同的跨文化适应机制。围绕以上 4 个方面精准施策，靶向用力，特别是突出心理适应、社会文化适应、学术适应等，构建一个多因素影响、多角度切入、多层次互动、多途径互通的跨文化适应能力提升机制，能够切实提升学生的跨文化适应能力，让学生既在国内接受合作高校的教育理念、教学方法、教学内容，体验"不出国门的留学教育"，也可以减轻部分选择双校园教学模式出国学生遇到的"文化震荡"。此外，在中外合作办学的教学过程中融入培养跨文化适应能力的内容变得尤为重要，英语课程和双语课程、外教课堂在跨文化知识传播和跨文

化技能输入方面有一定优势，能为学生创造跨文化接触的机会，综合提升学生的跨文化适应能力。在中外合作办学的过程中，也要着力构建"文化课程"和"课程文化"的双向互动机制[17]。

（三）用好双方资源，创新校园文化培育路径

校园文化是多元化和复杂性相互交织的，无论是对内还是对外，展现出来的都不是固定和单一的。为了校园文化内容展示得恰到好处，就必须要做好有机融合、形态统筹，让多元文化在校园内平衡发展，让学校的每一个成员都能够汲取精华，继承和发扬中华优秀传统文化，在学校成员自身发展的过程中积极融入先进的科学与文化理念，逐渐找到适合自己正确成长的道路。中外合作办学领域的校园文化除了具有国内普通高校的一般特征，还因为其具有接触不同文化的触角和通道，而更具多样性。在校园文化建设中需要不断创新，除了传统的爱国主义、集体主义文化氛围，还需对外国文化、外国人文风俗、国际礼仪等有更多的考量，在建设内容、建设形式上不断创新，探索有效路径；要凸显跨文化定位，不同文化的交流融合是中外合作办学领域的校园文化最为突出的特点，文化交融渗透到办学治校的各方面和全过程，校园文化培育过程中要凸显跨文化定位，不能停留在举办校对校园文化培育建设的传统惯性理解上，要在强调弘扬中华优秀传统文化、发扬社会主义先进文化、讲好"中国好故事"的前提下，坚持双向文化的平衡，允许中外合作办学外方高校的文化元素进校园、进社区、进课堂，着力形成国际化多元文化氛围；要挖掘跨文化实践，用跨文化思维启发学生，引发学生思考，让学生认识到不同文化的面貌。上述话题领域的情形各有差异，要积极换位思考，比如可以通过成立校园跨文化交流协会，围绕国际化人才培养这一目标，开展跨文化适应主题的课外实践活动，开展为外方教师、来华留学生服务的志愿者活动；结合入学教育开展国际学生入学教育周，设立中外师生共同组建的社团等；可以结合教学科研任务，通过"走出去、请进来"等开设文化比较讲座，开展交换生、国际践学、国际科学研究合作等活动，增加广大师生的跨文化实践[18]。

四、突出机制建设，凝聚立德树人强合力

习近平总书记在全国高校思想政治工作会议上指出："要坚持把立德树人作为中心环节，把思想政治工作贯穿教育教学全过程，实现全员育人、全程育人、全方位育人，努力开创我国高等教育事业发展新局面。"中外合作办学作为我国教育国际化的必然产物，也是推进我国教育改革的有效手段，在引进国

外先进教育理念和优质教育资源，加强与世界高水平大学的深度合作与交流，加快我国教育现代化进程，提高我国教育国际竞争力，培养具有国际视野、通晓国际规则、能够参与国际竞争的高层次人才方面做出了巨大贡献。但当前，世界正处于百年未有之大变局中，全球化进程也遇到新的情况和问题，中外合作办学面临一些新情况、新问题，必须坚持问题导向、需求导向，敢于改革创新，运用有效的育人手段完成立德树人这一根本任务，要坚持大思政理念和立体化模式，构建全员、全过程、全方位育人的大格局，推进中外合作办学领域"三全育人"机制建设，凝聚立德树人的强大合力。

在传统的工作模式中，高校立德树人特别是思想政治教育工作主要依靠学生工作队伍和思想政治理论课教师的力量，其他教职工和工作部门普遍对自身育人功能认识不足，特别是一些中外合作办学举办高校，更多地关注学生出国率、资源引进率、课程转化率，对学生思想政治教育工作考虑不多、投入不够，严重影响了中外合作办学育人功能的有效发挥。通过"三全育人"机制建设，进一步强化各育人主体的责任，形成强大工作合力，深化以生为本、教育为先、服务为要、共同成长的学生工作育人理念，统筹多方资源，形成强大合力，切实改变传统工作模式中存在的偏教育、重管理、轻服务问题，结合中外合作办学学生的个性化发展诉求，考虑出国学生分段学习实际，实现从单向输出向双向交流转变，高度重视不断满足学生现实需求，着力提升中外合作办学领域的思想政治教育的系统性、整体性与实效性。"全员育人"强调的是立德树人的人员参与性，以中外合作办学举办高校（机构、项目）为育人集合体，在这个集合体中的中方教师、外方教师与行政人员均以育人为主责主业，要避免传统的误解，认为立德树人是思想政治理论课教师和学生辅导员的任务，进一步明确各教育主体的育人职责，学校领导、处科级干部、班主任、专业课教师、党政管理人员、后勤服务人员等均具有育人的职责，全体教育主体要结合各自岗位职责，认真梳理立德树人职责，充分挖掘育人功能，实现教书育人、管理育人、服务育人、保障育人、文化育人的联动，真正把思想政治教育工作落到实处，服务学生成长成才，营造全员育人的良好氛围[19]。

综观我国现有中外合作办学模式的育人过程，中外合作办学模式大多为"2+2"或者"3+1"，少数本硕连读为"4+N"，两段式双校园的培养模式，在国内学习时间与一般专业的学生相比较短，思想政治教育主要集中在低年级，而根据中外合作办学的学业要求，低年级学生大多忙于专业课学习及雅思、托福考试，导致育人活动主要局限于校内育人资源、课堂教学，缺乏实践育人和校园文化熏陶等，导致学生对各类活动参与积极性不高、理念认同感不强、教育效果存在感弱化，育人成效大打折扣。"全程育人"强调的是立德树人的时间连贯性，育人不仅仅是校园内、课堂中的事，要从课堂延伸到课外的理论文化教育、线下的社会实践与文化活动，以及线上的网络思想价值引领等，形成持续高效的育人过程；要善于将育人融入从入学到毕业、从专业到通识、从校园到社会、从理论到实践、从教材到环境的全过程；要结合青年成长规律、社会发展规律，结合大学生群体的特征和个体需求，历史地来看待青年学生、培养青年学生，充分把握学生发展的关键节点，帮助其确立大学目标、做好人生规划，引导学生挖掘个人潜能，夯实将来安身立命、实现自我价值的坚实基础，把立德树人贯穿教育各阶段、各环节，实现育人工作的连续性、承接性和贯通性。

现有的中外合作办学立德树人工作很多还是跟国内其他专业采用同质化的教育方式。"全方位育人"强调的是立德树人的空间全面性。要从政治意识、专业素养、人格塑造、实践能力等多个角度，形成广视角的育人格局。要充分利用"思政课程"与"课程思政"，夯实第一课堂"主渠道"；要强化校园文化建设，坚持以我国先进文化为主导，促进中外优秀文化相互融合，筑牢第二课堂"主阵地"；要拓展专业实践空间，发挥社会实践、志愿服务等育人工作的作用，激活第三课堂"主引擎"；要强化网络思政、用好新媒体，打造网络育人"主战场"。进而构建多途径、多渠道、立体化育人手段，充分利用各类教育资源，创新形式、活用载体，将思想政治教育渗透到课堂教学、校园文化、社会实践、网络空间等各个领域，实现育人工作的协同联动、持续发力。

构建中外合作办学全员合力、全程有效衔接、全方位有机联动的新格局，打造高质量思想政治教育工作体系，是新时代提升中外合作办学立德树人成效的重要抓手。中外合作办学领域要认真落实党的教育方针，坚持立足中国大地办教育，坚持社会主义办学方向，落实立德树人这一根本任务，从领导体制、人才队伍、平台构建、考核机制、协同体系等方面共同发力[20]。

（一）建设能够推进"三全育人"机制有效运作的领导体制

加强党对中外合作办学领域思想政治教育工作的绝对领导，建立党组织统一领导，思想文化宣传部门统筹协调，党政工团学各部门分工协作、齐抓共管的全员、全过程、全方位育人领导体制，明确目标任务，层层落实责任，确保思想政治教育工作体制高效协同运行。

（二）建设能够有力落实"三全育人"机制要求的高素质队伍

按照"四有"好老师标准，通过落实政治理论学习、挂职锻炼、培训轮训、科学考核等要求，建设高素质、高水平教师队伍，努力使教师成为先进思想文化的传播者、中国共产党执政的坚定支持者，更好地担负起学生健康成长指导者和引路人的责任；建设一支政治强、情怀深、思维新、视野广、自律严、人格正的思想政治理论课教师队伍，不断增强思想政治理论课的思想性、理论性、针对性和亲和力；加强党政干部和学生工作队伍选、育、管、用，打造一支善于做思想政治教育工作的党务政工干部。

（三）建设能够保障"三全育人"机制运行的相关平台

加大中外融合场馆的建设投入，建设富含国际化元素的图书馆、博物馆、音乐厅、体育馆，打造思政、人文、美育、体育、劳育等方面的学生素质教育公共平台；成立中外合作办学思想政治教育研究学会，设立党的建设、校园文化建设、思想政治教育等方面的专项经费，支持开展"三全育人"工作研究，不断提高思想政治教育工作水平，足额落实党建与思想政治教育工作经费，确保各项经费在学生教育、管理、服务中落实到位；积极搭建思想政治教育线上与线下两个平台，实现线上教育与线下活动高效融合，将育人过程延伸至中外合作办学学生整个大学生涯，加强对出国学生的教育管理，做到出国教育不断线、关心关爱不停歇。

（四）建设能够激发"三全育人"机制落实主动性的考核机制

系统梳理中外合作办学领域各个群体、各个岗位、各个层级的育人元素和育人资源，并将其融入整体顶层设计和具体实施环节，推动中外合作办学领域思想政治教育工作取得扎实成效；健全工作评价体系，坚持定性分析和定量分析相结合、过程评价和效果评价相结合，研究形成体系全面、指标可行、方法科学的评价机制，实现中外合作办学领域思想政治教育工作制度化、常态化、规范化。

（五）建设能够有利于落实"三全育人"机制的协同体系

坚持以师生发展为中心，牢牢把握中外合作办学师生的思想特点和现实诉求，优化内容供给，改进工作方法，创新工作载体，激活中外合作办学双方高校的协同能力，激活家校协同能力，激活高校十大育人体系的协同能力，积极构建

"三全育人"一体化工作机制,真正把立德树人的重心和目标落在育人效果上。

第五节　福建农林大学中加项目学生党员
队伍建设实践案例

党员是党的肌体的细胞,是党的活力的源泉。全国组织工作会议提出,党员队伍建设的重心要放到加强教育管理、提高质量、发挥作用上来;这是适应新形势新任务需要,加强新时代新征程党员队伍建设,永葆党的先进性和纯洁性的必然要求。学生党员的发展和教育培养是中外合作办学领域立德树人的"引航工程",福建农林大学历来高度重视中外合作办学项目学生党员教育培养工作,以福建农林大学戴尔豪西大学联合学院(国际学院)为载体(以下简称学院),把学生党员队伍建设作为落实党对中外合作办学领导的重要抓手、作为学生党建和思想政治教育工作的"龙头工程"、作为立德树人的核心抓手。福建农林大学充分发挥党组织在思想政治教育工作中基础性、根本性、战略性的引领作用,结合中外合作办学的办学机制、人才培养模式、"双理念"校园文化实际,坚持守正创新,"聚焦一个中心任务,把握三个培养维度,构建一个培养体系,发挥四个作用",经过 20 余年的探索,初步在中外合作办学领域形成了"1314"党员队伍建设模式,有效提升了学生党员的质量,引领中外合作办学领域立德树人这一根本任务落地生根,现全面总结,形成工作案例,为中外合作办学领域立德树人具体实践的开展提供参考。

一、模式创新

(一)聚焦一个中心任务

充分认识和把握中外合作办学的特殊性,坚守中外合作办学是旨在引进和借鉴国外先进教育理念和教育资源的本土化教育,是教育现代化、国际化的一种有益探索,是对我国高等教育的有益补充的正确判断,但中外合作办学不是我国教育的"试验田",更不是我国教育的"特区"。在办学治校过程中,福建农林大学坚决贯彻党的教育方针,坚持立德树人这一根本任务,坚守为党育人、为国育才初心,立足中外合作办学领域中外两种教育资源融合、中外多种文化熏陶、处于价值多元碰撞前沿的实际,聚焦为党育人、为国育才这一使命,把在青年学生中培养一批批合格共产党员作为中心任务,在培养党员的过程中贯彻党的教育方针，实现党对中外合作办学领域的全面领导。

（二）把握三个培养维度

结合中外合作办学领域学生的思想特点和学习任务，在抓好学生党员培养基本环节的同时，更加注重党性实践锻炼、爱国主义教育、跨文化适应教育。一是加强党性实践锻炼。聚焦党性锻炼提升目标，搭建实践锻炼平台，通过开展学生党员增强党员意识专项党性训练活动，即"佩戴党徽亮身份、公开承诺受监督、重温誓词守初心、主动示范做表率、志愿服务做贡献"等活动，着力夯实学生党支部工作基础，推进学生党支部组织建设，增强学生党支部的政治功能和服务功能，发挥学生党员在思想引领、学风建设、教育管理、班团活动、服务群众等工作中的先锋模范作用；通过推进学生党支部活动走出校园，开展"青年红色筑梦之旅"、"三下乡"、"返家乡"，以及第七届数字中国建设峰会、第四十四届世界遗产大会的志愿服务活动等社会实践活动，丰富学生党员的党性实践锻炼载体。二是加强爱国主义教育。构建"四位一体"的爱国主义教育体系，注重"中华传统文化"教育，对学生进行中华优秀传统文化方面的教育，帮助学生感知历史、传承民族传统、增强民族自尊；注重中国梦教育，用中国梦来教育引领学生，让中国梦成为学生成长成才的方向保证、智力支持和精神动力；注重"中国改革开放成果"教育，用改革开放成果说话，向学生展示国家日渐富强和人民生活水平日渐提高的美好画面，以直观的感受和感性体验，让学生获得道路自信；开展"当代国际关系"教育，引导学生在风云变幻和错综复杂的国际环境中感悟中国，帮助他们在多元的学习生活环境中领悟爱国主义的精神实质。三是加强跨文化适应教育。持续开展"归国学者讲堂"活动，开设跨文化适应的专题讲座或交流会，推动学生党员参与境外高校夏令营等校际交流活动，组织学生党员参加各类外事活动志愿者工作；举办"国际文化节"，推动中外文化交流，实现与来华留学生的有效互动、与出国学生的有效链接，全面拓展国际视野，增进多元文化认知，让学生党员在多重文化比较中，增强自信。

（三）构建一个培养体系

学生党员教育培养与管理使用是一个闭环的工作体系，在实践中，福建农林大学构建了入党前注重启蒙引导、培养中注重教育锻炼、发展后注重管理使用的"全链条"体系。一是通过"三早"抓好启蒙引导。制作"入党流程手册"并设置迎新党员示范岗，吸引优秀学生积极向党组织靠拢，激发新生入党愿望，实现"早吸引"；通过专题党课和大学生初级党课教程，以及开展先进人物引进教育活动，帮助学生提高对党的认识，增强其责任感和使命感，实现"早教育"；在微信公众号开设入党启蒙教育专栏，注重宣传党的创新理论，打造线上和线下深度融合的入党启蒙新模式，实现入党"早引导"。二是通过"三严"抓好教育锻炼。严把"入口关"，关口前移，指导团组织开展好优秀团员推荐工作，严格按照入党积极分子条件，审慎确定入党积极分子；严把"培养关"，明确培养联系人的工作职责与任务，对入党积极分子提出明确要求，做好双方的培养联系对接，加强对入党积极分子的综合考核；严把"程序关"，党支部在"推优"、理论学习、述责答辩、群众意见征求等环节，通过差额"选"、理论"测"、实地"访"、现场"评"等方式，从严把住发展党员的每一个重要"关口"，规范学生党员发展政治标准。三是通过"三常"抓好管理使用。理论武装要常，构建线上和线下的理论武装体系，融合"学习强国"平台、微信公众号、微信群和QQ群等平台，提高理论学习成效；党内政治生活要常，高标准高质量抓好"三会一课""主题党日活动"等党内政治生活，发挥党性锻炼主渠道作用；监督提醒要常，制订定性与定量相结合的考核标准和评价体系，完善监督考评机制，强化纪律约束，强化考核监督结果应用，做到教育监督提醒常态化。

（四）发挥四个作用

学生党员是学生群体中的先进分子，注重发挥学生党员在广大学生中的带动示范作用，福建农林大学通过将学生党员转化为引领广大学生成长成才的重要工作力量，让广大学生党员置身于学生的监督中，形成约束，转化为自律，不断强化学生党支部的政治功能和组织功能。一是发挥在宣传党的创新理论上的作用。通过"网络文化工作室出话筒、支部委员出话题、师生党员出镜头"的学习形式，通过党支部牵引、"青禾力"网络文化工作室搭台、师生党员主讲，以校园为主要宣讲舞台创作系列视频微党课，发挥学生党员在宣传党的创新理论的作用。二是发挥在弘扬社会主义核心价值观上的作用。融社会主义核心价值观教育于校园文化活动和社会实践中，发挥学生党员先锋模范作用，引领广大学生弘扬和践行社会主义核心价值观。三是发挥在促进校园和谐稳定上的作用。构建"1234"安全稳定工作机制，把学生党员作为安全稳定工作的重要力量，在新冠疫情防控的特殊时刻，广大学生党员始终坚守在疫情防控第一线，发挥维护和谐稳定"第一方阵"的作用。四是发挥在培育优良学风上的作用。通过学生党员带头开展学术诚信倡议、考风考纪专题教育、诚信考试宣誓等活动，发挥学生党员主体作用，营造学术诚信氛围和良好学风。

二、主要做法

（一）抓住"根本点"，进一步强化工作理念

正确的工作理念是"1314"党员队伍建设模式有效实施的"根本点"，在中外合作办学领域培养学生党员是加强党对中外合作办学领导的题中应有之义，是在中外合作办学领域落实立德树人的工作共识。结合中外合作办学的实际，坚持立德树人，围绕学生党员成长成才，创新方式方法，综合利用各种有利渠道，多维度、立体化进行党员政治历练、思想淬炼、实践锻炼，提升学生党员的政治素养、业务能力，增强学生党员的党性修养，培养一批批坚定的投身"强国建设、复兴伟业"的冲锋战士。

（二）抓住"创新点"，进一步优化工作模式

创新才有活力，福建农林大学认真总结实践经验，适应新形势、新变化，不断完善和丰富"1314"党员队伍建设模式的内容，坚持问题导向和目标导向相结合，守正创新，适应学校中外合作办学模式调整优化的实际要求，不断优化工作模式。切实把发展党员放在党员队伍建设的首要位置，把稳质量底线、压实责任基线，着力在精准"选"、系统"育"、严格"管"、适时"用"上下功夫，把具有国际视野的青年团员、优秀团员作为入党积极分子，严格按照入党程序考察、发展党员，强化管理发挥作用的"全链条"体系，蓄好党员队伍"源头活水"。

（三）抓住"基本点"，进一步强化理论武装

理论武装是"1314"党员队伍建设模式的"基本点"，坚持用党的理论武装与感召学生，巩固主题教育成果，持续深入开展贯彻习近平新时代中国特色社会主义思想和党的二十大精神的学习，坚持"真学、真心、真懂、真用"的"四真导向"，引领广大学生党员，掌握科学的世界观和方法论，不断增强辩证思维能力，提高驾驭复杂局面、处理复杂问题的本领，引导学生坚持胸怀天下，拓宽国际视野，在正确认识和解决问题中赢得未来。

（四）抓住"突破点"，进一步强化信仰教育

信仰教育在"1314"党员队伍建设模式中属于"突破点"。信仰对于一个

人是极其重要的，它对于人的价值选择、行为规范都发挥指引作用。因此，信仰教育是中外合作办学领域青年思想政治教育的基础逻辑。中外合作办学领域的青年学生信仰是否坚定、是否科学，关系到他们能否在国际化的教育氛围里做出正确的政治选择、道德评价、行为选择，以及具备正确的价值追求，确保成长为能够担当民族复兴大任的时代新人；自觉将信仰教育作为中外合作办学领域的学生党员队伍建设的突破点，针对人才培养体系中没有凸显信仰教育的问题，加强顶层设计，从党建与思政工作体系、人才培养体系、学生评价体系等方面科学设计，实现党员队伍建设和人才培养体系的有效融合，将信仰教育融入课程体系、教育管理体系、校园文化建设体系、服务保障体系，让信仰教育成为中外合作办学领域"日用而不觉"的工作路径。

（五）抓住"落脚点"，进一步强化知行合一

培养的目的在于使用，党员能否发挥先锋模范作用，是检验"1314"学生党员队伍建设模式成果的重要维度，也是工作的最终"落脚点"。以主题教育为契机，坚持以学促行、知行合一，以学校"一站式"社区服务为学生党员发挥作用的主阵地，从思想引领、学风建设、校风培育、学生成长、志愿服务等维度具体化、任务化推动学生党员发挥先锋模范作用，把学生党员转化为学院党建与思政工作、学生成长成才过程中的重要工作力量，持续发挥学生党员在宣传党的创新理论、弘扬社会主义核心价值观、培育优良校风学风、维护校园和谐稳定的先锋队和生力军作用，让学生党员在细照笃行中实现党性锻炼和服务同学的相统一，使党性和人民性相一致。

三、基本经验

（一）理论引领与实践感悟相结合

克服理论学习存在的"重形式、轻实效"倾向，坚持将政治理论教育与专业学习、实习实训、创新创业、志愿服务、社会实践紧密结合。成立以学生党员为主的学生理论宣讲团，让党员增强学深、学透理论的自觉，并转化为学生党员能够接受的话语体系，引领学生党员在学理论过程中感悟思想伟力；组建以学生党员为主的"朝阳计划"公益团队，到福乐家园、"跳蚤市场"等开展"朝阳"助学、助盲活动及暖心活动，做义务家教，筹集公益助学基金，开展畅游公园"听"风景、扫除障碍"观"电影、无偿献血和安全救护知识培训等；结合专业课程实习，组织学生党员设计"红船精神""长征组歌"等主题的创意花园，融理论教育于专业实践中，将思想引领与劳动教育有机结合；在迎新过程中积极开展学生党员"先锋行动"，主动作为，用心服务，走进寝室，温馨关怀。

（二）组织培养与发挥作用相统一

学生党员的健康成长离不开党组织的培养，也离不开自身对于进步的追求。各学生党支部强化组织培养，严格落实对学生党员的政治引领、信仰教育、党性锻炼、监督管理。同时，也注重探索和发挥学生党员追求进步的主观能动性的有效机制，避免出现学生党员"入党前努力干、入党后轻一半"的不良倾向。一是及时大胆地将经过考验、培养成熟的优秀学生党员放到班级团委副书记、班长、学生会主席、团支部书记等服务学生成长的关键岗位上，培养学生党员的政治能力、宗旨意识、群众工作能力，为创建学生党员个人持续成长和服务广大同学提供锻炼的舞台和机会；二是通过"优秀学友讲堂"，让优秀的学生党员走上讲台，分享个人思想、学习、生活情况，发挥朋辈示范感召激励作用；三是积极搭建发挥学生党员作用的有效平台，通过完善党员先锋岗、党员责任区、党员志愿服务、党员承诺践诺等机制，针对不同类型党员特点，探索建立党员应急动员作用发挥机制，丰富党员服务群众、奉献社会的内容和载体，引导广大学生党员立足学生本职创先争优。

（三）理念守正与方式创新相促进

在学生党员队伍建设过程中，严格落实新时代党的组织路线，坚持党建基本原则，确保党员队伍建设方向不偏，同时结合合作办学中外文化交流的实际情况，在育人过程中注重突出学院特色优势，先后搭建"国际讲坛""归国学者论坛"交流学习平台，创新工作载体。一是搭建"国际讲坛"交流学习平台，增进中外交流，提升学生党员国际视野，培养学生党员国际思维，让学生党员善于在国际比较中坚定理想信念。二是举办"归国学者论坛"交流学习平台，邀请知名归国党员学者现身说法，引导青年学子逐梦青春；发掘校内归国学者中的名师名家，以其个人成长成才事迹为引领，鼓舞青年学生勇于筑梦、坚实逐梦、成功圆梦。

（四）思想引领与文化浸润相融合

在学生党员队伍建设过程中，坚持把用习近平新时代中国特色社会主义思想铸魂育人作为首要任务，落实"时代新人铸魂工程"要求，扎实推进"三进"工作,用"四个意识"导航、"四个自信"强基、"两个维护"铸魂,教育学生党员掌握科学的世界观和方法论,做到学思用贯通、知信行统一;同时注重通过校园文化创建,依托"福习社"、大学生外语协会和尔雅汉服文化协会,开展"雅言经典"吟诵比赛、"来 FU 见福　福星高照"福文化节等活动,挖掘和运用各专业蕴含的思想政治教育资源,注重用优秀的传统文化和丰富的红色文化育人,将红色基因和中华优秀传统文化逐步融入思想引领、党性锻炼、主题活动,切实提升思想引领实效。

四、工作成效

(一)强机制,重基础,党员思想带动作用得到有效发挥

坚持把提升党员质量作为中外合作办学领域党建与思想政治工作的重要目标维度,建立党组织统一领导、学生工作队伍主抓、全员协同参与的育人工作体系,构建"1＋1＋X"(1 名辅导员＋1 名学生党员＋X 名入党积极分子)培养模式,形成《入党积极分子精细化培养方案》,打造"优秀学友讲坛",邀请境内外优秀党员分享先进事迹和心得体会,党员示范带动"辐射圈",发挥学生党员在入党积极分子培养过程中的朋辈示范作用,先后有 30 余名境内外党员参与"优秀学友讲坛",党员身体力行学党史、懂党史、讲党史、用党史,22 人次深入专业班级讲授党史学习教育专题微党课。党员示范作用得到有效发挥。2008 年,汶川地震发生后,远在境外就读的党员心系灾区,带头发动同学募捐,持续多日走上街头募集善款,共募得 6 500 加元,并通过当地红十字会将该款转交中国红十字会支援灾区;在新冠疫情最严峻的时期,在加拿大不列颠哥伦比亚大学就读的学生党员,组织学子发起捐赠行动,募集资金 1 251.46 加元,向国内捐赠口罩 600 只、防护服 20 套,价值 1 054.4 加元,共抗新冠疫情;由党员和入党积极分子组成的"朝阳计划"公益团队到福乐家园、"跳蚤市场"等开展"朝阳"助学、助盲活动及暖心活动,做义务家教,筹集公益助学基金,开展畅游公园"听"风景、扫除障碍"观"电影、无偿献血和安全救护知识培训等 20 多场助盲志愿服务,77 人次参与,累计工时 224.82 小时,帮助 42 位盲人朋友,团队不仅受到广大受助盲人群体的欢迎、福建省盲人协会的表彰和赞赏,还得到福建教育电视台、福建省残疾人在线、东南网等媒体的关注和报道。2019 年 10 月,福建省盲人协会授予朝阳计划公益团队"朝阳爱心家教计划"先进集体的荣誉称号。福建农林大学国际学院以学生党员为主体开展暑期"三下乡"活动,打造"一带一路"福文化节等品牌

活动，获得福建日报、东南网、中国青年网等国家和地方主流媒体的关注、报道。

（二）抓学风，重主业，党员引领专业学习效果明显

学为主业，通过强化党员队伍管理教育，将学术诚信教育作为党员队伍管理教育的重要维度，福建农林大学国际学院结合中外合作办学实际，对照加拿大合作院校对学生学术诚信的具体要求，围绕加强学生学术道德教育、发挥专业教师主导作用、发挥学生主体作用、营造良好学术诚信氛围、完善学术诚信考评机制这5个方面多渠道、全方位加强对学生党员的学术诚信教育，带动全院系统化创建优良学风，打造"一个基础、两项制度、三个抓手、四支队伍"的工作机制，引领中外合作办学项目学生强化学生第一职责，突出学习第一主业。专业人才培养质量高，辐射力强。升学人数持续上升，每年都有多位学生考入北京外国语大学、北京师范大学、上海外国语大学、佛罗里达州立大学、爱丁堡大学、悉尼大学等国内外名校。近五年本科毕业生就业率平均超95%。有2名党员获得"福州市优秀共青团干部"和"福州市优秀共青团员"称号，累计有500余人次获国家励志奖学金、校优秀学生奖学金等奖学金荣誉，300余人次获校优秀共青团干部、优秀共青团员、三好学生、优秀学生干部、社会工作先进个人等荣誉称号。

（三）巧衔接，重感召，党员学成归国就业成为自觉

基于"双校园"人才培养模式，重视"双校园"衔接，创新机制，贯通"双校园"的党员队伍管理体系。国外学习阶段，在国内外党员"双校园"培养遇到时空限制的情况下，学院党支部用好网络媒介，建立合作院校党小组，开展"空中"党组织生活，以"智治"强支撑，运用新媒体、新技术，及时跟上技术进步与话语情境的变化，利用"学习强国"App吸引青年学生主动参与学习，探索线上教育，增强党建与思想政治工作的针对性与实效性。利用"易班"新媒体平台，通过境内外党员共同参与竞赛的方式开展党章知识竞赛、党史知识竞赛、党的二十大精神知识竞赛等，提升境内外党员的理论素养。借助"易班"平台开展在线组织生活会，借助网络平台的即时性、同步性优势，全体支部党员同时参与"一马当先""喜迎二十大，奋进新征程""请党放心，强国有我"等主题的讨论，突破空间、时间的限制，实现境内外学生党员教育的有效融合。境外党员也可通过邮件、QQ等方式提交学习心得、在境外的个人思想情况和学习情况等，主动向党组织汇报思想动态，保证培养和考察不断

线。通过管理模式创新，适应教育国际化、信息化的新形势，加强对境外留学生党员的跟踪管理，增强党和国家对境外党员的感召力。通过打破"双校园"时空壁垒，教育管理有效衔接，实现对广大党员的初心感召，超过90%学生党员在学成后选择归国赴国内政府部门、事业单位或国内企业就业，践行出国前"心系祖国、胸怀世界、学成归国、报效祖国"的留学誓言。学院办学成绩得到学生和家长、社会的一致认可，赢得了良好的社会声誉。学生及家长普遍认为福建农林大学中外合作办学项目办学严谨，对学生要求严格，引进的国外合作院校优质教育资源充分，为社会输送了一批具有国际视野的高素质国际化人才。

五、工作思考

（一）明确育人目标，把稳"风向标"

把学生党员队伍建设当成落实立德树人的"牛鼻子"工程，明确育人目标。一是明确主体责任。充分发挥学生党支部在抓学生党员队伍建设的主体责任，结合"时代新人铸魂工程"构建有效的理论学习体系，扎实推进习近平新时代中国特色社会主义思想进学生党组织，落实意识形态责任制，引导学生党员筑牢思想之基、信念之石。二是培育优秀典型。以"1314"党员队伍建设模式为载体，统筹推进政治建设、思想建设、组织建设、作风建设、纪律建设，并充分发挥制度的保障作用，注重制度建设，在此过程中发现和培育一批优秀共产党员、优秀党务工作者。三是发挥育人功能。学生党员队伍建设工作，既要使学生党员自身有所提升，更要发挥学生党组织的辐射作用，做到思想育人和活动育人，要将思想建设延伸到积极分子和其他学生，要将组织活动覆盖全院同学，充分发挥学生党员队伍在引领学生、凝聚学生、服务学生这3个方面的作用，实现丰富校园文化生活、营造良好育人生态的效果。

（二）健全育人体系，筑牢"大熔炉"

一是构建合理的组织架构体系。结合学生党员群体的特点和中外合作办学领域的专业设置、办学模式，优化党支部设计，原则上选拔有丰富党建工作经验的优秀辅导员担任支部书记；结合高等学校党建工作重点任务和党支部建设标准，形成可落地的实施细则。二是构建学习教育体系。实施理论引领工程，创新思想教育方式，将党员思想教育融入日常管理、学习指导、中外交流、骨干培养、校园文化建设中，开展丰富多彩的第二课堂活动，定期组织学生党员前往福建省级革命历史遗址、市级革命历史纪念地——马尾潮江楼廉政教育基地、校廉政文化教育基地、校史馆等地开展党性教育，加深学生党员的理想信念认同，让学生党员自觉赓续精神血脉。三是构建实践锻炼体系。让学生党员，在与现实相结合的"大思政课"中受教育、长才干、做贡献，在基层实践中与祖国共命运、与时代齐进步、与人民同呼吸，让学生党员在活动中体验参与乐趣，提高自身综合素质，树立家国情怀。四是构建科学管理体系。建立规范的基层党组织体系，以及健全、科学、高效的管理制度，坚持思想教育和行为约束相结合，确保学生党员队伍的纯洁性、先进性，达到不断提升学生党员队伍战斗力的目标。

（三）优化育人路径，构建"新高地"

一是聚焦思想教育。把抓理想信念教育作为思想教育的出发点和落脚点，采取集中学习与日常教育相结合、组织学习和自我教育相结合等方式，提高政治学习活动的效果，提升学生党员政治素质；坚持理论学习与实践锻炼相结合，广泛开展学生党员主题社会实践活动；坚持创新思想教育途径网络化，以学院"青禾力"网络文化工作室为主阵地，构建"工作室出话筒、支部委员出话题、师生党员出镜头"的思想教育新形式，讲好中国故事，厚植家国情怀。二是聚焦组织动员。坚持和完善党内生活制度，创新组织生活形式，增强组织生活的吸引力、感染力、动员力；建立学生党员公开承诺、结对帮扶等长效机制，通过党员服务岗、党员责任区、党员志愿服务队等形式，搭建学生党员服务学生的平台；定期开展党内表彰活动，选树优秀学生党员标兵、学习之星、创新之星、自强之星等一批立得住、叫得响的先进典型，用可亲可近、可学可鉴的身边人、身边事组织动员广大青年学生奋发成长成才；强化管理，提升组织力，健全学生党员管理机制，加强对出国出境交流学生党员的管理，教育引导毕业生党员增强党员意识，及时转接党组织关系。三是聚焦主题活动。结合党内主题教育，把党的创新理论、党的建设和全面从严治党要求作为重要内容融入"三会一课"、主题党日活动、思政实践和班团活动；组织参观"习近平总书记关心指导福建农林大学建设发展"专题展厅，深刻感悟习近平总书记关心指导福建农林大学建设发展的重要讲话重要指示精神，把习近平总书记对学校的关心关怀之情转化为学习、工作实践的强大力量；结合中外合作办学实际，丰富学生党支部"增强党员意识六项活动"的内涵和载体，把该项活动作为学生党员教育管理的重要活动载体。

六、借鉴价值

（一）提升中外合作办学领域学生政治引领效果

中外合作办学旨在通过引进优质教育资源和先进教学理念，推动教育改革，提升人才培养质量，但这些人才能否成为社会主义建设者和接班人，取决于他们的政治信仰是否坚定。必须十分注重抓好中外合作办学领域学生的思想政治教育特别是信仰教育，夯实"德"的根基，才能培养德才兼备的时代新人。抓好学生党员队伍建设是中外合作办学领域学生信仰教育的主渠道，对于提高中外合作办学项目人才培养水平，实现中外合作办学"为我所用"的办学目标具有重要保障作用。经过 20 余年的实践，福建农林大学初步形成了"1314"学生党员队伍建设新模式，通过强化顶层设计，坚持把政治标准摆在首位，坚持立德树人与铸魂育人相结合，把握学生党员的成长规律，选拔培育了一批又一批符合新时代发展需求的优秀大学生加入党组织；20 余年来，学生党组织积极引导学生党员持续深化理论学习，坚持用习近平新时代中国特色社会主义思想武装头脑、引领成长，增强"四个意识"，坚定"四个自信"，做到"两个维护"，自觉听党话、跟党走，有效发挥政治引领作用。

（二）应对中外合作办学领域意识形态工作的风险

中外合作办学领域往往是中外不同文化、不同意识、不同价值理念交融、碰撞、冲突的前沿阵地，意识形态工作是该领域学生思想政治教育工作的重中之重，也是该领域的重要风险点。重视在该领域发展学生党员，是应对意识形态领域风险的基础工程。通过发展党员，加强对党员的教育管理，把广大学生党员转化为工作力量，带动引领项目学生听党话、跟党走，是做好该领域意识形态工作的"先手棋"。通过培养一批批合格的学生党员，坚持用马克思主义和社会主义教育引导学生，旗帜鲜明地开展马克思主义和中国特色社会主义理论体系的宣传教育，以坚定青年学生的"四个自信"为工作关键点，牢牢掌握意识形态工作的领导权、主动权、主导权，旗帜鲜明地反对在中外合作办学领域出现的错误观点和不良倾向，汇聚正能量。

（三）构建适合中外合作办学领域的党员培养机制

中外合作办学学生由于培养模式的限制，学生申请入党到发展党员一系列的培养考察时间相对于非中外合作办学学生的时间更短，另外，双语教学学习任务较重，如果没有有效的教育管理培养机制，容易导致培养过程重材料考察而轻思想培养。理论武装的方式方法也较为单一，通常采用"填鸭式""走过场"的理论导读方式，导致实效性较差。通过构建"1314"的党员队伍建设机制，通过明确培养维度，构建"全链条"培养体系，注重在实践中发挥作用，把理论武装、思想引领、组织培养、作用发挥、管理服务相融合，实现培养教育管理服务不分阶段、相互渗透，从而提升培养质量。

参考文献

[1] 国务院. 中华人民共和国中外合作办学条例［M］//教育部法制办公室. 教育法律法规规章汇编. 北京：教育科学出版社，2004.

[2] 教育部. 中华人民共和国中外合作办学条例实施办法［M］//教育部法制办公室. 教育法律法规规章汇编. 北京：教育科学出版社，2004.

[3] 习近平. 高举中国特色社会主义伟大旗帜为全面建设社会主义现代化国家而团结奋斗——在中国共产党第二十次全国代表大会上的报告［N］. 人民日报，2022-10-26（1）.

[4] 李晓辉. 新时代中外合作办学大学生爱国主义教育思考［J］. 武夷学院学报，2019，38（1）：87-90.

[5] 罗志雄. 中外合作办学项目大学生思想政治教育探索与实践——以福建农林大学海外学院中加项目为例［J］. 福建农林大学学报（哲学社会科学版），2009，12（6）：89-93.

[6] 李晓辉. 中外合作办学领域大学生思想政治工作实践与思考——以福建农林大学为例［J］. 高教学刊，2019（22）：16-17，20.

[7] 徐日月. 高校中外合作办学学生思想政治教育研究［D］. 哈尔滨：东北农业大学，2021.

[8] 张珂. 高校全方位思政育人体系研究［D］. 西安：长安大学，2020.

[9] 黄娟. 新时代高校立德树人落实机制研究［D］. 西安：陕西师范大学，2021.

[10] 罗志雄，梁慧. 中外合作办学国（境）外大学生党员教育管理模式探讨［J］. 开封教育学院学报，2018，38（12）：175-177.

[11] 朱彦彦，赵加强. 中外合作办学与课程思政协同育人的发展进路［J］. 河南师范大学学报（哲学社会科学版），2022，49（5）：144-149.

[12] 熊晓铁，肖瑶，赵惠娟. 课程思政融入中外合作办学项目人才培养工作的路径探索［J］. 教育教学论坛，2020（46）：90-92.

[13] 张俊，江海珍. 中外合作办学高校构建"课程思政"协同育人机制探究［J］. 决策探索（下），2020（4）：46-48.

[14] 刘文婧，金雪涛. 中外合作办学中的立德树人教育研究［J］. 中国高等教育，2020（11）：62-64.

［15］李启康．中外合作办学高校网络育人工作的趋势与路径［J］．湖北开放职业学院学报，2023，36（19）：83－85.

［16］钱菲．中外合作办学高校文化生态建设研究［J］．高教学刊，2020（32）：145－148.

［17］罗志雄，梁慧，张志新．大学生跨文化适应能力培养探析——以福建农林大学中外合作办学项目为例［J］．教育评论，2019（6）：38－41.

［18］张志新，罗志雄，庄佩芬．高校中外合作办学项目学生跨文化适应研究——以福建农林大学中加合作办学项目为例［J］．开封教育学院学报，2018，38（11）：86－87.

［19］林丽榕．"三全育人"视域下中外合作办学高校育人路径研究［J］．智库时代，2019（23）：120－121.

［20］云兵兵，郭加书，马国超．中外合作办学"三全育人"机制的建构与实践［J］．大学教育，2023（1）：146－148.

第四章　来华留学立德树人实践

在经济全球化与世界一体化背景下，"一带一路"倡议的持续推进和中国高等教育国际化进程的不断深化，使得来华留学生国情教育承担起了国家对外发展战略的重要使命。《教育部 2022 年工作要点》中提出"推进高水平教育对外开放"，强调"打造更具国际竞争力的留学教育"。

第一节　文献综述与研究进展

一、来华留学立德树人文献综述

目前，中国在来华留学生思想政治教育领域处于探索和建设阶段，相关理论研究成果较少，在中国知网以"来华留学生"和"思想政治教育"为篇名包含词汇检索出研究文章 147 篇；以"来华留学生"和"思想教育"为篇名包含词汇的研究文章有 204 篇；以"来华留学生"和"德育"为篇名包含词汇的研究文章有 55 篇。可见对来华留学生思想政治教育这一领域进行的专门学术研究相对较少。笔者通过梳理检索到的相关研究文献，可以看到研究人员对来华留学生思想政治教育的研究主要集中在以下领域。

1. 关于来华留学生思想政治教育的由来

早在 20 世纪末，一些学者开始关注来华留学生教育实践并开展来华留学生思想教育研究，其中延边大学崔永日等[1]，对外经济贸易大学曹亚红[2]，东华大学宋乃莲[3]等从事来华留学生教育的一线工作者发表了关于来华留学生思想教育的经验介绍和工作体会的文章，呈现出该领域研究的最初景象。其后，学界从来华留学生思想政治教育的概念内容、存在的问题、途径策略等方面进行研究。

2. 关于来华留学生思想政治教育的名称

现有文献同时存在"来华留学生思想教育""来华留学生思想道德教育"

"来华留学生思想政治教育"等名称。李慧琳等[4]认为，在来华留学生事务管理领域，留学生思想政治教育一直以来都是一个重要和敏感的话题。为了避免意识形态领域的直接冲突，我国高校的来华留学生事务管理者在来华留学生思想政治教育上往往持回避的态度。针对来华留学生思想政治教育而开展的工作，先后有着不同的称谓："思想道德教育""思想教育""品德教育"等。尽管尚未形成一个统一而科学的术语，但是在实践过程中所遵循的教育原则却基本一致，即政治上积极影响，不强加于人。因此，笔者遵从学界长久以来形成的习惯，更多地采用广义上的思想政治教育概念，将对留学生进行的思想政治教育称为"思想教育"，以区别于对国内学生进行的思想政治教育。张袁飞等[5]认为，厘清思想教育还是思想政治教育，是开展来华留学生思想工作的根本点。从概念、研究文献以及高校治理能力现代化的内涵等角度来看，"来华留学生思想教育"这一提法较为合理，其内涵和覆盖面较广且不带有强烈的政治色彩。沈庶英[6]认为，留学生思想政治教育是将知识、技能及实践等各类课程所蕴含的思想政治元素和所承载的思想政治教育功能融入课堂教学环节，以实现对留学生的价值引领、知识教育、能力培养的育人行为。

3. 关于来华留学生思想政治教育的理论依据

王春刚等[7]认为，来华留学生思想政治教育是一种实践活动，对其理论依据的探讨是从政策、学科、研究成果、现实和历史这5个方面系统深入展开的，并在此基础上确立其原则、内容、方法和途径等。

4. 关于来华留学生思想政治教育的内容

李宝贵等[8]认为国际学生思想政治教育是高校思想政治教育的重要组成部分。国际学生思想政治教育的主要内容是：把中华优秀传统文化渗入国际学生思想政治教育；培养国际学生对社会主义核心价值观的理解与认同；把当代中国的发展全貌展示给国际学生。张伟[9]认为，开展高校来华留学生国情教育工作，是讲好中国故事，传播中国声音，培养留学生"知华、友华、爱华"，培育人类命运共同体的建设者、国际交流的推动者、国际化优秀人才的重要途径。国情教育是来华留学生快速融入中国的有效途径，通过国情教育可以在来华留学生群体实现中国国情知识普及与思想政治教育的有机结合。

5. 关于来华留学生思想政治教育的对策

秦小莉等[10]、何正英[11]和刘又萌等[12]均对来华留学生思想政治教育面临的困境提出了对策，主要包括建设来华留学生管理信息系统，制定并完善来华留学生思想政治教育制度，加强来华留学生专职辅导员师资队伍建设，创新来华留学生思想政治教育方式等。翟国[13]分析了高校来华留学生思想政治教育工作的意义，并提出了高校来华留学生思想政治教育工作存在的问题，翟国认为开展来华留学生思想政治教育的工作策略主要包括4个方面，即进一步更新来华留学生思想政治教育工作的价值观念；优化来华留学生思想政治教育工作的内容；创新来华留学生思想政治教育工作的方法；加强思想政治队伍建设。随着现代信息技术的发展，有学者聚焦来华留学生的个性化特征，利用互联网技术赋能留学生思想政治教育工作。如许蕴文[14]重点关注来华留学生的思维差异，提出开展思维差异化教学模式建设和思维引导工作。曹静[15]提出利用网络平台开展思想政治教育，以便及时掌握来华留学生的心理状况、思想动态、生活情况等，便于实施者及时疏导来华留学生的不良情绪并解决其遇到的困难。雷莉等[16]认为，目前来华留学生思想政治教育面临线上线下融合的复杂生态，如何全过程评测来华留学生的学习行为状态，全方位分析思想政治教育成效成为开展来华留学生思想政治教育工作的难点。多模态数据分析为理解与评价真实学习提供了新途径，符合信息化时代思想政治教育智能化转型趋势，有利于精准、科学地开展来华留学生思想政治教育工作。立足来华留学生思想政治教育评价需求，构建了来华留学生思想政治教育多模态学习分析框架，通过多模态数据分析评估复杂环境下的学习行为，以期精准解释和预测来华留学生的思想动态和行为趋势，加强正面引导，提升来华留学生思想政治教育成效。

6. 关于来华留学生思想政治教育的课程思政

沈庶英[6]认为，加强来华留学课程思政，讲好中国故事，传播好中国声音，实现知识教育与价值引导的双重目标和指数效益，是培养人类命运共同体的建设者、文明交流互鉴的推动者和具有全球竞争力的高素质、国际化人才的重要途径，也是加强中国在世界话语体系地位的重要举措。来华留学课程思政通过价值塑造、教师身教、真实展示、平等对待、分层递进、真情传递等培养未来发展所需要的人才，为构建人类命运共同体，推进世界和平发展贡献中国智慧和中国力量。其内容包括中国国情教育、中国传统文化教育、中国现代文明教育、中国法律法规教育、国际理解教育等。其方法包括基于学科交叉统整的课程聚合、内容聚合、教师聚合、学生聚合、师生聚合等。

7. 关于来华留学生辅导员队伍建设问题

赵晓兰等[17]提出来华留学生辅导员在来华留学生的教育培养过程中具有不可替代的重要作用，分析了来华留学生辅导员队伍现实存在的问题，来华留学生辅导员培训方法：让辅导员体验国际化环境；选择国际化工作内容进行历练；国际化项目培育。要以国际化的视野分阶段、分层次地稳步推进来华留学生辅导员队伍建设工作，切实提升来华留学生教育管理质量。陈南菲等[18]通过调查问卷和访谈等形式，根据有效数据对当前高校来华留学生辅导员队伍的现状、问题进行分析，提出应该依据现实困境提出相应合理化建议，积极配备来华留学生辅导员队伍，加大来华留学生辅导员队伍建设力度；深入探讨来华留学生辅导员角色定位，加强来华留学生辅导员的自我认同和社会认同；从"专家化留辅"入手，建立来华留学生辅导员队伍职业生涯管理体系。

二、来华留学立德树人研究进展

从学术界的研究来看，关于来华留学生思想政治教育的研究虽然取得了一些成绩，但总体上看仍处于起步阶段，还存在一些问题，主要体现在 3 个方面。

一是开展此领域研究的专家学者较少，主要是从事来华留学生教育管理的一线教师、行政管理人员，真正从事思想政治教育的专家学者很少开展来华留学生思想政治教育的研究，这在很大程度上影响了研究的深度。

二是高水平研究成果不多，形式主要是学术论文，近年来有数篇硕士学位论文和零星的专著。

三是研究的深度、广度有待拓展，主要的研究还局限于概念、重要性、对策等课题，对一线工作实际问题关注较多，缺乏对问题的深入研究，对规律、方法的阐述凝炼较少。

从研究历史来看，来华留学生教育更注重人文关怀教育，对留学生的思想文化引领尚存在不足，没有形成较为统一的思想认识和教学模式，研究的领域有待深化和扩展。相关研究多集中在高校来华留学生思想政治教育的实践探索和路径研究等方面，理论凝炼和总结性成果较少，需要引起学术界和教育界高度关注。

第二节　我国来华留学工作发展概述

一、1949 年以来我国来华留学政策的历史演进

我国来华留学高等教育伴随着社会经济改革、外交战略、学科建设、人才需求而不断发展壮大，始终服务于国家建设发展大局与国际地位提升，从历史制度视角，依据来华留学政策历史演进过程中的关键性事件、政策重点内容及

变迁路径，通常将政策的历史演进过程划分为 3 个时期[19]。

（一）集中统一管理时期（1950—1984 年）

来华留学高等教育从起步之初就肩负着服务国家政治外交的使命，在这一时期，受限于高等教育薄弱的基础和资源的匮乏，受到复杂国际形势的影响，来华留学高等教育政策以集中统一管理为显著特点，但具体来看，又以改革开放为界细分为两个阶段。

1. 起步探索阶段（1950—1977 年）

1950 年年底，波兰、捷克、罗马尼亚、匈牙利和保加利亚五国共 33 名留学交换生的到来，揭开了新中国来华留学高等教育的帷幕。1954 年，政务院（现国务院）批准通过了《各人民民主国家来华留学生暂行管理办法（草案）》，规定了来华留学生凡属变更所学专业、延长或缩短学习期限，以及两个国家的留学生间发生涉外交关系等方面的重大问题，均由高等教育部会同外交部或国务院对外联络局转商有关国家驻华大使馆解决。1962 年制定的《外国留学生工作试行条例（草案）》进一步明确了来华留学生学籍管理、专业变更、学习时间延长、中途回归等事项由学校报教育部批准。

从 1950 年至 1965 年，我国共接受来自 70 个国家的 7 259 名外国留学生，分布在 128 所学校的 154 个专业学习。1966 年 9 月至 1973 年，来华留学工作暂时中止，1977 年在我国的外国留学生总数为 1 217 人，仅为 1966 年来华留学生规模的 32.5%。

在来华留学高等教育的起步探索阶段，国家政策显著特点是教育部统一集中管理：因来华留学生规模较小、涉及培养高校较少，教育政策主要围绕具体培养事项制定，具有随机性和零散性，未形成管理体系，忽视了培养高校的办学自主权。

2. 调整完善阶段（1978—1984 年）

1978 年后，来华留学高等教育政策在延续集中统一管理模式的同时，将部分管理权逐步下放给地方教育主管部门和培养高校。1979 年，教育部、外交部、文化部、公安部联合发布的《外国留学生工作试行条例（修订稿）》将除了"休学、退学处理"以外的"留级或其他处理"的决定权下放给省（自治区、直辖市）高教厅局。1980 年，教育部发布的《关于高等学校开办外国人中文短训班问题的通知》提出了进一步扩大短期来华留学生规模的具体措施：一是扩大短期来华留学生的院校范围；二是由学校自主招生，规定"学校直接与国外有关院校、团体和友好人士联系、签订协议，由学校办理录取手续"。

综上所述，在集中统一管理时期（1950—1984 年），来华留学高等教育不是国民教育优质资源的自然溢出，而是在政府的主导和推动下，在与国民教育有限资源共享或者竞争中起步的，以国家集中统一管理为显著特征，虽然改革开放后对短期来华留学生的招生政策有所调整，但仍然带有鲜明的时代烙印。

（二）改革放权发展时期（1985—2010 年）

1985 年 5 月，《中共中央关于教育体制改革的决定》拉开了我国高等教育管理体制改革的序幕，改革的关键就是"扩大高等学校的办学自主权"。同年，国家教育委员会等部门制定《外国留学生管理办法》，取消了对来华留学生开除学籍应由上级主管部门批准的规定，把对留学生违纪处分的权力归还培养高校。1987 年，国家教育委员会、外交部、公安部联合发布的《关于加强和改进外国来华留学生管理工作的通知》再次强调"对留学生违反校纪事件，以学校为主按校纪处理；违反法律的事件，由当地公安、司法部门为主依法处理，有关院校应予以协助"，进一步明确了来华留学生日常管理权限的定位和归属。

在此时期，国家留学基金管理委员会的设立，作为国家留学教育的另一项标志性改革举措落地了。根据《中国教育改革和发展纲要》，1996 年，国家留学基金管理委员会成立，使来华留学与出国留学的招生、选拔和管理工作逐步过渡到事业单位性质的国家留学基金管理委员会，进一步释放了来华留学高等教育的发展活力。

1990 年，国家将来华留学高等教育的招生权完全下放给培养高校，此后，政府除了接收一定数量的国家间计划留学生以外，主要通过制定来华留学教育政策、提供相关信息以及财政拨款等手段对来华留学工作进行间接调控。各高校被赋予自费来华留学生自主招生权后，来华留学生规模迅速扩大；在校来华留学生规模在 1978 年为 1 200 多人，2000 年达到 5.21 万人，2010 年达到 26.5 万人，其中，2001—2010 年，来华留学生人数年均增长率超过 20%。

（三）提质增效建设时期（2010—）

根据《国家中长期教育改革和发展规划纲要（2010—2020 年）》，2010 年9 月，教育部出台了《留学中国计划》，提出了"扩大规模、优化结构、规范管理、保证质量"的工作方针，并明确要求"打造中国教育的国际品牌"，要求"到 2020 年，使我国成为亚洲最大的留学目的地国家"。2016 年，中共中央办公厅、国务院办公厅印发了《关于做好新时期教育对外开放工作的若干意见》，强调要构建来华留学社会化、专业化服务体系，打造"留学中国"品牌。同年，教育部制定的《推进共建"一带一路"教育行动》提出全面提升来华留学人才培养质量，把中国打造成深受"一带一路"沿线各国学子欢迎的留学目的地国。

在这一时期，国家着眼于引导培养高校形成特色优势，实现来华留学高等教育提质增效，打造"留学中国"品牌，来华留学高等教育政策围绕以下 3 个方面进行了调整完善。

一是加强来华留学高等教育的教学资源建设。国家出台了一系列有关来华留学课程建设、师资培训、预科教育的政策，取得了良好成效：截至 2019 年 6 月，我国共建设了 52 个来华留学示范基地，评选了 300 门英语授课品牌课程，培训了来华留学管理干部 3 000 多人；设立了英语授课师资培训中心，培训了近千名英语授课教师；完善了来华留学预科教育体系，提升了预科教育的质量。

二是规范来华留学招生及管理的相关细则。《关于严格规范来华留学生招生和管理工作的通知》《学校招收和培养国际学生管理办法》等文件，进一步规范了来华留学招生录取、奖学金评选、教学及日常管理、社会保障及监督等环节。同时，《关于允许优秀外籍高校毕业生在华就业有关事项的通知》的出台，打通了来华留学生的实习就业渠道，提升了来华留学吸引力。

三是完善来华留学质量规范标准及保障体系。《来华留学生高等教育质量规范（试行）》成为新中国成立以来首个来华留学高等教育全国性规范文件，同时，由教育部委托第三方评估机构进行的来华留学教育质量认证工作自 2015 年开始试点评估，为来华留学质量提供了有力保障。

据教育部数据，2010 年以来，来华留学生规模迅速扩大，来自"一带一路"沿线国家的留学生成为我国来华留学生市场新增长点。2018 年，来华留学生达 49.22 万人，提前完成《留学中国计划》中的目标，其中，学历生占来华留学生总数的 52.44%。

来华留学高等教育政策既受到国家外交战略、国际政治关系等外部因素影响，也受限于国内经济文化发展水平、高等教育水平、学科及科研实力等内部因素，同时其在自身调整发展中又需兼顾"国际化"与"本土化"，体现出"现代化"与"民族性"的价值融合。因此，在考量其变迁逻辑与发展方向时要将其放在一定历史背景下，充分考虑其诸多属性，从多维度进行归纳，以凸显政策的内在导向与外在效应。

来华留学高等教育政策在价值取向上由政治情怀逐步向教育本位转变，其在发展路径与方向上逐步向教育本位回归，逐步趋于专业化、规范化、法治化；在管理体制上由政府统管逐步向高校为主转变，管理权限逐步、逐级下放，释放了高校办学自主权，这既是根据不同历史阶段的时代要求作出的适应与调整，也符合高等教育自身发展规律与趋势；在培养定位上由特殊优待逐步向趋同化转变，在向趋同化转变过程中，政策的关注点在于教育培养方式的规范和教育培养质量的保障；在培养专业上由语言文化为主逐步向多学科转变，打破以语言文化类专业为主的培养格局，西医、工科、经济学、管理、中医、语言成为热门选择，在培养专业上实现了向多学科专业的转变；在成效评价上由行政督查逐步向科学认证转变，这种自愿参与、自我评价、行内评议、资格认证的第三方评估机构实施的成效评价方式有效提升了高校的办学水平，保障了来华留学高等教育的质量。

二、新时期来华留学教育取得成效、存在问题及发展对策

大力发展来华留学教育是推进我国高等教育国际化、深化教育对外开放的重要举措，同时也是培养知华、友华优秀人才，促进民心相通，服务国家外交战略布局的必然要求。《中国教育现代化 2035》指出要开创教育对外开放新格局，实施留学中国计划，建立并完善来华留学教育质量保障机制，全面提升来华留学质量。面对这一发展机遇和现实情况，我国开展高等教育供给侧结构性改革，不断深化来华留学教育发展，提质增效，促进内涵式发展，打造"留学中国"品牌，建设教育强国。

（一）新时期来华留学教育取得成效

1. 顶层设计更加清晰

党的十八大以来，习近平总书记做出一系列指示批示并多次给来华留学生回信。2020 年 5 月，习近平主席给北京科技大学全体巴基斯坦留学生回信；2021 年 6 月，习近平主席给北京大学留学生回信；2023 年 5 月，习近平主席复信中国石油大学（北京）的中亚留学生；2023 年 7 月，习近平主席给南京审计大学审计专业硕士国际班的留学生回信。习近平主席的重要回信为来华留学教育发展注入了强大信心，为我国来华留学教育事业发展指明了前进方向，提供了根本遵循。2015 年，教育部等五部委出台的《2015—2017 年留学工作行动计划》强调新时期我国来华留学教育工作方针为"扩大规模、优化结构、

规范管理、保证质量"，并将"打造来华留学国际品牌"作为工作目标之一。2015年，国务院印发的《统筹推进世界一流大学和一流学科建设总体方案》要求坚持以中国特色、世界一流为核心，以立德树人为根本，以支撑创新驱动发展战略、服务经济社会发展为导向，坚持"以一流为目标、以学科为基础、以绩效为杠杆、以改革为动力"的基本原则，加快建成一批世界一流大学和一流学科。2016年，教育部出台了《推进共建"一带一路"教育行动》，为教育领域推进"一带一路"建设提供了支撑。同年，中共中央办公厅、国务院办公厅出台的《关于做好新时期教育对外开放工作的若干意见》指出新时期教育对外开放的重点工作之一就是要"加快留学事业发展，提高留学教育质量"。2018年9月，全国教育大会召开，大会对我国教育对外开放提出了新要求，为来华留学教育事业的发展指明了方向。2019年2月，《中国教育现代化2035》明确提出"建立并完善来华留学教育质量保障机制，全面提升来华留学质量"。同年印发的《加快推进教育现代化实施方案（2018—2022年）》明确要求推进共建"一带一路"教育行动，2019年召开的全国教育外事工作会议和2020年印发的《教育部等八部门关于加快和扩大新时代教育对外开放的意见》更为来华留学教育提出了明确的目标要求和更加具体的发展路径。

2. 政策法规更加健全

新时期，来华留学教育政策法规愈加健全，一批法律法规和政策文件相继出台，涵盖招生和入学标准、社会管理、质量保障、培养标准、奖学金管理、留华就业等来华留学教育工作的各个方面，为提高来华留学教育质量提供了坚实的制度保障[20]。2013年，《中华人民共和国出境入境管理法》《中华人民共和国外国人入境出境管理条例》先后施行，从改进服务和加强管理两方面入手，在签证签发、入境、停留居留、防范和打击"三非"等方面完善和创新了有关服务管理措施，为来华留学生社会化管理提供了法律依据。2015年，财政部、教育部联合印发《关于完善中国政府奖学金资助体系和提高资助标准的通知》，进一步促进了来华留学事业持续健康发展。2017年，教育部、公安部、外交部以部长令的方式联合发布的《学校招收和培养国际学生管理办法》对新形势下来华留学生招生管理、教学管理、校内管理、社会管理和监督管理等方面制定了具体措施，为高校做好来华留学工作提供了全面且具体的依据。同年，人力资源和社会保障部会同外交部、教育部印发《关于允许优秀外籍高校毕业生在华就业有关事项的通知》，为优秀来华毕业生留学就业提供了政策依据。2018年，教育部印发的《来华留学生高等教育质量规范（试行）》是新中国成立以来首个针对来华留学生高等教育制定和实施的全国统一的基本规范，涵盖了人才培养目标，招生、录取和预科，教育教学，管理和服务支持等四方面，是我国来华留学教育转型发展过程中的一份关键性、基础性文件，为来华留学教育质量保障体系的建设奠定了基础。2020年年初，教育部印发《中国政府奖学金工作管理办法》，为加强中国政府奖学金管理，提高中国政府奖学金生培养质量，提高中国政府奖学金绩效提供了法律基础。2021年年底，教育部办公厅等四部门印发《高等学校国际学生勤工助学管理办法》，进一步规范了高校国际学生勤工助学管理，完善了来华留学生社会管理政策体系。

3. 层次结构更加优化

层次结构更加优化是来华留学教育质量发展成效最直观的表现。据统计数据，我国已成为亚洲第一、世界第三的留学目的地国，即使受新冠疫情影响，2021年仍有来自205个国家和地区的44万名各类外国留学人员在我国学习，其中学历生人数占来华留学生总人数的47.4%，以汉语学习为主的格局被打破，西医、工科等学科人数占比持续增加，学科分布更加合理。学历生中硕（博）士研究生人数达6.4万人，占总人数的14.4%，比上一年提高了3.4%。此外，2021年，"一带一路"沿线国家在华留学生共有20.77万人，同比增幅达13.6%；4.9万名中国政府奖学金生中，"一带一路"沿线国家奖学金生占比61%。此外，我国接收来华留学生的高等院校和科研机构数量也持续增长，充分彰显了我国来华留学教育发展的丰硕成果。

4. 质量保障更加有效

自2012年起，教育部连续举办全国来华留学管理干部培训班、英语授课师资培训班，有效提高了来华留学管理干部和师资队伍的工作水平。国家留学基金管理委员会、中国高等教育学会外国留学生教育管理分会等机构也通过业务培训、组织科研等方式，推动了来华留学教育的工作水平和研究水平提升。全国来华留学生管理信息系统的启用更是实现了来华留学生全流程管理，有效提升了管理效率和管理水平。此外，为促进来华留学教育提质增效，教育部在全国范围内开展了来华留学教育督导检查，加强了治理整顿。2016年，中国教育国际交流协会开始进行来华留学生高等教育质量认证。此后，按照"管办评分离"这一教育治理现代化的基本要求，遵循"政府制定国家（行业）质量标准（规范）、高校按照标准实施办学、第三方社会组织依据标准独立开展评价"这一世界通行的做法，以《学校招收和培养国际学生管理办法》《来华留学生高等教育质量规范（试行）》等文件为基本依据，为来华留学教育提供多层次全方位的质量保障，推动高校来华留学教育工作提质增效。2018 年，共有 18 所院校因在来华留学生招收、录取、签证等来华留学生管理工作过程中的各类违法违规行为被严肃处理，其中的 16 所涉事院校被明令暂停招收外国留学生。2020 年，教育部财政司组织开展 2018—2020 年度中国政府奖学金绩效试评价工作，后常态化开展中国政府奖学金绩效评价工作，进一步规范了中国政府奖学金的管理工作，推进了相应体制机制的完善，提升了中国政府奖学金生培养质量，提升了财政资源配置效率和使用效益。

（二）新时期来华留学教育存在的问题

1. 生源质量有待提高

受政策杠杆影响，为扩大来华留学生规模，特别是吸引"一带一路"沿线国家学生来华求学，部分高校降低来华留学生入学标准，并通过中介招生，导致来华留学生生源质量参差不齐。在招生审核环节中，部分高校投入不足，招生渠道单一、宣传不到位、人员配备不强、业务不扎实、招生审核薄弱，未制定完善的招生流程及过程监控管理，如缺乏面试选拔环节，难以有效遴选优质生源。

2. 培养质量有待提高

来华留学生在高校中仍属于小众群体，部分高校在来华留学生教育教学中不够重视，教学资源配给不足，如缺乏国际化师资队伍，在全英文精品课程建设中推力不足，来华留学生可选择的全英文课程不多，教学质量亟待提升；教学环节评估不足，未建立完善的双向评估体系；来华留学生的培养机制需要进一步得到完善，"宽进宽出"现象还没有完全杜绝。

3. 趋同化管理水平有待提高

目前我国高校来华留学生管理主要有 2 种模式，一是由国际学院或国际教育学院负责留学生招生、教学、管理等一条龙事务；二是在国际交流与合作处平行设立或下设"留学生管理办公室"，负责来华留学生日常管理工作。这两种模式在实际管理过程中存在分头管理、职责不清、趋同化管理水平不足现象，特别是在住宿、奖惩等方面。来华留学生参与各类活动较少，与中国学生的交流不够，效益不够明显。一些来华留学生法律法规意识淡薄，违法犯罪、违规违纪事件频发，引发不良影响。部分高校未将来华留学生管理纳入全校"一盘棋"，来华留学生管理队伍专业化不足，管理现代化和信息化滞后，部分高校缺乏平台建设，网站英文信息更新不及时，信息量小。

（三）新时期来华留学教育发展对策

第一，坚持以点带面，进一步拓宽来华留学生生源渠道，完善来华留学生准入机制和审核把关。多渠道拓宽生源渠道首先要转变宣传观念、创新宣传途径、加大宣传力度，在传播对象、传播内容、传播媒介上加以拓展和丰富，不局限于学校网站、校友推荐等途径，要通过线上融媒体、新媒体渠道，如联合教育部新闻中心对我国高校对外教育交流合作进行报道、在高校当地电视台宣传报道我国优秀留学生，持续提升我国高校知名度；改版"留学中国"网站界面，充实"留学中国"网站内容，提升品牌建设水平，吸引更多外国人关注"留学中国"；通过中国日报、TikTok、Youtube 等境内外媒体和 App 加大中国历史文化在境外的宣传力度，扩大中国在国际的影响力和吸引力。首先，利用好论坛（"一带一路"国际合作高峰论坛）、展会（中国国际教育展、21 世纪海上丝绸之路国际博览会、丝绸之路国际电影节）、夏（冬）令营、对外援助等线下渠道，"引进来"与"走出去"并行，发挥好论坛等活动的效益，增进其他国家对中国的了解。其次，要与"一带一路"沿线国家对口高校开展合作遴选或建立师生互访交换机制，推荐优秀学生来华求学，如福建农林大学与费萨拉巴德农业大学合作，费萨拉巴德农业大学每年遴选优秀硕士毕业生到福建农林大学攻读博士学位；与"一带一路"沿线国家相关企业开展定向委培生培养，满足双方需求并提供本土化人才支撑。此外，要发挥好外国驻华使馆、孔子学院、省友城、重要友好国际组织以及华人华侨的宣传推荐作用。最后，可通过设立新生入学奖学金或各类在校奖学金，发挥奖学金杠杆的调控激励作用，吸引优质生源。教育主管部门要做好顶层设计和整体布局，统筹各高校来华留学生规模，优化来华留学生学历结构，改革奖学金评审机制，严格申请审批，引导高校守好入口关。高校要根据自身办学定位，聚焦"双一流"建设，遵循公开、公平、规范原则，重视招生环节，完善招生流程，制定入学标准，对学术水平、身份资格、语言能力、学历背景等进行规定，如实公布招生简章，加强资格审查，做好考试或考核，遴选优质生源。

第二，坚持提质增效，进一步加强来华留学生培养质量监控，提高来华留学生培养水平。《来华留学生高等教育质量规范（试行）》对留学生培养目标做了明确要求，包括语言能力、学科专业水平、对中国的认识和理解以及跨文化和全球胜任力，高校要落实文件要求，做好"培养什么人"的工作。各国教育水平参差不齐，特别是"一带一路"沿线国家学生的基础教育水平较差，高校在制定来华留学生培养方案时要结合实际情况、培养目标，确保方案科学合理。高校要加强教学资源配给，利用好互联网、云计算、大数据等新技术，改善软硬件条件，优化培养体系，出台考核或激励文件，支持在线教学国际平台和课程资源对接，让更多教师参与到来华留学生的教育教学工作中。高校要主动作为，通过引进外教或选派教师到国外进修等途径，建设高水平国际化教学名师队伍，同时要加大力度培养全英文授课师资力量，培育精品英文课程，开展教师授课质量双向评估评价，推动人员、课程的改造升级。此外，高校可根据办学目标和学科布局，重视并细化课程体系建设，持续开发并整合课程资源，增强课程体系的兼容性，如将现有学科门类进行整合，按"大学科、细门类"进行授课，即相近学科学生在低年级时开展统一的语言通识、公共基础等类别课程的教学，高年级时按细分门类专业方向授课，这样有助于集中力量打造优质课程，提高授课的质量和水平，辐射更多学生。此外，可分类培养、分类授课，如按学术型和应用型分类培养，采用汉语＋职业技能等进行针对性培养。严格执行来华留学生的考勤、学籍管理、奖学金年度评审制度，既要保证中外学生统一的课程考核考试方式和准出机制，又要加强人文关怀，针对来华留学生自身的差异性进行跨文化教育和学业指导等，帮助他们尽快跟上学习进度，顺利完成学业。各高校要主动开展自查自纠，早日使自身成为来华留学质量认证高校，不断补短板、强弱项、固优势，切实提升学校来华留学生教育水平，为"留学中国"品牌添砖加瓦。

第三，坚持守正创新，进一步把握来华留学生工作的规律，提高来华留学生教育管理工作水平。高校在现有的留学生管理模式中，不仅要积极借鉴国内外高校的管理经验，而且要立足国情、省情、校情，摸索适合自身发展的留学生管理模式，同时应进一步理顺部门关系，明晰单位职责，发挥归口部门统筹协调作用，协同各方力量共抓、共建、共管，发挥全员育人作用。高校要加强制度建设，完善规章制度，确保有规可依、有规必依，杜绝超国民待遇现象出现，在中国法律法规、国情、校情以及文化风俗等方面持续加强对来华留学生的教育，增强来华留学生法治观念，全面推进中外学生管理服务的趋同化。高校要进一步将来华留学生纳入全校信息化管理，如"今日校园"、"学付保"、后勤报修等系统，共享科技信息化便利，实现规范高效管理。高校要重视来华留学生管理人才培养和管理队伍建设，将来华留学生辅导员队伍纳入学校整体辅导员队伍之中，畅通晋升渠道，拓宽发展空间，建立一支政治过硬、能力过硬、责任过硬的来华留学生管理队伍，推动来华留学生教育步入提质增效的快车道。高校要进一步提高汉语课程比重，细化听、说、读、写环节培养，提升来华留学生汉语水平，开展丰富多彩的活动，增进中外学生的交流，增强来华留学生对中国文化、中国发展等的认可和认同[21]。

当前，世界处于百年未有之大变局，但中国开放的步伐不会停下，开放的大门会越开越大。新冠疫情期间，习近平主席给北京科技大学全体巴基斯坦留学生回信体现了习近平总书记对来华留学教育的殷切关怀和高度重视，为新时代我国高校做好来华留学生教育指明了前进方向。我国高校应主动担当，敢闯敢试，推动新时代来华留学教育开新局、育新机，为促进文明交流互鉴，增进中外民心相通，培育"留学中国"品牌，建设教育强国，加快我国教育现代化，推动构建人类命运共同体作出新的更大贡献。

第三节　来华留学教育立德树人的理论基础与价值内涵

在全球化日益深化的今天，来华留学教育作为促进文化交流与融合的重要桥梁，其立德树人工作显得尤为重要。立德树人，不仅关乎来华留学生个体成长，更是对构建人类命运共同体、推动人类文明进步具有深远影响。因此，明确来华留学教育立德树人的理论基础与必要性，是开展来华留学教育立德树人实践与探索的前提条件，对于提升我国教育国际化水平、培养具备全球视野和跨文化交流能力的优秀人才具有深远的理论价值和实践意义。

一、来华留学教育立德树人的理论基础

来华留学教育立德树人工作不仅关乎来华留学生个体的全面发展，更是我国教育国际化战略的重要组成部分。为确保来华留学教育立德树人工作的科学性、系统性和实效性，必须以坚实的理论基础为指导。

（一）习近平关于立德树人的重要论述

习近平关于立德树人的重要论述体现在一系列讲话、文章和指示中，强调了培育社会主义核心价值观、弘扬中华优秀传统文化等。2018 年 9 月，习近平在全国教育大会上讲话，他指出："推进教育现代化不能忘记初心，要健全全员育人、全过程育人、全方位育人的体制机制，不断培养一代又一代社会主义建设者和接班人。"习近平在党的二十大报告中指出"育人的根本在于立

德"，要求"全面贯彻党的教育方针，落实立德树人根本任务，培养德智体美劳全面发展的社会主义建设者和接班人"。这意味着在教育中不仅要重视学生在校期间的德育培养，还要引导学生树立终身学习的观念，将德育作为学生自我成长和发展的重要组成部分。此外，习近平还强调："新时代社会主义建设者和接班人，不仅要有中国情怀，而且要有世界眼光和国际视野。"这就要求教育者在立德树人工作中要引导学生关注全球道德问题，了解不同文化背景下的道德规范，培养学生的跨文化交流能力和国际责任感。习近平把立德树人确立为中国现代教育的根本任务，从教育的本质与目的上深刻揭示了教育的价值，凸显了习近平对新时代教育规律和教育本质的把握与深刻理解，不仅丰富了党的教育方针的内涵，也为来华留学生教育立德树人工作指明了方向。

习近平关于立德树人的重要论述不仅为面向来华留学生的立德树人工作提供了理论指导和实践指南，同时也对从事来华留学教育立德树人工作的教师提出了明确的发展要求。立德树人是教育的根本任务，育人要先正己，正己方能育人。优秀教师不仅要成为知识技能的模范，更要在道德、情操、责任上树立典范，始终坚持向来华留学生传递正确的价值观，用爱心和耐心引导来华留学生，既要严管又要厚爱，从而真正发挥立德树人的重要作用。

（二）马克思主义德育思想

马克思主义德育思想是来华留学教育立德树人工作的重要理论基础。

马克思主义德育思想萌芽于19世纪40年代，以辩证唯物主义和历史唯物主义为哲学基础，构建了丰富而深刻的理论体系。在马克思主义德育思想中，德育被看作培养人的道德品质、道德观念和社会责任感的重要途径，深刻揭示了人的全面发展与社会进步之间的内在关联与辩证统一性。这一思想与来华留学教育立德树人工作的目标高度契合。

在马克思主义德育思想理论体系中，个体的思想品德并非某种抽象的、永恒的本性，而是受到特定社会条件制约的。马克思主义德育思想还倡导德育与智育、体育、美育紧密结合，共同构建全面的教育体系，并强调德育的层次性和系统性。马克思主义德育思想还认为德育不仅是道德知识的传授，更重要的是通过实践活动、情感体验和社会参与等多种方式，引导学生树立正确的世界观、人生观和价值观，突出了德育的社会性和实践性。

面向来华留学生的立德树人工作是一项长期、复杂且艰巨的任务。在新时代的背景下，来华留学教育立德树人工作首先应以马克思主义德育思想为基石，将其作为理论与实践的双重指导，进一步深入挖掘其内在精髓与道德价值，全面贯彻落实其核心理念，以培养具有国际视野、德才兼备的优秀世界人才为己任，为推动全球教育事业的发展和繁荣作出应有贡献。此外，马克思主义德育思想具有与时俱进的理论品质，随着时代的发展而不断得到丰富和完善，为来华留学教育立德树人工作提供了源源不断的理论支持和实践指导。

（三）中国传统文化中的德育观念

中国传统文化中的德育观念是来华留学教育立德树人工作的重要理论依据。

中国传统文化中的德育观念是一个内涵丰富且深刻的概念，着重强调人的道德修养与社会责任，涵盖多个方面的核心内容，比如仁爱、和谐、诚信、孝道、礼仪等。孔子所提倡的"仁者爱人"理念，倡导人与人之间相互尊重、关爱与帮助，以构建和谐共处的社会。这种注重仁爱与和谐的精神不仅是中国传统文化价值观的核心所在，更是德育观念的重要组成部分。中国古代经典著作《论语》中强调"言必信，行必果"的诚信观念，强调要言行一致，信守承诺，行动果决，这种诚信守诺的思想是为人之本，对于塑造品德高尚的人才具有重要意义，同时也是构建和谐社会不可或缺的重要保障。此外，中国传统文化高度重视礼仪与自我修养，认为礼仪是维护社会秩序和规范人们行为的基石，而自我修养则是人生最重要的任务之一。

中国传统文化中的德育观念是一个多维度、多层次的复杂概念，它强调道德的修身功能，即通过个人的道德修养来启发内在的道德自觉，并督导个体进行持续的自我道德品行的修炼。这种修身的道德理念是儒家思想的重要特征，强调个体在修养自身品格的同时，也致力于平治天下、造福社会。

在来华留学教育立德树人工作中，中国传统文化中的德育观念为培育具有高尚道德情操和国际视野的人才提供了重要指导，有助于来华留学生深入理解并践行中国文化的核心价值和道德规范，培养来华留学生的道德责任感与道德实践能力，也有助于教育者根据来华留学生的文化背景和实际需求制定有针对性的立德树人方案，增强立德树人工作的实效性。教育者可以通过传播和弘扬中国传统文化中的德育观念，引导来华留学生树立正确的世界观、人生观与价值观，提升他们的跨文化交流能力与国际竞争力。这不仅有助于来华留学生在异国他乡更好地融入当地社会及实现个人价值，同时也是推动国际文化交流与互鉴、促进世界和平与发展的重要途径。

（四）现代教育理论中的德育观点

现代教育理论中的德育观点是来华留学教育立德树人工作的重要理论支撑。

现代教育理论作为一个持续发展的领域，涵盖了学界对教育过程的深度思考与探索。其德育观点注重以人为本，尊重学生的主体地位，追求德育的实效性，强调德育的社会性、全球性和终身性，包含了德育的目标、内容、方法以及实施途径等多个维度，为来华留学教育立德树人工作提供了宝贵的理论支撑。

来华留学教育作为中国现代教育体系中的重要组成部分，在培养国际化人才、推动教育国际化、促进中外教育交流与合作以及推动来华留学事业发展等方面都起到了重要作用。来华留学生作为国际理解教育的重要主体，他们的存在有助于打破中外文化隔阂，促进世界人民相知相亲，是我国现代教育对外开放战略的重要一环。现代教育理论中的德育观点所倡导的"以人为本"理念与来华留学教育立德树人工作的目标高度契合，都致力于培养具有高尚道德情操、独立思考能力和创新精神的国际化人才。现代教育理论中的德育观点有助于来华留学生培养单位更好地把握来华留学教育立德树人工作的本质和要求，从而提升立德树人工作的质量和效果。同时，来华留学教育立德树人工作要求教育者应关注全球教育的发展趋势，积极借鉴国际先进的德育理念和方法，以不断提升面向来华留学生的立德树人工作的水平。

二、来华留学教育立德树人的价值内涵

来华留学生来自不同国家和地区，带有各自独特的文化传统和价值观念。置身于国际化的教育环境中，他们需要面对不同文化背景下的学术规范、社会规则和价值观念，尽快地融入中国社会，才能更好地适应在中国的学习和生活。来华留学生作为中国现代教育体系中的一个特殊群体，已成为中国与世界沟通的桥梁与纽带，来华留学教育立德树人工作的重要性与必要性不容忽视。针对来华留学生的立德树人工作不仅关系到其个人的成长与发展，更对中国的国际教育形象及国家软实力的提升具有深远影响。

（一）促进来华留学生全面发展

立德树人工作是促进来华留学生全面发展的基础与前提。来华留学教育教学质量的提升，关键在于立德树人工作的深入推进。

在中国的学习与生活中，来华留学生往往面临着文化与价值观的冲击和碰撞。立德树人工作通过深入的思想教育，能够帮助来华留学生更好地融入当地社会，理解当地文化、习俗和社会规范，从而建立良好的人际关系，增强他们在异国他乡的归属感。此外，立德树人工作同样也重视来华留学生情感管理和心理健康培养，以帮助来华留学生更好地应对学习和生活中的各种挑战。立德树人理念在培养来华留学生的实践中，也能够使来华留学生全面提升自身综合素质，为未来的职业发展和社会参与奠定坚实基础。

总体来说，高校在面向来华留学生的立德树人工作中，不仅关注其知识和技能的学习，更致力于培养其道德品质、社会责任感和创新精神。通过这一思想工作，能帮助来华留学生树立正确的世界观、人生观、价值观和道德观，激发他们的学习热情和创造力，帮助他们更好地发掘自身潜能，以实现全面发展。缺乏立德树人思想教育的引导，来华留学生的培养工作就如同失去灵魂的躯壳，难以真正培养出具备高尚品德、国际视野和全球意识的优秀来华留学生人才。

（二）完善来华留学生教育管理

立德树人工作是完善来华留学生教育管理的必要之路。这一必然性不仅强调了思想教育在来华留学生教育管理中的重要地位，也揭示了思想教育对提高来华留学生教育管理质量以及维护校园和谐稳定的关键作用。

立德树人的思想教育对于引导来华留学生形成良好的行为规范和纪律意识至关重要。来华留学生来自不同的文化背景和教育体系，其行为习惯和纪律观念可能存在较大差异。因此，通过思想教育，可以引导来华留学生了解和遵守中国的法律法规以及学校的校纪校规，帮助他们形成正确的行为导向，从而增强其自我约束和自我管理的能力。这有助于减少违规违法行为的发生，维护社会和校园的和谐稳定。

立德树人的思想教育还有助于提升来华留学生教育管理的针对性和实效性。在来华留学生的教育管理过程中，关注来华留学生的个体差异和需求，并提供个性化的服务与支持是至关重要的。通过思想教育，我们可以更深入地了解来华留学生的思想动态和成长需求，从而制定更符合他们实际需求的教育管理方案。同时，思想教育还可以与其他教育管理手段相结合，形成协同效应，进一步提升来华留学生教育管理的整体效果。

立德树人的思想教育也是来华留学生教育管理人文关怀的重要体现。来华留学生远离家乡，面对陌生的环境和文化，需要更多的关心和帮助。通过思想教育，我们可以更好地关注来华留学生的情感需求和成长困惑，为他们提供温暖和支持。这不仅能够增强来华留学生的归属感和幸福感，还能提高他们对来华留学生教育管理工作的满意度和认可度。

因此，来华留学生培养院校应充分认识到来华留学生教育管理中思想教育工作的重要性，并加大思想教育的力度并逐步深化。同时，还需不断探索和创新思想教育的方法和手段，以满足来华留学生教育管理的多元化和个性化需求，为培养具有国际视野和全面素质的优秀来华留学生提供有力保障。

（三）传播中国优秀文化与促进文化交流

针对来华留学生的立德树人工作对于传播中国优秀文化与促进中外文化交流具有必要性。这一必要性体现了思想教育在面向来华留学生的教育中的双重作用，它不仅对来华留学生个人成长有促进作用，也是推动中国文化国际传播和中外文化交流互鉴的关键力量。

中国文化是中国的宝贵财富，弘扬中国文化是中华民族的责任和使命。通过对来华留学生进行思想教育，可以传递中国文化中的核心价值、历史传统、社会多样性和精神内核等，使他们深刻感受中国文化的独特魅力和深厚底蕴。这对于来华留学生理解中国人民的生活方式、行为准则和社会习俗具有深远的意义，同时也有助于增强他们对中国文化的认同感，减少误解和偏见，从而更好地传播中国优秀文化。

同时，思想教育在促进中外文化交流方面发挥着桥梁作用。留学生在中国学习生活的过程中，与本土学生、教师以及社会各界人士之间的互动交流，为不同文化之间的对话和交流提供了机会。通过分享各自的文化背景、价值观念和生活经验，有助于打破文化壁垒，增进各国人民之间的相互理解和友谊，推动不同文化之间的融合共进。

面向来华留学生的立德树人工作，在一定程度上还推动了中国文化的创新发展。通过交流互动，审视中国文化的优点和不足，有助于我们更加深入地挖掘中国文化的内涵和价值，推动中国文化的与时俱进和国际化推广。

（四）提升我国教育国际影响力

来华留学教育立德树人工作的必要性不仅在于其对提升我国教育国际影响力的直接贡献，更在于其在我国整体国家战略和教育外交政策中的核心地位。面向来华留学生的立德树人工作是提升我国教育国际影响力的必要之举，在增强我国教育国际竞争力、塑造积极的国家形象以及推动国际文化交流与合作等方面发挥着重要作用。在全球化发展的大背景下，教育已成为国家间竞争的重要领域，来华留学教育立德树人工作则是这一竞争中的关键一环。

来华留学生是中国教育对外开放的重要体现，他们的存在丰富了中国的教育体系。通过做好面向来华留学生的立德树人工作，不仅能够充分展示我国教育的优秀传统和独特魅力，从而提升我国教育的国际声誉与吸引力，树立我国教育的良好形象，更能培养出一批具备高尚道德品质和跨文化交流能力的优秀来华留学生，为我国在国际舞台上赢得更多尊重与认可。

来华留学生作为中外文化交流的重要群体，他们的言行举止直接影响着国际社会对中国教育的认知与评价，也是外界了解中国教育的重要窗口。通过立德树人工作的深入开展，来华留学生能够更好地传播中国文化、展示中国形象，进而增强国际社会对中国教育的认同感与信任度。这对于进一步推动我国在国际教育领域的影响力和竞争力具有重要意义。

此外，面向来华留学生的立德树人工作也是展现我国教育软实力的重要方式。通过向来华留学生传递中国的教育理念、教育制度以及教育成果等，能够充分展示我国教育的先进性、开放性与包容性。这不仅有助于增强我国在国际教育市场上的竞争力，更能提升我国的国际形象和地位。因此，面向来华留学生的立德树人工作不仅是一项教育工作，更是一项具有深远意义的国家战略。我们必须高度重视面向来华留学生的立德树人工作，将其作为提升我国教育影响力的重要举措加以推进。通过不断加强立德树人工作，推动我国来华留学教育事业持续发展，为培养具有高尚道德品质和跨文化交流能力的优秀来华留学生打下坚实基础，为我国教育在国际舞台上赢得更多的认可提供有力支持。

（五）构建人类命运共同体

面向来华留学生的立德树人工作不仅聚焦来华留学生个体的全面发展，更致力于全球视野下推动人类命运共同体的构建。面向来华留学生的立德树人工作也是培养国际人才、推动全球合作和构建人类命运共同体的题中应有之义。

在全球化的今天，各国之间的联系日益紧密，相互依存程度日益加深，全球性挑战层出不穷，任何一个国家都无法独自应对全球性挑战。这就要求各国加强交流与合作，共同应对全球性挑战。在此过程中，来华留学生作为桥梁和纽带，有助于促进中外文化交流与合作，增进国际信任与友谊，为推动构建更加和谐的世界贡献力量。来华留学生在中国学到的知识和技能，回国后也会对当地经济和社会发展产生积极影响。

构建人类命运共同体是全球性的倡议和目标，已成为当前国际社会的重要议题之一。通过加强来华留学生的思想教育，我们可以培养出更多具备全球视野、跨文化交流能力、社会责任感和世界公民意识的人才，他们将成为推动世界和平与发展、构建人类命运共同体的重要力量。通过引导来华留学生尊重并理解多元文化、关注全球问题、积极参与国际交流与合作，促使他们成为推动世界和平与发展的积极力量，为构建人类命运共同体作出贡献。

综上所述，面向来华留学生的立德树人工作在中国高等教育中占据举足轻重的地位。它不仅关系到来华留学生个体的全面发展，也是提升来华留学教育质量的关键所在，同时是传播中国文化和促进中外文化交流的重要举措，更是增强中国教育国际影响力和推动构建人类命运共同体的题中应有之义。因此，必须高度重视面向来华留学生的立德树人工作，将其贯穿来华留学教育的全过程，为培养具有国际视野和全球意识的优秀人才贡献力量。

第四节　福建农林大学来华留学教育立德树人实践

在全球化时代背景下，教育领域的国际合作与交流呈现出不断密切的趋势，来华留学教育作为我国对外教育交流的重要组成部分，肩负着培养国际化人才、传播中国文化以及增进国际友谊等多重使命。立德树人，作为教育的根本任务，对于来华留学教育而言，同样具有重要意义。来华留学教育不仅是知识技能的传授过程，更是文化价值观深度交流与融合的过程。在来华留学教育过程中，我们不仅要关注来华留学生在专业知识层面上的学习情况，更应注重在思想道德层面对他们的培养。本节以福建农林大学戴尔豪西大学联合学院（国际学院）来华留学生培养为案例，探讨来华留学教育在立德树人实践方面的国际化探索。

1993年，福建农林大学获得来华留学生招生资格，随后开始陆续接收来华留学生到校学习。2011年，学校被教育部授予"来华留学中国政府奖学金生接收高校"，并于2012年开始招收第一批硕（博）士中国政府奖学金生，拉开了福建农林大学来华留学学历教育的序幕。此时，福建农林大学的来华留学教育归口于海外学院/留学预科学院（合署）。2019 年，海外学院/留学预科学院（合署）与文法学院组建成立国际学院①，继续履行来华留学教育管理职能。2011 年至 2021 年这十年间，学校坚持"稳增长、调结构、提质量"的发展思路和"趋同化"的管理理念，努力推进来华留学教育各项工作的开展。来华留学教育发展规模从小到大，实力从弱到强。截至 2023 年年底，福建农林大学在校来华留学学历生分布于 5 个本科专业和 35 个研究生专业，形成了本科生、硕士研究生、博士研究生全学段的来华留学教育体系，学校共有来自 39 个国家和地区的在校学历教育留学生 193 人，留学生层次不断提高，结构进一步优化，研究生占在校学历留学生总人数的 95%，规模居福建省高校前列（表 4-1）。依托办学特色和优势学科，学校已开设 10 余门留学生全英文课程，形成融合本土和国际元素的留学生全英文课程体系。同时发挥国家菌草工程技术研究中心的优势，以菌草技术为抓手，培训了五大洲 101 个国家的专业技术人员，彰显了来华留学学历教育与援外培训两翼齐飞的良好发展势头，在国内外形成了一定的影响力和知名度。2019 年、2021 年，学校顺利通过首批中国政府奖学金年度评审抽查及中国政府奖学金绩效试评价，学校来华留学教育的内涵建设和质量发展受到广泛认可。

福建农林大学来华留学教育始终坚持思想引导与学业强化办学理念，厚植中国文化，传授农林知识，潜心开展跨文化来华留学生群体的管理服务，先后培养了 500 余名具有国际视野、中国情怀的知华、友华高素质农林人才，并就职于卢旺达农业部、南非环境部、赞比亚中小企业发展部、越南林业研究院、泰国玛希隆大学、莱索托国立大学等政府部门、科研院所、高校。同时，学校还不断创新来华留学中国国情教育体系，引导留学生讲好中国故事，传播好中国声音，向来华留学生展示真实、立体、全面的中国。多年来，学校立足"一带一路"留学生"福"文化研习社这一平台，持续举办各类"福"文化活动，让来华留学生在中外文化的交流和融合中感知、认同、传播中国文化；开展"感知中国"社会实践"福"文化考察活动，积极帮助来华留学生亲身感受中国博大精深的优秀传统文化和中国特色社会主义现代化建设成就，促进来华留学生对中国发展和中国道路的自觉认同。此外，学校不断优化来华留学教育教学体系，开展教育改革，创新培养模式，提升来华留学人才培养质量，秉承"中外融合""趋同管理"的育人理念，通过开展专业导学、朋辈辅导、语言强基等方式提升来华留学生的学习能力和学习效果。

---

① 2023 年，福建农林大学国际学院更名为福建农林大学戴尔豪西大学联合学院（国际学院）。

表 4 - 1　福建农林大学 2002—2023 年来华留学生人数

单位：人

年份	总人数	本科生人数	硕士生人数	博士生人数	进修生人数
2002	6	0	0	0	6
2003	1	0	0	0	1
2004	0	0	0	0	0
2005	2	0	0	0	2
2006	3	0	0	1	2
2007	2	0	0	0	2
2008	1	0	0	0	1
2009	3	1	1	0	1
2010	5	1	0	0	4
2011	3	0	0	0	3
2012	14	1	6	7	0
2013	22	4	8	10	0
2014	58	0	20	38	0
2015	78	2	33	36	7
2016	50	0	23	24	3
2017	53	2	15	33	3
2018	59	2	25	32	0
2019	51	4	18	27	2
2020	40	0	15	25	0
2021	10	1	3	6	0
2022	28	0	10	18	0
2023	31	0	17	14	0
合计	520	18	194	271	37

　　福建农林大学在来华留学教育立德树人实践的探索，始终坚持以立德树人为根本任务，以全球化为背景，以教育国际化为方向，通过不断优化教育体系、创新培养模式、强化文化交流等方式，努力培养具备国际视野、中国情怀的高素质来华留学生人才。这种实践探索，不仅为我国来华留学教育的发展提供了有益的借鉴和参考，也为全球化背景下的教育国际交流与合作提供了新的

思路和方向。

一、来华留学教育立德树人的培养目标

所谓立德，就是要培养来华留学生具备高尚的道德品质，通过教育引导，使其形成正确的世界观、人生观和价值观；树人，则是指全面促进来华留学生的个人发展，通过系统教育和实践锻炼，将其培育成为具备国际竞争力的复合型人才。为达成这一总体目标，来华留学教育立德树人应将德智体美劳作为培养目标。

（一）德育目标

1. 培养良好的道德品质与社会责任感

良好的道德品质是来华留学生个人成长与发展的基石。良好的道德品质有助于来华留学生树立正确的世界观、人生观和价值观，指导他们在学习和生活中面对各种挑战和诱惑时保持清醒的头脑和坚定的立场。同时，良好道德品质的培养也是来华留学生融入中国社会，与中国人建立良好关系的重要前提，是遵守中国法律法规与学校规章制度的重要保障。社会责任感的培养有助于来华留学生更好地理解和尊重中国文化与中国社会的价值观，积极参与社会公益活动，为中国社会乃至世界发展贡献力量。

随着中国国际地位的日益提升，越来越多的外国学生选择来中国学习，他们的行为与态度直接影响到国际社会对中国的评价与认知。因此，培养来华留学生良好的道德品质与社会责任感有助于提升中国的国际形象，有利于展示中国教育的优秀成果和中国的文明形象，增强国际社会对中国教育乃至中国的认可与尊重。此外，来华留学生良好的道德品质与社会责任感有助于促进不同国家间的文化交流与合作，共同应对全球性挑战，是构建人类命运共同体的需要。

2. 培养"知华、友华、爱华"的情怀

来华留学生作为中外交流的桥梁与纽带，他们"知华、友华、爱华"的情怀对于增进中外友好关系、推动国际交流与合作具有重要作用。"知华"要求来华留学生对中国有深入的了解和认识，包括对中国的历史、文化、社会制度、经济发展等各个方面的认识与理解。通过学习和体验，全面客观地了解中国，消除可能的误解和偏见。来华留学生对中国的认知和情感倾向将直接影响中外文化交流的深度和广度。"友华"强调来华留学生与中国建立友好关系。这种友好关系不仅体现在个人层面上，也体现在来华留学生作为自己国家代表

与中国的友好交往上，需要来华留学生尊重中国文化、传统和价值观，与中国人民友好相处，共同推动双边关系的发展。"爱华"则是对中国怀有深厚的喜爱与感情。这种喜爱可以是对中国文化的欣赏，对中国社会的认可，或是对中国人民的友善，指从心中产生的对中国的热爱与归属感。

培养来华留学生"知华、友华、爱华"的情怀是增进中外文化交流与理解的关键，有助于提升中国的国际形象和软实力，通过培养来华留学生"知华、友华、爱华"的情怀，可以使他们成为传播中国正面形象、讲好中国故事的积极力量，从而增强中国在国际舞台上的影响力与号召力。

3. 培养讲好中国故事和传播好中国声音的能力

党的二十大报告指出，要"加快构建中国话语和中国叙事体系，讲好中国故事、传播好中国声音，展现可信、可爱、可敬的中国形象"。讲好中国故事、讲好中国式现代化的故事、围绕中国式现代化进行话语阐释和叙事传播，既是全社会坚定道路自信、理论自信、制度自信、文化自信的重要途径，也是扩大中国文化影响力、促进人类文明交流互鉴的现实要求，更是打破西方话语霸权、推动形成客观公正积极健康的全球舆论生态的必然选择。把讲好中国故事和传播好中国声音作为来华留学教育立德树人的培养目标，符合时代的发展需求。

从来华留学生自身来看，他们具有宣传中国文化的主体性特征，同时也是国际理解教育的重要主体，是促进世界各国人民相知、相亲的重要媒介。通过培养讲好中国故事和传播好中国声音的来华留学生，可以让更多外国人了解中国的发展变化、文化传统与价值观念，帮助国际社会更全面、客观地认识中国，向世界传递中国的正能量，展示中国开放、包容、进步的形象，为构建人类命运共同体贡献中国智慧和中国力量。来华留学生作为亲历者和见证者，他们的讲述往往更具有说服力和感染力。此外，讲好中国故事也是培养来华留学生良好人文素养的有效方式，通过讲述中国故事，来华留学生能够受到启发和感染，进而促进"知华、友华、爱华"情怀的培养。

4. 引导树立正确的世界观、人生观和价值观

正确的世界观、人生观和价值观能直接影响来华留学生对中国的认知与评价，从而影响未来的国际合作与交流。树立正确的世界观、人生观和价值观有助于来华留学生明确自己的人生目标和发展方向，树立正确的人生价值取向，建立积极的学术态度，培养独立思考能力、批判性思维、科学精神和自我发展能力；有助于来华留学生积极面对在中国生活、学习中遇到的语言和文化等多方面的挑战，实现自我的成长与进步，建立健康的人际关系，更好地融入中国

社会，理解并尊重中国人民的传统文化和核心价值观；有助于来华留学生以客观、全面的视角看待中国，成为中外友好交流以及推动全球和平与发展的重要力量。反之，来华留学生的观念若出现偏差，可能会产生误解和偏见，甚至可能在国际上传播错误的信息，影响中国的国际形象。

因此，把培养来华留学生形成正确的世界观、人生观和价值观作为来华留学教育立德树人的目标，对促进中外友好交流、推动来华留学生个人成长和发展、提升中国国际影响力和软实力等方面都具有重要意义。

（二）智育目标

明确的智育目标是评估学生学习成果和教育质量的重要标准，为立德树人实践提供了指导和方向，有助于提升留学生的智力素质和学习能力，同时能够帮助教育者更加精准地制定教学计划和教学内容，增强教育的针对性和有效性，确保教育能够真正发挥作用，从而培养出符合时代需求的来华留学人才，为中国和世界的发展提供更多有能力、有品质的来华留学人才支持。

1. 提升来华留学生专业知识水平与技能水平

教育的本质在于知识的传授和技能的培养。来华留学生作为中国高等教育的对象之一，其来华留学的首要目标就是获取专业知识并掌握专业技能。专业知识水平与技能水平的提升是来华留学生良好学术能力和学术素养的重要体现。这包括熟练掌握学科的基础知识和理论，具备批判性思维和分析问题的能力，以及进行学术研究和论文撰写等方面的能力。

提升来华留学生的专业知识水平与技能水平，是满足他们学习需求、实现教育目标的基础，有助于来华留学生深入学习学科知识，扩大知识面，从而提升在相关领域的竞争力，帮助留学生更好地适应中国的职业发展需求，增加就业机会，也有助于培养出更多具有全球竞争力的优秀人才，提升中国高等教育的国际影响力。要通过提供高质量的教育资源和教学环境，吸引更多优秀的外国学生来华学习，为中国高等教育注入新的活力，展示中国高等教育的实力与水平，增强国际社会对中国的认可与尊重。

专业知识水平与技能水平不仅要求理论上的学习，更要增强实践能力与创新能力。通过实践和创新，让来华留学生能够将所学知识应用到实际工作中，培养解决问题的能力及创新意识。

2. 提高来华留学生中文水平和跨文化交流能力

中文是来华留学生融入中国社会和文化的关键。语言是文化的载体，中文承载着深厚的中国文化底蕴。掌握中文不仅能帮助来华留学生更好地了解中国的历史、文化、价值观和思维方式，更能便捷地与中国人交流，建立广泛的人际关系，从而增强他们在中国的归属感和适应能力。这对于培养具有国际视野、跨文化交流能力的优秀人才具有重要意义。跨文化交流能力是全球化时代人才必备的素质之一，提高来华留学生的跨文化交流能力，有助于他们更好地适应多元文化环境，与不同文化背景的人进行有效沟通和合作，避免出现文化冲突和误解。这种能力对于他们在国际舞台上发挥作用、参与国际事务具有关键作用。

教育部于 2018 年印发的《来华留学生高等教育质量规范（试行）》中规定"来华留学生的专业培养方案应当包含汉语能力水平要求和中国概况类课程的必修要求"，除此之外还规定"高等学校应当安排充足、适用的汉语课程和中国概况类课程，满足来华留学生修课需求"。提高来华留学生的中文水平不仅是国家对来华留学生培养质量提出的要求，更是来华留学教育立德树人的重要任务与目标。

（三）体育目标

体育是来华留学教育立德树人的重要组成部分。良好的身体素质是来华留学生面对学习和生活挑战的基础。来华留学生体育旨在通过体育锻炼和训练，增强体能、协调性等身体素质，以健康的体魄和充沛的精力去适应新的学习和生活环境。体育不仅要注重身体锻炼，更要注重精神层面的培养。通过体育活动，培养来华留学生坚韧不拔、团结协作、勇敢拼搏、公平竞争等优秀体育精神以及尊重他人、遵守规则等道德品质。这些精神和品质对于来华留学生道德品质的培养具有重要意义。体育也应关注学生的个性和特长，根据来华留学生的特点、兴趣和特长，设计多样化的体育项目和活动，让来华留学生在参与中发挥自己的优势，培养他们的创新能力与实践能力，促进身心健康和全面发展。此外，体育应与文化教育等领域相结合，共同推动立德树人的实现，共同构建德智体美劳全面培养的来华留学教育体系。

因此，来华留学教育立德树人的体育目标应当从健康体质的培育、运动技能与习惯的培养、团队协作与竞争意识的塑造、体育精神与道德品质的教导等方面入手，全面提升来华留学生的身心素质和社会适应能力。

（四）美育目标

来华留学教育立德树人的美育教育是个综合性的体系，包括审美鉴赏能力、文化理解能力、创新思维能力等多个方面。培养审美鉴赏能力是对来华留学生进行美育的核心目标之一。提高对中国文化的审美鉴赏能力，能让来华留学生更好地领略中国文化的艺术美感和精神内涵，如中国的书法、绘画、音乐、舞蹈等艺术形式。这不仅可以丰富来华留学生的精神生活，还能激发他们对中国文化的兴趣与热爱。通过跨文化的美育活动，还能增强来华留学生对于多元文化的理解和尊重。同时，中国文化的丰富多样性和独特性为来华留学生提供了广阔的想象空间和创新空间。通过对中国文化的欣赏和理解，来华留学生可以从中汲取灵感，发挥创造力，提升创新思维能力，为中外文化交流注入新的活力。提高审美鉴赏能力还有助于培养来华留学生的情感表达能力、审美判断能力等多种能力，对来华留学生未来的个人成长与发展具有重要作用。

（五）劳育目标

面向来华留学生的劳动教育是一项具有重要意义的教育内容。除了学习专业知识与技能，接受一定程度的劳动教育，有助于增强来华留学生的劳动意识、动手能力和团队协作精神，感受劳动的价值与乐趣。然而，在设计劳动教育方案时应充分考虑到来华留学生群体的特殊性，确保教育方案既符合中国的教育理念和文化传统，又能满足来华留学生的实际需求和发展目标。此外，来华留学生的专业背景各不相同，劳动教育设计可结合来华留学生的专业需求进行，根据不同专业来华留学生对于劳动教育的需求和兴趣，开设具有针对性的劳动教育课程或社会实践活动，既能提升来华留学生的劳动实践能力，又能增强他们对所学专业的理解能力和应用能力。在劳动教育中，融入一些具有中国文化特色的元素，如传统手工艺、农耕文化等，让来华留学生在实践中感受到中国文化的魅力。此外，劳动教育讲求集体性，需要来华留学生之间相互协作配合，共同完成任务，这不仅能培养来华留学生的相互协作能力，也能让学生在劳动实践中学会沟通和交流，发挥创造力，培养社会责任感和领导能力等。

在来华留学教育立德树人工作中，德智体美劳五育之间相互联系、相互促进，共同构成了来华留学教育立德树人的培养目标。五者各有侧重，但都是促进来华留学生全面发展不可或缺的重要组成部分。只有将五者紧密结合起来，才能更好地培养出德才兼备、具备创新精神和实践能力的优秀来华留学人才，实现来华留学生的全面发展。

二、来华留学教育立德树人的教育内容体系构建

当前，来华留学教育已成为我国高等教育国际化的重要组成部分。在构建

来华留学教育立德树人教育内容体系时，应始终坚持以立德树人为根本任务，将德智体美劳五育作为核心培养目标，同时也要充分关注来华留学生群体的特殊性以及来华留学教育过程的特征与矛盾，为来华留学教育立德树人实践提供完善的内容体系。

教育部《来华留学生高等教育质量规范（试行）》中明确提出："来华留学生应当熟悉中国历史、地理、社会、经济等中国国情和文化基本知识，了解中国政治制度和外交政策，理解中国社会主流价值观和公共道德观念，形成良好的法治观念和道德意识。……以中文为专业教学语言的学科、专业中，来华留学生应当能够顺利使用中文完成本学科、专业的学习和研究任务并具备使用中文从事本专业相关工作的能力；毕业时中文能力应当达到《国际汉语能力标准》五级水平。以外语为专业教学语言的学科、专业中，来华留学生应当能够顺利使用相应外语完成本学科、专业的学习和研究任务，并具备使用相应外语从事本专业相关工作的能力；毕业时，本科生的中文能力应当至少达到《国际汉语能力标准》四级水平，硕士研究生、博士研究生的中文能力应当至少达到《国际汉语能力标准》三级水平。"[22] 教育部《学校招收和培养国际学生管理办法》中也明确要求："高等学校应当对国际学生开展中国法律法规、校纪校规、国情校情、中华优秀传统文化和风俗习惯等方面内容的教育，帮助其尽快熟悉和适应学习、生活环境。"[23]

这些要求体现在立德树人的教育内容中，主要包括中国国情教育、中文和中国文化教育、跨文化交流能力和全球胜任力培养、中国法律法规教育等方面。

（一）通过国情教育增进来华留学生对中国的认知与理解

国情通常指的是一个国家的社会性质、政治、经济、历史、地理、民族、文化等方面的基本情况和特点。国情教育是指通过教学手段让学生了解国家的政治、经济、文化、生态环境等方面基本知识的教育过程。国情教育是来华留学生了解中国最直接、最权威、最高效的途径[9]。

国情教育在增进来华留学生对中国的认知与理解方面发挥着不可替代的作用。一方面，国情教育可以填补来华留学生对中国的认知空白和不足，能增强来华留学生的适应性，避免出现"文化休克"现象。另一方面，国情教育可以潜移默化地引导来华留学生进一步认同中国，让来华留学生正确解读中国，在情感上增强社会责任感，增进中外交流与友谊。

第一，制订全面而系统的国情教育计划。这套体系应该涵盖中国的历史、文化、社会制度、经济发展、国家制度、政治体系、外交政策等。课程内容既要体现中国的历史传承和文化底蕴，也要反映现代中国社会的变革和发展成就。同时，也要根据来华留学生的不同背景与需求，制定个性化的国情教育计划，设计有针对性的课程和实践活动。

第二，注重国情教育的实践性和体验性。国情教育不仅传授知识，更要培养来华留学生对中国的认识和感情。因此，在教育过程中，应该注重实践性和体验性，让来华留学生参与到国情教育的实践中来，亲身体验和感受中国的发展变化。例如，可以组织学生参观历史博物馆、现代企业、科研机构等，让他们亲身感受中国的历史底蕴和现代发展成果，促进来华留学生与中国社会的互动与交流。

第三，强化国情教育的师资培养。优秀的师资是国情教育的关键。因此，应该加强对国情教育师资的培养，选拔具有丰富教学经验和深厚专业知识的教师，为来华留学生提供高质量的国情教育。还可以通过定期组织专业培训、开展教学研讨、建立教学资源共享平台等方式，提高教师的教育水平和教学能力，不断更新教师的教育理念和方法，为国情教育的顺利开展提供有力保障。

第四，创新国情教育的方式方法。现代科技手段为国情教育提供了更多的可能性。国情教育应该利用在线课堂、虚拟现实等技术，不断创新方式方法，以适应时代的需求和来华留学生的特点，为来华留学生提供更加丰富、生动的学习资源。通过网络教育、多媒体教学、互动式教学等方式，让学生更加主动、积极地参与到国情教育中来，提高国情教育的质量。通过新技术的融入，打破时间和空间的限制，让来华留学生随时随地都能进行学习和交流。同时，还可以建立国情教育网络平台，为来华留学生提供在线学习和交流的空间。通过平台，来华留学生可以获取最新国情资讯，参与在线讨论，分享学习心得等，这在一定程度上能提升来华留学生的学习体验。

第五，加强来华留学生与中国社会的互动和交流。国情教育的最终目的是让来华留学生更好地融入中国社会。因此，积极组织来华留学生参加社会实践、志愿者服务等活动，能够让他们深入了解中国社会与中国文化，与中国社会建立更紧密的联系，增强他们的归属感和认同感。此外，应鼓励来华留学生与中国学生建立友谊，促进不同文化背景下的交流与合作，提升各自的跨文化交流能力。

总之，面向来华留学生开展国情教育是一项复杂而重要的任务。通过制定全面而系统的国情教育计划、注重国情教育的实践性和体验性、强化国情教育的师资培养、创新国情教育的方式方法、加强来华留学生与中国社会的互动和交流等方面入手，全面推进国情教育，为来华留学生提供一个全面、深入的国情教育环境，帮助来华留学生更好地了解中国、融入中国、爱上中国。

（二）通过中文教学提升来华留学生的语言文化素养

中文作为中国的官方语言，不仅是中华民族的文化瑰宝，也是连接中国与世界的桥梁。中文教学不仅是教授语言知识和技能的过程，更是传递文化信息和价值观的过程。通过学习中文，来华留学生能够接触到中国丰富的历史文化、社会现象、文化传统、社会价值观念等，可以更好地理解中国社会和中国人民的思想行为方式，增进对中国文化的尊重和欣赏。因此，通过中文教学提升来华留学生的语言文化素养在国际交流中至关重要。

第一，加强中文技能训练，提高中文运用能力。在初级中文教学阶段，打好中文基础是关键，要注重语音、词汇、语法等基础知识的训练。通过系统的训练，帮助来华留学生掌握正确的发音、丰富的词汇和准确的语法结构，为后续中高级阶段的中文学习打下坚实基础。同时，强化听、说、读、写技能均衡发展，组织来华留学生参加中文角等活动，让他们在实际情境中运用中文，增强中文运用的灵活性与准确性。鼓励来华留学生与中国学生交流，通过真实的语言交流环境，提高来华留学生的中文水平和中文运用能力。

第二，优化课程设置，注重文化内容融入。在中文教学课程设置中，除了基础的语音、词汇和语法教学，还应该注意文化内容的融入，将中文教学和中国文化内容相结合。通过中文课程中的中国文化元素，使来华留学生在潜移默化中了解中国文化的内涵与精髓，进而培养其用中文理解中国文化、叙述中国故事以及传播中国声音的能力。在教材和教学内容的甄选上，应优先考虑富含文化内涵的课文和话题。同时，通过利用多媒体资源，如视频、音频、图片等，展示中国文化的丰富元素与场景。在中文课堂中，通过组织多样化的文化体验活动，让来华留学生有机会亲身参与并感受中国文化。此外，还可以推荐来华留学生阅读与中国文化相关的中文书籍与文章，以拓宽其文化视野，增进其对中国文化的认知与了解。

（三）通过中国文化课程与活动提升来华留学生讲好中国故事的能力

讲好中国故事是来华留学教育立德树人实践的德育目标之一，也是来华留学生传播中国文化、促进中外文化交流的重要使命。通过中国文化课程与活动提升来华留学生讲好中国故事的能力，是一项意义深远又富有挑战性的工作，深入理解和把握中国文化的精髓是讲好中国故事的基础。来华留学生的中国文化传播能力也直接关系到外界对中国的认知和印象。因此，他们需要全面且深入地了解中国文化，包括历史、哲学、文学、地理、传统习俗、艺术等各个领域。

为实现这一目标，高校应设置丰富的中国文化课程，如中国历史文化、中国哲学思想、中国传统习俗等，确保来华留学生通过系统的学习，掌握中国文化的核心要素，深入了解中国文化的精髓。这些课程不仅有助于来华留学生更深入地了解中华民族的传统美德和价值观，塑造正确的道德观念，形成积极向上的人格品质，也能使他们更好地向世界展示中国的历史底蕴、文化魅力和社会发展成就，从而增强中国的国际影响力和文化软实力。除了课堂学习，课外实践也是提升来华留学生讲好中国故事能力的关键。通过亲身参与和体验，来华留学生才能更深入地理解中国的社会习俗、风土人情，从而讲好中国故事。高校可以通过组织各类文化活动，如庆祝中国传统节日、观看民间艺术表演等，让来华留学生在亲身参与中感知中国文化的独特魅力。

（四）通过跨文化交流能力培养来提升来华留学生的全球胜任力

全球胜任力指个人在全球化背景下所具备的一系列能力和素质，这些能力和素质有助于个人有效地参与并解决全球性问题，其中包括跨文化交流能力、语言能力以及全球思维能力等关键要素。

跨文化交流能力在全球胜任力中占据重要地位，是理解和适应不同文化环境的基础。对于来华留学生而言，一方面，这种能力不仅有助于他们更好地理解和接纳中国文化，避免文化冲突，还能促进他们快速融入新的学习和生活环境，这种适应力和包容心态是全球胜任力的重要组成部分，对来华留学生个人成长和自我提升具有深远影响。另一方面，跨文化交流能力也有助于提升来华留学生的问题解决能力和创新能力。在跨文化交流过程中，来华留学生会遇到各种复杂的情境和问题，需要运用不同的思维方式去解决，而跨文化交流能力对于培养来华留学生的创新思维和创造力具有积极作用。通过与不同文化背景的人进行交流，他们能够接触到更多的观点和想法，拓宽自身的视野并丰富思维方式，从而进一步增强个人的全球胜任力。同时，跨文化交流能力的培养也是来华留学生个人成长和自我提升的重要途径。在跨文化交流过程中的反思和调整，有助于来华留学生提升自我认知。

因此，学校可以通过多种途径来培养来华留学生的跨文化交流能力，从而提升他们的全球胜任力。例如，提供专门的跨文化培训课程，涵盖文化认知差异、跨文化沟通技巧、文化适应策略等内容，帮助来华留学生了解不同文化背景下的行为和思维方式，增强跨文化意识和敏感性；组织各种形式的跨文化交流活动，如国际文化节、文化沙龙等，为来华留学生提供与来自不同文化背景的人进行交流的机会，也可以为来华留学生提供跨文化咨询服务，帮助他们解决在跨文化交流过程中遇到的困惑和问题。这些措施都能让来华留学生更好地适应全球化环境，为未来发展打下良好基础。

（五）通过法律法规教育提升来华留学生的法律意识、规范个人行为

法律法规教育在高校来华留学生立德树人教育中不可或缺，法律法规教育是培养合格公民的基本要求。无论是中国公民还是来华留学生，都需要了解和遵守中国的法律法规。通过法律法规教育，让来华留学生深入了解中国的法律体系、法律原则等，从而增强其法律意识和法治观念。这有助于留学生在华期间遵守中国法律法规，规范个人行为，避免违法犯罪行为的发生。具备法律意识的来华留学生也能更好地维护自身合法权益，并能更好地理解和尊重他人权利。这有助于促进来华留学生与中国社会的和谐相处，提升其在国际交流中的竞争力和适应能力。法律法规教育可以提升来华留学生的法律意识、规范个人行为，也是高校履行社会责任的重要体现。高校作为培养国际人才的重要基地，应当承担起培养具备全球视野和法治精神的国际人才的责任。通过法律法规教育，高校可以为来华留学生提供一个安全、稳定、和谐的学习和生活环境，为推动国际交流与合作做出积极贡献。此外，强调规范个人行为是立德树人的重要体现。高校立德树人的目标不仅是培养具有专业能力的人才，还包括培养具有良好行为习惯的人才。通过法律法规教育，可以帮助来华留学生明确个人行为的规范和标准，引导他们自觉遵守社会公德、职业道德和个人品德，树立良好的社会形象和个人形象。

高校可以通过开设专门针对来华留学生的法律法规讲座或课程，利用在线教育资源，为来华留学生了解中国法律法规提供学习机会，将法律教育融入日常教学和管理工作当中，强调遵守法律法规的重要性，通过日常管理和活动，如校园规章制度的制定和执行、安全教育的开展等，让来华留学生在实际生活中感受到法律法规的存在和约束力。这些有效方式能够为来华留学生在华期间的学习和生活提供有力的保障。

三、来华留学教育立德树人的实现路径

来华留学教育立德树人的实现路径，是一个涵盖教育理念、教学内容、师资队伍和管理制度等多方面的综合体系，需坚持以德育为核心，以能力培养为重点，以全面发展为目标，构建与来华留学生特点和需求相匹配的立德树人教育体系，为来华留学生的成长成才提供全面支持，帮助他们实现个人价值和社会价值的统一。具体来说，可以通过以下 4 个主要路径实现这一目标。

（一）聚焦政策导向，落实课程思政理念

来华留学教育是中国高等教育的重要组成部分，是中国教育对外开放形象的展示窗口，必须紧密跟随国家教育政策的步伐，时刻围绕国家教育发展的总体目标，通过一系列教育政策和措施，推动来华留学教育立德树人的内涵式发展，提升我国教育的国际影响力和竞争力；积极响应国家教育对外开放的战略要求，加强与国外教育机构的合作交流，引进优质教育教学资源，提升来华留学教育的质量和水平；关注国家对于来华留学生管理的相关政策，做好来华留学生的管理与服务，确保留学生在华期间的安全，为来华留学生提供适宜的学习和生活环境等。

课程思政是立德树人的重要途径，对于来华留学教育而言，落实课程思政理念具有重要意义。课程思政是将各类课程所蕴含的思想政治教育元素和所承载的思想政治教育功能融入课堂教学环节，以实现价值引领、知识教育、能力培养的育人行为。做好来华留学教育领域的课程思政，讲好中国故事，传播好中国声音，实现知识教育与价值引导的双重目标和指数效益，是培养人类命运共同体的建设者、文明交流互鉴的推动者及具有全球竞争力的高素质、国际化人才的重要途径，也是提升中国在世界话语体系地位的重要举措[6]。来华留学教育立德树人工作，应该将思想教育融入全过程，开设具有中国特色的课程，从中引导来华留学生了解中国的历史文化、社会制度和发展成就。同时，要注重发挥专业课程在思想政治教育中的关键作用，将思想政治教育元素有机融入专业课程教学当中，使来华留学生在学习专业知识的同时，也能受到思想政治教育的熏陶和影响。

（二）融入地方特色，完善立德树人教育体系

地方特色不仅代表着丰富的文化资源和历史传承，也承载着地方社会的独特价值观念和人文精神，能够为来华留学教育提供丰富多样的教学内容，进一

步促进立德树人这一根本任务的完成。将地方特色元素融入来华留学教育，可以进一步增强立德树人的针对性和实效性，培养出既具有国际视野又具备地方本土情怀的高素质来华留学生，是完善来华留学立德树人教育体系的重要途径。

来华留学教育应充分挖掘和利用地方特色资源，包括独特的历史文化、风土人情等，将其融入教学内容和教学过程，丰富立德树人内涵，使来华留学生能够在了解中国文化的基础上，认识地方特色，了解中国的多样性和丰富性。地方特色经济与产业的发展也是来华留学教育立德树人实践可以依托的重要领域。通过将地方特色产业与来华留学教育立德树人相结合，能为来华留学生提供实践就业平台和更多创新创业机会，使他们能够更好地了解现代中国的经济发展和社会进步。同时，高校应加强与地方政府和企业的合作，共同打造立德树人实践平台。充分利用地方资源，与地方政府、企业合作开展实践教学、实践活动等，为来华留学生提供更多了解地方社会、经济、文化的机会。通过参与实际项目，解决实际问题，深入了解地方发展特色与发展需求，从而提升来华留学生的实践能力与社会责任感。

（三）结合学校特色优势，构建"三全育人"体系

学校特色优势是其在长期办学过程中形成的独特优势和核心竞争力，包括具有特色的优势学科、优秀的师资力量、独特的教学模式、突出的科研实力等。这些特色优势不仅是学校发展的基础，也是来华留学教育立德树人实践过程中构建"三全育人"体系的重要资源。

第一，全员应结合学校特色优势发挥立德树人作用。来华留学生教学和管理人员等应明确自身在育人过程中的角色和责任，将学校特色优势融入立德树人过程，创新育人模式，提高育人效果。第二，将学校的特色优势融入育人全过程。学校可以利用其特色优势学科和优质资源，为来华留学生提供更多的学术、科研机会和实践平台等，让学生在参与过程中，培养创新思维和实践能力。第三，基于学校特色优势与资源，促进全方位育人的实现。全方位育人强调在知识、思想、品德、技能、体质、心理等方面的全面发展。学校可以利用其特色学科优势和资源优势，为来华留学生设计更具有针对性的立德树人课程和计划，培养来华留学生的综合能力，实现全方位发展。

结合学校特色优势构建"三全育人"体系，既能够充分发挥学校的优势资源，又能够实现育人的全面性和深度。这不仅有助于深入落实立德树人理念，提升来华留学教育质量和水平，也有助于培养出更多具有全面素质和创新能力

的优秀人才。

（四）提升教师素质，健全管理制度

优秀的教学师资是确保来华留学教育立德树人质量的核心。来华留学生在中国的学习生活中，最直接的接触和交流对象就是教师。教师的学术水平、教学技能以及跨文化交流能力等，都直接关系到来华留学生能否有效地掌握知识、理解中国文化以及实现个人的成长成才。拥有高素质的教学师资队伍意味着能够为来华留学教育提供高水平、专业化的教学，为立德树人实践提供更好的保障，提高整体教学质量。

高素质的来华留学生管理队伍对于保障来华留学教育秩序和稳定至关重要。留学生管理是一项复杂而细致的工作，涉及签证、住宿、健康、生活等多个方面。高素质的来华留学生管理人员需要具备专业的管理知识、敏锐的跨文化洞察力和高效的执行力，能够及时处理各种突发情况，能够为来华留学趋同化管理提供有力支持。

高素质的教学和管理队伍还是提升中国教育国际形象的重要窗口。来华留学生在华期间，通过与教师和管理人员的接触，会形成对中国教育乃至中国社会的直观印象。一个专业、负责、友好的教学和管理团队，无疑会增强来华留学生对中国教育的认同感和好感度，从而提升中国教育的国际影响力。

第五节　来华留学教育立德树人案例——福建农林大学"一带一路"留学生"福"文化研习社

一、"福习社"概况

福建农林大学"一带一路"留学生"福"文化研习社（以下简称"福习社"）作为福建省高校首家以来华留学生为参与主体的特色社团和文化阵地，深入贯彻落实党的二十大精神及福建省委、省政府关于"福"文化资源转化利用的决策部署，围绕"讲好中国故事，传播好中国声音，展现可信、可爱、可敬的中国形象"这一中心任务，以"融通中外·和合致远"为宗旨，不断培养更多知华、友华的来华留学生。近年来，"福习社"深入结合地域文化特色，以"关注福文化、参与福文化、乐享福文化、发展福文化"及讲好"中国故事"和"福建故事"为主题先后开展各类思想文化教育活动共计

100 余场（次），参与活动的来华留学生近 1 000 人次。通过丰富多彩的主题文化活动，向来华留学生展示真实、全面、立体的中华文明和地域文化的精髓，引导他们读懂中国，读懂中国共产党，并能在回国之后能讲述、推广、传播中国文化、福建文化，特别是学习生活所在地——福建省内的"福"文化。

（一）突出"三贴近"，增进来华留学生对"可信中国"的了解

一是贴近时政热点。"福习社"组织来华留学生开展了学习习近平总书记给相关高校来华留学生回信精神、给"国际青年领袖对话"项目外籍青年代表的回信精神、国家主席习近平向菌草援外 20 周年暨助力可持续发展国际合作论坛所致贺信，引导在校来华留学生不断加强学习、积极提高自我。通过"我眼中的二十大"等教育活动，帮助来华留学生全面了解中国的发展成就。

二是贴近地域精神。"福习社"聘任国学、传统技艺类等领域的校内指导教师加强对来华留学生"福"文化的阐释和引导，中外师生共同交流研习"八闽"文化。开展"走进省内民营经济发达县域"系列活动，帮助来华留学生实地了解知名企业发展历程，深刻感受闽商敢拼会赢的福建精神。

三是贴近大学的"第五项功能"。中外学生联合组队参加"互联网＋"大学生创新创业大赛、"邮政速递杯"大学生跨境电商技能大赛等创新创业类比赛，并取得了较好的成绩。组织相关专业的成员参与开设《造福人类的幸福草》《福建文旅》等具有学校特色的国际课程，推动学校的"福"草、"福"茶走向世界，推动中国方案、中国智慧惠及全球。

（二）坚持"三融入"，加深来华留学生对"可爱中国"的认知

一是融入学校文化。"福习社"的高年级来华留学生为新生讲解留学生入学指南、常用中国法律法规汇编，涵盖校史校情、法律法规、学校规定、学业指导、日常生活和公寓服务等，帮助新生做好跨文化适应前期准备。"福习社"还以校园品牌文化活动为载体，以点带面打造品牌效应，先后组建了茶艺队、太极队、舞龙队等"福"文化兴趣小组，并依托校园国际文化节、"雅言经典"诗词吟诵大赛、"汉语桥"、"世界青年说"等活动营造中外人文交流的良好氛围。

二是融入在地文化。"福习社"组织成员走出校园，深入城乡社区感受城市文脉。"八闽行"活动引领成员走进武夷山、永定土楼、三坊七巷等地，领略隽永山水和魅力老宅。通过参观福州规划馆、市区商业综合体等，感受所处

城市的现代之美。中外学子还携手参加社区"拗九节"敬老志愿服务、南安市向阳乡暑期支教社会实践等活动，让社团中的来华留学生在实践中了解发展中的中国。

三是融入中国文化。"福习社"定期开展以中文学习和中国传统文化为主题的"中文角"活动，内容涵盖剪纸、书法、茶艺、汉服、吟诵等中国传统文化；结合中国传统佳节及重要时令，由中外学生联合开展写春联、制花灯、放风筝、包粽子、品月饼、搓元宵等活动，观看越剧、闽剧等传统戏曲表演，促进来华留学生与中国文化的良性互动，让"福"文化变得更有温度。

（三）用好"两亲历"，增强来华留学生对"可敬中国"的认同

一是用好自身所亲历的抗疫经历，讲述真实中国。新冠疫情期间，"福习社"成员积极参与防控知识宣传、物资发放等校园防控工作，还通过个人境外社交媒体来分享在中国所亲历的抗疫故事，对抹黑中国的言论进行澄清。多哥籍留学生倪妮的《齐心抗疫共克时艰》入选国家留学基金管理委员会《感知中国·我们的抗疫故事》这一征文集。越南籍留学生团伯遂的《钟南山颂》获福建省第二届"诵读中国"经典诵读大赛一等奖并入围国赛。南非籍留学生尼克、刚果（金）籍留学生阿赛尔等人拍摄的抗疫短视频《都挺好》获第四届福建省高校国际及港澳台侨师生文化艺术展演（短视频类）二等奖。他们用主人公视角和实际行动向世界讲述和传播众志成城抗击疫情的真实中国。

二是用亲历的脱贫故事，讲述中国担当。"福习社"每年都会组队开展田野调查，实地探寻福建省内脱贫攻坚、乡村振兴的鲜活案例。几年来，"福习社"联合福建农林大学安溪茶学院开展了"感知中国——情系安溪茶乡之旅""感知清新福建·探访最美乡村"等活动，去触摸乡村振兴"新画卷"；通过宁德赤溪村之旅，去探索"滴水穿石、弱鸟先飞、久久为功"的脱贫中国样板。2021 年，在读的卢旺达籍留学生欧贝德和艾玛布尔在参与福建省人民政府外事办公室主办的"我的福建故事"电视采访中，讲述了党的二十大代表、国家菌草工程技术研究中心首席科学家林占熺教授团队在他们家乡传播、推广菌草技术而给当地社会经济发展带来改变，从而其远赴重洋来到中国、来到福建、来到福建农林大学学习菌草技术的真实故事。福建农林大学"一带一路"留学生"福"文化研习社参与的活动（2022 年 3 月至 2024 年 3 月）见表 4 - 2。

表 4 - 2 福建农林大学"一带一路"留学生"福"文化研习社参与的活动

（2022 年 3 月至 2024 年 3 月）

时间	地点	主题	活动内容	主办/承办方
2022 年 3 月	福州	"拗九节"志愿服务活动	参加"淮聚一家亲·共叙敬老情"志愿服务活动，为社区老人们送上"拗九节"的暖心祝福	福州市仓山区建新镇淮兴社区
2022 年 4 月	福建农林大学内	"乐享青春，同心战'疫'"中外学子趣味运动会	背夹气球、三人四足踩气球、筷子夹乒乓、一二三木头人、植物园寻宝等活动	福建农林大学戴尔豪西大学联合学院（国际学院）
2022 年 4 月	福建农林大学内	"共绘大美农林，描红文化基石"活动	通过摩崖石刻概况讲解、摩崖石刻文字赏析、摩崖石刻描红体验，了解摩崖石刻的历史背景和文化价值	福建农林大学戴尔豪西大学联合学院（国际学院）
2022 年 5 月	福建农林大学内	"青春心向党，一起向未来"五四青春歌会	中外学生共同演绎合唱节目《We are the world》，呼唤全世界青年团结一心，携手构建人类命运共同体	福建农林大学团委
2022 年 5 月	福州	首届"中非青年共话友好活动"	参观福建建工集团有限责任公司、字节跳动福建分公司（直播生态园）等企业，了解福建省对非基础设施项目合作情况及网络直播行业发展现状与机遇，加深对中非基础设施建设合作及电子商务领域的认识；参加中国（福建）—非洲青年跨境电商大会，了解中非跨境电商交流与合作情况，学习青年创新创业经验	福建省人民政府外事办公室
2022 年 5 月	福州	第三届福建—东盟青年交流合作论坛	印尼留学生应邀在论坛上作了以"中印尼跨境电商直播发展"为主题的演讲，围绕跨境电商在创新创业、直播卖货、移动支付等方面发挥的作用分享了自己的看法和见解	福建省人民对外友好协会、福建省青年联合会

（续）

时间	地点	主题	活动内容	主办/承办方
2022 年 6 月	福建农林大学内	"粽味争香迎端午，情系中外福满至"端午活动	了解端午节的由来、习俗及意义，中外师生一起体验包粽子、制香囊以及投壶等端午节传统习俗，并相互赠送融入了美好祝愿的香囊和彩蛋，共同迎接端午节的到来	福建农林大学戴尔豪西大学联合学院（国际学院）
2022 年 6 月	福州	"感知中国——福州茉莉花茶飘香世界"活动	走进福建春伦集团有限公司，了解福州茉莉花茶文化和茉莉花茶窨制非遗传统工艺，共同探讨"春伦模式"的全球减贫案例	福建农林大学
2022 年 6 月	宁德	"山海福地——宁德"主题的考察活动，体验"福茶"文化	参观茶园，考察福鼎白茶的生产制作，了解福鼎茶农、茶企的发展故事，前往中国扶贫第一村赤溪村，了解赤溪村通过茶产业实现脱贫致富、助推乡村振兴的做法和经验	福建日报社、宁德市委宣传部
2022 年 7 月	福州	"聆听'鼓岭故事'，探寻文化脉络"暑期社会实践	参观鼓岭百年邮局、鼓岭老街、鼓岭历史文化展示馆、万国公益社、大梦书屋等中外文化交流旧址，追寻习近平的福建足迹，重温习近平讲述的"鼓岭故事"，前往柳杉王公园、柱里露营地等地，感受人与自然和谐共生的美丽画面	福建农林大学戴尔豪西大学联合学院（国际学院）
2022 年 10 月	福建农林大学内	"喜迎二十大，放飞新希望，追逐幸福梦"放风筝活动	了解风筝文化与内涵，通过游戏挑选风筝和颜料，中外学生组队设计风筝绘画内容，共同描绘美好未来，齐心协力展翅高飞	福建农林大学戴尔豪西大学联合学院（国际学院）
2022 年 10 月	福州	"享·福器"——喜迎二十大福州非遗精品展	参观软木画展区、非遗生活展区、寿山石雕展区、福州脱胎漆器髹饰技艺展区、传统医药展区、传统民俗展区、传统信俗展区等区域，感受中华传统民俗中的"五福"概念，即"福乐""福匠""福韵""福传""福人"	福建农林大学戴尔豪西大学联合学院（国际学院）

（续）

时间	地点	主题	活动内容	主办/承办方
2022 年 11 月	福建农林大学内	"雕版印刷拓福字"体验活动	了解雕版印刷的发展历史、雕版印刷拓印的方法与步骤，学习制作雕版印刷作品	福建农林大学戴尔豪西大学联合学院（国际学院）
2022 年 12 月	福州	"万里海丝·闽茶飘香"——"闽茶海丝行"活动	越南、俄罗斯、津巴布韦等 5 国留学生受邀表演茶艺，并参观以"寻福·送福·造福·享福"为主题的福建首届福品博览会，从福味飘香、福茶生活、福农优品、福潮国风、福茂名品、福见商旅等展区全方位了解"福"文化	福建省农业农村厅、福建省人民政府外事办公室、福建日报社
2023 年 1 月	福州	首届福建"福"文化嘉年华活动	参观文艺节目汇演、"福"文化快闪馆、灯谜馆、露天观影、美食集市、非遗文创集市、新语心愿、网红打卡等八大功能区，了解福建"福"文化魅力和福州城市美学美景，参观以"福地赋新·时启未来"为主题的"福"文化主题街区，乐享"福"文化	福建农林大学戴尔豪西大学联合学院（国际学院）
2023 年 1 月	福建农林大学内	"五福临门迎新春"主题活动	写春联，剪窗花，拓福字	福建农林大学戴尔豪西大学联合学院（国际学院）
2023 年 1 月	福建农林大学内	"共享全球美食，共庆中国春节"年夜饭活动	品尝各国美食，猜谜，观看各国传统舞蹈表演等	福建农林大学戴尔豪西大学联合学院（国际学院）
2023 年 3 月	马尾	"走进海军摇篮，感受船政魅力"文化体验活动	参观中国第一所舰船设计机构——船政绘事院、制造中国第一台船用蒸汽机的轮机车间、展示铁胁与飞机制造历史的铁胁厂以及将船元素应用到书局装饰上的船政书局，了解船舶建设的基本情况和福建造船业等	福建农林大学戴尔豪西大学联合学院（国际学院）

（续）

时间	地点	主题	活动内容	主办/承办方
2023 年 2 月	连江	"感知福建福游渔村"社会实践活动	参观有着上千年历史的渔村——奇达村，与当地渔民交流，看渔民分拣海带，品尝海鲜面，感受当地文化	福建农林大学戴尔豪西大学联合学院（国际学院）
2023 年 3 月	福建农林大学内	植树造林正当时，生态校园添新绿	福建农林大学领导与中外师生自取植树工具，一起挥锹铲土、提桶浇水，齐心合力，种上福建山樱花树，为美丽校园增添一抹绿色生机	福建农林大学
2023 年 3 月	福州	"青春力量·福州启航"——第十一届中国大学生电视节	参加电视精品创作论坛、"启航"大学生创作扶持、大学生原创作品展映活动、"点赞青春"大学生主题演讲、高校思政创新发展论坛、"精品大师课"、职业教育传播能力建设主题论坛等	中国文学艺术界联合会、中国电视艺术家协会、中国传媒大学主办，中国教育电视台、福建省教育厅、福州市人民政府承办
2023 年 4 月	闽侯	行走美丽乡村，感知乡村振兴	参观廷坪乡塘里村，体验手打糍粑、手工豆浆制作，身穿汉服和畲族服饰，了解传统服饰文化	福建农林大学戴尔豪西大学联合学院（国际学院）
2023 年 4 月	漳州	第二届中非青年共话友好暨中非青年乡村振兴快乐跑活动	参观访问、联欢共建、座谈交流、参加乡村振兴快乐跑等活动，观看歌仔戏，与当地高山族青年一起跳竹竿、抛陀螺、跳拉手舞，实地感受国家级非物质文化遗产——高山族拉手舞及高山族风俗文化的独特魅力	福建省人民对外友好协会、闽南师范大学主办，漳州市人民对外友好协会、华安县人民政府承办
2023 年 6 月	福州	来华留学生进社区参加包粽子活动	参加"金辉幸福家·浓浓端午情"端午节活动，与社区居民一起包粽子、庆端午	福建农林大学戴尔豪西大学联合学院（国际学院）

（续）

时间	地点	主题	活动内容	主办/承办方
2023 年 8 月	福州	"老外在福州"参观活动	了解福州作为习近平新时代中国特色社会主义思想的重要孕育地、先行实践地的发展态势，让来华留学生进一步了解"3820"战略工程成就和"鼓岭故事"	福州市人民政府外事办公室
2023 年 8 月	福州	2023 年中国（福建）—东盟青年论坛	东盟青年代表围绕"展现青年担当，共建文明丝路"主题展开交流，参加文创体验课程	中国—东盟中心、福建省青年联合会、福建省人民政府外事办公室、福州市长乐区人民政府、福州外语外贸学院
2023 年 10 月	福州	2023 中国海洋装备博览会	感知中国，了解福建，观摩中国海洋装备博览会，了解 10 年来中国在海洋装备制造领域的最新成果	福建农林大学戴尔豪西大学联合学院（国际学院）
2023 年 11 月	福建农林大学内	"妙手扎锦绣，靛蓝染秋冬"扎染体验活动	了解扎染的悠久历史、深厚的文化价值、具体操作步骤，制作所需材料，学习制作方法，动手制作扎染工艺品	福建农林大学戴尔豪西大学联合学院（国际学院）
2023 年 12 月	福清	参访中印尼"两国双园"园区等地	参访中印尼"两国双园"规划展示馆、福清侨乡博物馆林绍良陈列馆、福清市兆华水产食品有限公司等地，详细了解中印尼两国互设产业园区、联动发展的新型产能模式以及园区经济发展、投资环境和企业运行等情况，实地感受中国（福建）自由贸易试验区福州片区日新月异的发展变化与发展潜力，同时加深对中国的职业市场、企业文化以及相关法律法规等方面的了解	中国（福建）自由贸易试验区福州片区管理委员会、中国海峡人才市场福州工作部

（续）

时间	地点	主题	活动内容	主办/承办方
2024 年 1 月	福建农林大学内	"庆元旦·迎新年"中外学生共迎新年联欢活动	参与互动环节和游戏环节，彼此交流中外文化、分享校园生活点滴	福建农林大学戴尔豪西大学联合学院（国际学院）
2024 年 2 月	福州市区	"追寻领袖足迹，赓续中华文脉"主题社会实践活动	开展以精神文明、乡村文旅、红色文化、交流互鉴和文明探源为主题的文化实践活动	福建农林大学戴尔豪西大学联合学院（国际学院）
2024 年 2 月	福建农林大学内	春节民俗体验活动	剪窗花，写春联和福字，雕版印刷拓汉字，泡"福"茶，体验民俗文化，感受传统年味	福建农林大学戴尔豪西大学联合学院（国际学院）
2024 年 3 月	福建农林大学内	热切关注 2024 年全国两会	线上线下多种途径收听、收看大会盛况，认真学习两会精神，感受党和国家在上一阶段取得的各项成就，围绕政府工作报告结合自身实际畅谈学习体会	福建农林大学戴尔豪西大学联合学院（国际学院）
2024 年 3 月	福州	"赏宋代风韵品朱子文化——正谊书院传统文化雅集"元宵节活动	将朱子文化、非遗技艺、传统游艺等相结合，通过文化解读、非遗体验等多样形式，让读者在百年古厝中读朱子、品非遗，了解元宵习俗，共赏宋韵之美	福建省图书馆

二、"福习社"发展目标

在"一带一路"倡议背景下，来华留学教育的核心在于培养"知华、友华、爱华"的具有国际视野的人才。通过开展"福"文化地域特色教育，可以加深来华留学生对中华文化的了解，加强中外文化交流，也是高等教育服务"一带一路"倡议，促进民心相通的主要途径。为了破除学校硕士、博士留学生中文水平较低、活动积极性不高、无法真正理解文化内涵的现实困境，"福习社"计划从体系构建、机制创新、平台建设、品牌创建等方面，努力实现来华留学生从"知华"的感性认知到"友华"的理性认同，并最终转化为"爱华"的行动感召。

145

（一）用好校内资源，建立来华留学生"知华"的感性认知

一是深化课程体系建设。深入挖掘各门课程所蕴含的中华优秀传统文化教育元素和人类命运共同体理念教育功能，有机融入课堂教学和实践教学，实现教育理念与知识体系教育有机统一，不断加深来华留学生对福建省情、中华文化的了解。

二是优化活动阵地建设。将现有校内活动场地有效扩容，对现有场地进行整合，在充分考虑功能需求的前提下，设置文化体验功能区、直播带货功能区、文创产品陈列功能区，让中外师生有文化互学互鉴的专门场所。

（二）用活地方资源，增进来华留学生"友华"的理性认同

一是用活福建地域文化。加大与地方"福"文化阵地的对接，共建校地实习实践基地。同时，加深与非物质文化遗产传承大师的联系，建立剪纸、漆艺、木雕、南音等福建本土非物质文化遗产大师校外师资库，让来华留学生有更多的机会感受具有地域特色的文化产品。

二是用活福建地方经验。开展"感知中国""来福见福"等中外学子社会实践活动，通过让来华留学生深度了解城市建设、乡村振兴、生态文明等领域的发展现状，感受中国式现代化的特色，感悟中国发展的制度优势。

（三）用巧品牌资源，升华来华留学生"爱华"的行动感召

一是放大新媒体优势，提高"福"文化的国内影响力。紧密围绕"福"文化传播，着重考虑来华留学生特点，常态化开展"福"文化推广，做大"福习社"品牌。进一步打通宣传推介渠道，通过微信公众号、微信视频号等校内外媒体平台，推出"福"来"易"站系列文化推广视频，构建全方位、立体化的宣传推介格局。

二是发挥海外校友会的作用，进一步提高"福"文化的国际影响力，搭建国际校友网络平台。通过海外社交平台，创新校友工作思路和方法，促进中外民心相通，助力"一带一路"发展建设，为人类命运共同体做出积极贡献。

三、"福习社"建设特色

"福习社"立足来华留学生学生和外籍人士的双重身份属性，因事而化，因时而进，因势而新，积极利用和挖掘校内外蕴含的丰富"福"文化资源。在

课程建设、文化体验、媒体宣传等领域，不断完善"福"文化的国际传播阵地和叙事体系建设。

（一）紧扣学习"划重点"，与文化适应相结合

一是精心设计，优化教学内容。不断凝炼并优化《中文》《中国概况》等课程的教学内容，突出中国智慧、中国实践和中国方案，用足用活福建省经济社会改革发展的鲜活案例，将国情、省情、"福"文化等教育资源融入课程教学，为来华留学生新生在华生活融入打下基础。例如探索选拔高年级"福习社"成员作为教学助手，以来华留学生第一视角讲述在闽生活期间感受的"福"文化，提升中国传统文化对低年级来华留学生的吸引力和感染力。

二是精致手段，创新教学方法。坚持主体与主导相结合，理论与实践相结合，注重发挥来华留学生的积极性和主动性，积极推进探究式、研讨式、叙事式、案例式和情境体验式教学，强化课堂师生互动。在中国传统体育教学中，邀请学校公体部武术世界冠军教师来讲授太极拳，开设咏春拳体验环节，感知地域传统体育内涵。在宣传推介福建省的生态文明、乡村振兴成就上，举办"党代表面对面"沙龙，让来华留学生与学校党的十九大、二十大代表一起畅谈"科特派"故事、闽宁"山海情"。

（二）紧扣实践"圈看点"，与地域特色相结合

在做好第一课堂教学的同时，依托"福习社"引导来华留学生主动挖掘地域特色文化元素。一是定指标、建方案，推动体系构建。修订《福建农林大学来华留学生招生及培养管理办法》等文件，将来华留学生实践活动纳入评价指标体系。二是引大师、传技艺，发挥榜样作用。带领来华留学生前往非物质文化遗产传承人工作室开展技艺传授和文化传承活动，组建校企内外联动、校内全员参与的文化育人团队。三是建项目、搭平台，强化内外协同。"福习社"依托福建春伦集团有限公司、海欣食品股份有限公司等社会实践基地，引领来华留学生体验福建茶文化和区域民族文化。同时"福习社"建立直播体验工作室，提升来华留学生专业技能并促进文化育人内外融通。

四、"福习社"育人实效

《中国政府奖学金年度评审办法》《福建农林大学来华留学生招生及培养管理办法》等文件明确将来华留学生活动表现、道德品行等作为评价指标，这为

"福习社"的建团立社、活动开展提供了重要的政策依据和指导。来华留学生绩效评估问卷的结果显示，近3年，福建农林大学师生对来华留学生的满意度均在95％左右，广大来华留学生展现出了良好的精神风貌及爱校、荣校情结。"福习社"所组织或参与的活动先后被新华社、中国日报、福建日报等媒体报道70余次，极大地提升了"福习社"在福建省高校圈和社会面的知名度和影响力。

（一）提增"福"文化的育人效益，来华留学生文化认同不断加深

"福习社"自成立以来，先后组织来华留学生400余人次参与福游、福创、福味、福俗等各类活动，各类活动辐射国内外师生近万人次，有不少短期交流的国际学生因在华期间丰富的"福"文化体验，让他们决定申请来华、来闽、来校求学。一方面，"福习社"成员积极参与福建农林大学承办的"一带一路"安溪铁观音发展高峰论坛、"一带一路"茶产业国际合作高峰论坛等，加强中外政策、科技、文化的交流和沟通，拓宽茶产业合作领域，实现共赢发展。另一方面，"福习社"成员参与福建省人民政府外事办公室、福建省商务厅组织的"东盟留学生八闽行"、海丝国际茶文化论坛、海丝文化云端展演、首届中国—东盟网红大会暨"福建品牌海丝行"等活动，了解网红"福地"（福州）、网红"福企"（福建知名企业）、网红"福品"（福茶、福酒、闽菜）等"福"文化元素，并向海丝沿线国家和地区推广福建及福建品牌。福建农林大学戴尔豪西大学联合学院（国际学院）国学部与"福习社"合办的"雅言经典"吟诵活动也逐步成为校园传统文化品牌，在校园内营造了学经典、诵经典的浓厚氛围，来华留学生的文化认同不断加深。

（二）放大"福"文化的育人效能，来华留学生培养质量不断提升

通过"福习社"文化浸润和中文课程二者的有效衔接，成员中文水平快速提高。在2021年上半年，共有19名入学前中文"零基础"的来华留学生参加HSK3级考试，15人顺利通过，一次通过率达78.9％。"福习社"成员在校期间刻苦钻研，发表了多篇高水平文章，如2015级巴基斯坦籍博士研究生Waqar Islam以第一作者身份发表26篇文章，其中SCI文章10篇；2015级巴基斯坦籍博士研究生Ali Noman以第一作者身份发表10篇文章，其中SCI文章9篇。"福习社"成员共计荣获国家"优秀来华留学生奖学金"3人次，2021年度、2022年度各有1人"获中国大学生自强之星（留学生组）"，在第三届中国"互联网＋"大学生创新创业大赛、全国三维数字化创新设计大赛、

中国研究生电子设计竞赛等赛事中均获得二等奖以上名次。"福习社"在"学在中国"演讲比赛、福建省"诵读中国"经典诵读大赛、福建省高校国际及港澳台侨师生才艺展演（音乐曲艺类）（汉语语言类）等省级及以上比赛中获奖20余项，来华留学生培养质量不断提升。

（三）推动"福"文化的出境出海，来华留学生作用不断凸显

"福习社"成员学习研究的菌草技术作为福建的金字招牌和亮丽名片，已被推广到全球100多个国家和地区，给许多发展中国家人民带去了希望，提高了当地民众自身发展能力，促进脱贫致富，带动了当地新兴产业发展，推动生态环境的良性发展。在中非未来领袖对话上，"福习社"成员积极围绕青年愿景、青年力量、青年使命等三大议题分享经验与体会。2022年，"福习社"成员参与拍摄的舞龙视频在第15届世界中学生"汉语桥"比赛南非大区决赛暨"中国银行杯·汉语桥"南非中学生中文比赛开幕式上播出。"福习社"成员还积极参加"我眼中的中国""我与中国的美丽邂逅"等系列"看中国"活动，拍摄《清新福建·清新福州》《都挺好》《印象铁观音》《谢谢你——中国》等短视频作品，撰写《齐心抗疫·共克时艰》等抗疫文章，以来华留学生视角讲述"福"文化，成为"福"文化的代言人。这些作品先后在海外平台播放，成为国际友人了解"福"文化的窗口。"福习社"成员一方面主动在回国后讲述真实、立体、全面的中国，讲述自身亲历、亲闻的"福"文化。例如，卢旺达籍留学生梅迪和尼日利亚籍留学生达蒂回国后担任当地菌草基地负责人，积极传授菌草种植技术，菌草已成为当地人的幸福草，帮助当地人民摆脱贫困，拓展了福建的国际影响力，推动了人类命运共同体建设。另一方面，"福习社"成员还将学习到的"福"文化转化为生产力。如越南籍留学生阳光在校学习期间就大胆试水网络直播卖货，将福建的鞋帽和服装行销全球。还有相当一部分来华留学生毕业后留在福建当地，从事"买全球、卖全球"，助推闽货跨洋出海。此外，"福习社"成员毕业后，还积极推动福建农林大学与本国高校的友好往来。如埃及籍留学生伽德在博士毕业后于埃及亚历山大大学任教，主动牵头推进亚历山大大学与福建农林大学的国际交流合作，促进福建农林大学国际化发展，在为各自学校培养全球人才、涵养国际人脉、深化人文交流等方面发挥了重要作用。

五、"福习社"推广价值

以文化人、以文育人，其出发点和落脚点都在"人"。"福习社"聚焦文化认同，在课程体系范式、教育组织模式、教育活动样式等方面加强了中华优秀传统文化、"福"文化的融入，创新形成"分流教学、分类培养、同向融合"的文化育人模式，以文化浸润、文化体验和文化传承等多种形式，打造多层发散、交互融合的文化"同心圆"。

（一）来华留学生中国文化课程体系范式可推广

"福习社"坚持以习近平外交思想为指导，围绕"讲好中国故事，传播好中国声音，展示真实、立体、全面的中国"这一加强我国国际传播能力建设的重要任务，不断拓宽文化育人的载体，将文化育人的场所扩大为"学校＋社区＋乡野"，将文化育人的感染力扩展到党史、新中国史、改革开放史、社会主义发展史上，将文化育人的形式扩展到线下和线上，改变了以往来华留学生重专业轻国情、重科研轻语言、重理论轻实践、重表象轻内涵的状态，让来华留学生具备一定的中文能力并全方位了解真实、立体、全面的中国。一是在学校课堂教学中根据教学目标构建包括文化理论课程、学校与福建地方特色文化双重体验课程、跨文化交际课程三个部分的留学生中国文化课程体系，让来华留学生了解中华优秀传统文化，加强他们的跨文化交流能力；二是深入社区开展情景式教学，开展中外对话，从来华留学生视角眺望当代中国普通百姓生活现状，加深来华留学生对中国改革开放成就的了解；三是深入乡村开展实践探索，让来华留学生学习中国脱贫致富经验，在实践中不断宣传推介中国式现代化。

（二）来华留学生中国文化教育组织模式可推广

一是以系统合力形成全员育人之效。福建农林大学针对来华留学生特点，全面整合育人资源，树立了全员推动来华留学生全面了解中国文化的育人理念，建立并实施了教师主教、导师主导、辅导员辅助、高年级留学生参与的"四位一体"帮扶联动育人模式，形成了立体化、多层次、协同联动的育人氛围和系统合力，有效助力来华留学生系统了解中国文化。

二是以无缝衔接提升全过程育人之效。福建农林大学戴尔豪西大学联合学院（国际学院）构建从开学典礼到毕业典礼的闭环式协同文化育人体系，形成了以入学教育为入口、课堂教学为依托、校友工作为载体的具有无缝衔接特色的全过程育人体系。福建农林大学邀请出入境警官、教务员、辅导员、高年级留学生助手等走入课堂，帮助来华留学生尽快适应跨文化环境，走好全过程育人第一程；充分发挥专业课的主渠道作用，把教育培养融入课程设计各个环节，挖掘出以"福茶""福草"为代表的示范课程，从文化视角出发，把学校学科背景、行业特色和文化渊源融会贯穿其中，培育文化自觉、塑造理想人格、凸显人文关怀、促进全面发展。

三是以有机联动促进全方位育人之效。"福习社"以第一课堂为主，第二课堂为辅，打造实践教学、移动课堂和学术论坛环环相扣的浸润式中国体验，采取实地探访、实例印证的形式，由专业教师和辅导员带领来华留学生走入工厂、企业、乡村，开展暑期社会实践和实习，实地探索中国现代化管理模式，感知中国创新、协调、绿色、开放、共享的新发展理念。

（三）来华留学生中国文化教育活动样式可推广

来华留学生在华学习期间通常要经历"学习—体验—实践—学习"的螺旋式成长路径，通过"亲见、亲闻、亲历"的递进感知，可以多领域、多渠道、多层次了解并认知中国文化、中国价值、中国力量，进而激发文化求知的主动性和积极性。"福习社"紧抓元宵节、端午节、中秋节等中国传统节日，开展形式多样的节日体验活动，让来华留学生在活动中加深对中国传统节日的体验和感受。"福习社"紧跟时代步伐，在地组织来华留学生参加数字中国建设峰会、中国·海峡项目成果交易会、福州国际友城文化节、海丝国际茶文化论坛等活动，让来华留学生了解福建发展脉络和发展前景。同时，"福习社"与福建农林大学大学生英语协会、武术协会、舞龙协会、汉服协会等保持联动，扎实推进"文化育人、育文化人"工程，现已形成校国际文化节、用英语讲中国故事、"福"来"易"站系列文化推广视频等品牌活动，提升了文化育人活动的吸引力和感染力，深受学生喜爱。

参考文献

[1] 崔永日，崔亨龙，金永灿．浅谈来华留学生教育管理中的思想教育［J］．中国高教研究，1998（6）：66-67.

[2] 曹亚红．来华留学生的思想教育工作初探［J］．国际商务（对外经济贸易大学学报），1999（1）：48-51.

[3] 宋乃莲．浅谈来华留学生教育管理［J］．中国高教研究，2000（9）：44-45.

[4] 李慧琳，张营广．趋同管理背景下高校来华留学生思想教育问题探析［J］．思想教育研究，2014（11）：98-100.

[5] 张袁飞，张云岗．论高校治理能力现代化视域下的来华留学生思想教育路径［J］．湖北师范大学学报（哲学社会科学版），2022，42（2）：132-137.

[6] 沈庶英．来华留学课程思政：基于学科交叉的统整建构［J］．教育研究，2021，42

(6)：92－99.

［7］王春刚，王凤丽．来华留学生思想道德教育的理论依据探析［J］．前沿，2013（21）：114－116.

［8］李宝贵，李博文．新时代国际学生思想政治教育：意义、特点、内容与路径［J］．辽宁师范大学学报（社会科学版），2018，41（4）：14－23.

［9］张伟．高校来华留学生国情教育的价值内涵与实践路径［J］．长安大学学报（社会科学版），2023，25（3）：105－116.

［10］秦小莉，范纯琍．来华留学生思想教育现状分析与应对策略［J］．思想教育研究，2015（10）：98－100.

［11］何正英．趋同管理背景下来华留学生思想教育工作问题及对策［J］．学校党建与思想教育，2018（14）：78－79，82.

［12］刘又萌，张地珂．来华留学生思想教育策略研究［J］．学校党建与思想教育，2021（10）：87－89.

［13］翟国．高校留学生群体思想政治教育策略研究［J］．教育探索，2015（3）：115－117.

［14］许蕴文．基于思维差异的来华留学生思想教育工作思路与措施［J］．学校党建与思想教育，2019（4）：76－78.

［15］曹静．我国留学生思想政治教育网络平台设计研究［J］．渭南师范学院学报，2015，30（22）：43－46.

［16］雷莉，陈雯．多模态数据分析在来华留学生思政教育中的应用研究［J］．云南师范大学学报（对外汉语教学与研究版），2022，20（6）：29－39.

［17］赵晓兰，鲁烨．国际化视域下留学生辅导员培育的困境与突破［J］．江苏高教，2014（2）：105－106，142.

［18］陈南菲，汤沁．高校来华留学生辅导员队伍建设现状调研报告［J］．赤峰学院学报（汉文哲学社会科学版），2015，36（11）：271－272.

［19］赵奇栋．来华留学高等教育政策的变迁逻辑与优化策略［J］．继续教育研究，2023（12）：103－107.

［20］贾兆义．新时代来华留学教育：现状与高质量发展路径［J］．世界教育信息，2023，36（7）：29－34.

［21］黄剑峰，罗志雄．"一带一路"倡议下来华留学生教育现状与发展策略研究［J］．湖北开放职业学院学报，2022，35（4）：38－40.

［22］教育部．来华留学生高等教育质量规范（试行）［EB/OL］．（2018－10－12）．http：//www.moe.gov.cn/srcsite/A20/moe_850/201810/t20181012_351302.html.

［23］教育部．学校招收和培养国际学生管理办法［EB/OL］．（2017－06－02）.http：//www.moe.gov.cn/srcsite/A02/s5911/moe_621/201705/t20170516_304735.html.

［24］陆颋浩．高校来华留学生德育建构的三维路径［J］．思想教育研究，2019（10）：130－133.

第五章　孔子学院立德树人实践

第一节　孔子学院的发展与研究现状

进入 21 世纪，随着我国综合国力的增强、国际影响力的提升，以及"一带一路"倡议的不断深入落实，世界各国对于中文学习的需求急剧增加，中文作为各国了解中国的重要工具和文化载体，受到了越来越多国家和地区的重视。为推动中文走向世界，提升中国语言文化的影响力，我国自 2004 年起，在借鉴他国推广本民族语言经验的基础上，探索在海外设立以教授中文和传播中国文化为宗旨的非营利性语言文化教育机构，并以中国儒家文化代表人物孔子的名字将其命名为"孔子学院/孔子课堂[①]"，秉承孔子"和而不同""以人为本"的理念，推动建设一个持久和平、共同繁荣的和谐世界。

作为非营利性语言文化教育机构，孔子学院与歌德学院、法语联盟等有较多相似之处，但孔子学院的创新之处在于其中外合作办学模式。外方学校作为主要承办单位，中方学校作为主要支持单位，双方本着相互尊重、友好协商、平等互利的原则，共建孔子学院，旨在促进中文国际传播，加深世界各国人民对中国语言和文化的了解，同时增进中外教育人文交流。

一、孔子学院发展历史与现状

2004 年 11 月 21 日，全球第一家孔子学院在韩国汉城揭牌成立。20 年来，世界各地的孔子学院结合所在国国情及所在大学或机构发展战略，因地制宜，

---

①　孔子课堂与孔子学院是同属于中国国际中文教育基金会管理下的品牌。孔子课堂的中外方合作单位通常为中小学，主要面向其所在地的中小学生开展中文教学和中国文化传播工作，在运作方式上与孔子学院一致。本章主要围绕孔子学院立德树人展开论述，因此后文只涉及一些孔子课堂的基本情况，并未对孔子课堂的具体情况进行过多探讨。

开展丰富多彩的中文教学和中国文化活动,办学规模日益扩大,办学质量稳步提升,办学特色逐步鲜明,受到了世界各地民众的欢迎。据官方统计数据,截至 2022 年年底,我国已在 160 个国家和地区建立了 492 所孔子学院以及 819 个孔子课堂,其中包括 47 所示范孔子学院。我国在亚洲共建立了 137 所孔子学院和 112 个孔子课堂,在非洲共建立了 64 所孔子学院和 46 个孔子课堂,在欧洲共建立了 184 所孔子学院和 335 个孔子课堂,在美洲共建立了 88 所孔子学院和 249 个孔子课堂,在大洋洲共建立了 19 所孔子学院和 77 个孔子课堂[①]。全球学习中文人数超过 3 000 万,累计学习和使用中文的人数接近 2 亿[②]。截至 2022 年年底,全球已有 81 个国家将中文纳入本国的国民教育体系[③]。

目前,孔子学院/孔子课堂已发展成为全球规模最大、学员人数最多、覆盖范围最广的中外共商、共建、共享的非营利性语言文化教育机构,不但为各国民众学习中文、了解中国文化、理解当代中国提供了重要平台,也是中国语言文化走向世界的重要窗口,逐步成为国际中文教育和中外语言交流合作的品牌项目(表 5 - 1)。

表 5 - 1 2020—2022 年全球孔子学院/孔子课堂基本情况

年份	2020	2021	2022
国家或地区/个	160	158	160
全球孔子学院数量/所	506	489[④]	492[⑤]
全球孔子课堂数量/个	1 030	817	819
全球注册学员/人	120 万	105 万[⑥]	150 万
全球示范孔子学院数量/所	48	47	47
开设课程/班次	5 万	7.8 万	7.9 万
总课时/小时	213 万	—[⑦]	431.8 万
文化活动/场	18 000+	16 747	25 022
文化活动受众/人次	470 万	1 026.8 万	2 088.4 万

[①] 数据来源:《孔子学院年度发展报告 2022》。

[②] 数据来源:2023 年 4 月 20 日外交部发言人就"联合国中文日"答记者问。

[③] 数据来源:《中国语言生活状况报告(2023)》。

[④] 2021 年新增 7 所孔子学院,3 个孔子课堂更名为孔子学院,部分孔子学院关停。

[⑤] 2022 年新增 11 所孔子学院,1 个孔子课堂更名为孔子学院,部分孔子学院关停。

[⑥] 受新冠疫情影响,2021 年全球注册学员人数较 2020 年有所下降,但线上注册学员人数大幅增长,较 2020 年同比增长 77.6%。

[⑦] 未正式公布相关数据。

（续）

年份	2020	2021	2022
学术会议、讲座和论坛/场	1 000+	1 518	1 367
学术会议、讲座和论坛参会人数/人次	19 万	16 万	16.9 万

2014 年 9 月 27 日，为庆祝孔子学院成立十周年，全球首个"孔子学院日"活动在中国北京举行。此后每年的 9 月 27 日被定为"孔子学院日"，各个国家和地区的孔子学院/孔子课堂通过举办中文教学公开课、中文教材展、中国文化讲座、学生文艺表演等各类形式多样的文化体验活动，来共同庆祝一年一度的"孔子学院日"。

为促进全球孔子学院间的互学互鉴，自 2006 年起，每年定期召开孔子学院大会。孔子学院大会汇集了各国孔子学院的国际中文教育领域的专家学者，旨在探讨、交流、分享各孔子学院的办学经验等。在过去 20 年间，已成功举办了 13 届孔子学院大会、2 届国际中文教育大会、2 届国际中文教育交流周和 1 届世界中文大会，大会名称经历了两次调整，2019 年更名为国际中文教育大会，2023 年更名为世界中文大会。大会主题始终紧跟时代脚步，为适应不同时期世界对孔子学院以及国际中文教育发展需求而做出调整，与不同阶段孔子学院建设的核心目标紧密结合。通过历届大会主题的演变，能够清晰地观察到孔子学院 20 年发展重心和变化趋势（表 5-2）。

表 5-2　历届大会及大会主题

年份	大会名称	地点	大会主题
2005	世界汉语大会	北京	多元文化架构下的汉语发展
2006	第一届孔子学院大会	北京	—①
2007	第二届孔子学院大会	北京	总结经验，密切合作，加强管理，提高质量，促进孔子学院又好又快发展
2008	第三届孔子学院大会	北京	孔子学院与全球化教育
2009	第四届孔子学院大会	北京	孔子学院与社区服务
2010	第五届孔子学院大会	北京	孔子学院可持续发展
2011	第六届孔子学院大会	北京	孔子学院的未来十年
2012	第七届孔子学院大会	北京	促进孔子学院融入大学和社区

① 第一届孔子学院大会于 2006 年 7 月召开，未设置大会主题。

(续)

年份	大会名称	地点	大会主题
2013	第八届孔子学院大会	北京	回顾过去，展望未来
2014	第九届孔子学院大会	厦门	迎接孔子学院的新十年
2015	第十届孔子学院大会	上海	适应需求，融合发展
2016	第十一届孔子学院大会	昆明	创新，合作，包容，共享
2017	第十二届孔子学院大会	西安	深化合作，创新发展，为构建 人类命运共同体贡献力量
2018	第十三届孔子学院大会	成都	改革创新促发展，携手同心创未来
2019	国际中文教育大会	长沙	新时代国际中文教育的创新和发展
2020	国际中文教育交流周	北京	新项目，新伙伴，新发展
2021	国际中文教育交流周	北京	携手合作，共创未来
2022	国际中文教育大会	北京	构建国际中文教育高质量发展新格局
2023	世界中文大会	北京	中文服务世界，开放引领未来

相对于具有较长历史的法语联盟、歌德学院、英国文化教育协会及塞万提斯学院等非营利性语言教育机构而言，孔子学院还较为年轻，20 年的发展历史可分为两个时期。

（一）初创时期（2004—2019 年）

为顺应全球中文学习热潮，创办中文教学和传播中国文化相关机构的历史重任落在了孔子学院总部（国家汉办①）的肩上。2012 年，《孔子学院发展规划（2012—2020 年）》出台，对孔子学院发展提出了发展目标："到 2015 年，全球孔子学院达到 500 所，中小学孔子课堂达到 1 000 个，学员达到 150 万人，其中孔子学院（课堂）面授学员 100 万人，网络孔子学院注册学员 50 万人。专兼职合格教师达到 5 万人，其中，中方派出 2 万人，各国本土聘用 3 万人。……到 2020 年，基本完成孔子学院全球布局，做到统一质量标准、统一考试认证、统一选派和培训教师。基本建成一支质量合格、适应需要的中外专兼职教师队伍。基本实现国际汉语教材多语种、广覆盖。基本建成功能较全、覆盖广泛的中国语言文化全球传播体系。国内国际、政府民间共同推动的体制

---

① 国家汉办，是原国家汉语国际推广领导小组办公室的简称，是教育部直属事业单位。其前身是成立于 1987 年的国家对外汉语教学领导小组办公室，于 2006 年改为国家汉语国际推广领导小组办公室，于 2020 年 7 月更名为教育部中外语言交流合作中心。

机制进一步完善，汉语成为外国人广泛学习使用的语言之一。"[1]因此，2013—2019年，孔子学院建设呈现出高速蓬勃发展的态势。初创时期的这15年中，孔子学院从起步到进入快速发展阶段，在全球各国、各地区大致完成布局，基本建成中国语言文化全球传播体系。

这一时期，孔子学院总部（国家汉办）是全球孔子学院的最高管理机构，负责管理和指导全球孔子学院工作。其主要职责包括制定孔子学院建设规划并设置评估标准、审批设置孔子学院、审批各地孔子学院的年度项目实施方案和预决算、指导评估孔子学院办学活动、对孔子学院运行进行质量监督和质量管理、为各地孔子学院提供教学资源支持与服务、选派中方院长和教学人员、培训孔子学院管理人员和教师、组织召开孔子学院大会以及制定中方资金资产管理制度等[2]。在孔子学院总部（国家汉办）的管理下，中外双方依据《孔子学院章程》合作共建孔子学院，因地制宜开展中文教学和文化交流活动等。

1. 合作模式

孔子学院的合作模式是一种以中文教学和文化交流为核心的境外合作办学。初创时期，孔子学院的申办权限主要在于外方院校，由孔子学院总部（国家汉办）对外方院校提交的申请进行审查。外方院校符合以下条件即可提出申请（表5-3）。

表5-3　初创时期外方申办孔子学院应具备的条件

申办条件	①申办机构是所在地合法注册的法人机构，有从事教学和教育文化交流并提供公共服务的资源； ②申办机构所在地有学习中国语言和文化的需求； ③有符合办学需要的人员、场所、设施和设备； ④有必备的办学资金和稳定的经费来源

一般来说，孔子学院大多分布在海外地区（除我国香港和澳门地区孔子学院外），挂靠所在地大学。孔子学院的日常管理权实际属于外方合作大学或机构，具体由中方院长和外方院长共同负责管理。一般来说，中方院长主要承担中方相关事务的管理职责，比如与孔子学院总部（国家汉办）、中方合作院校、中方合作院校所在省市教育主管部门、中国驻当地使领馆以及中华全国学生联合会等中方机构的沟通交流工作等。而外方院长主要负责外方相关事务管理，比如与所在大学、当地政府、各类组织、新闻媒体以及社区等的沟通协调工作等。部分孔子学院中外方院长之间的分工会因工作实际情况和需求有些许不同。

中方承办院校在孔子学院的运营中，主要负责推荐选拔中方院长、公派中文教师和中文教师志愿者，对海外的孔子学院不具有直接的管理职能，而是扮演着协调者和统筹者的重要角色。对于承办 3 所及以上孔子学院的中方院校，往往会设立孔子学院工作处或孔子学院办公室，专人专岗处理相关事宜。此外，中外方合作院校推选数量对等的人员组成孔子学院理事会，负责孔子学院的发展规划、人事变动及其他重大事项的讨论决策。为保证孔子学院的规范运作和持续发展，孔子学院理事会一般每年至少召开一次会议。

2. 发展情况

成立初期，孔子学院的首要任务是强化项目合作、推动中文教学和文化交流、促进人才培养，以及致力于自身的全面建设。经过五六年的发展，部分孔子学院逐渐出现同质化严重、特色不明显等问题，重复性建设的弊端也逐渐凸显。2010 年前后，各国孔子学院开始调整并转变发展思路，相继形成了一些特色孔子学院，比如农业孔子学院、中医孔子学院、音乐孔子学院、戏曲孔子学院、职业教育孔子学院等，以更好地满足当地需求，推动文化交流事业的发展。这些特色孔子学院的成立，不仅丰富了孔子学院的内涵，也为其在全球发展注入了新的活力，推动全球孔子学院的多元化、特色化发展。

这一时期，全球孔子学院从最初的追求规模效应转变为结合当地实际、因地制宜进行本土化发展。从初步建立到快速发展，全球孔子学院和孔子课堂的规模不断扩大。截至 2019 年年底，全球已有 162 个国家（地区）设立了 550 所孔子学院和 1172 个孔子课堂。这些孔子学院和孔子课堂大致可以分为 4 种类型，即中文教学为主型、文化活动为主型、学术研究为主型和特色项目为主型。在中文教学和中国文化传播的基础上，结合当地实际情况和实际需求，依托合作院校的优势学科，形成了一批优秀的特色孔子学院。

（二）转型时期（2020—）

2020 年，孔子学院经历了创立 16 年以来最大的一次改革和转型，管理模式、运行机制体制得到了调整和优化，并重新定位了孔子学院的办学理念，合理调整了孔子学院的布局，以进一步扩大了孔子学院的影响力。孔子学院和孔子课堂品牌开始由中国国际中文教育基金会（CIEF，以下简称基金会）管理和运作。这一变革是孔子学院发展历史上具有里程碑意义的一次变革，顺应了日趋复杂的国际环境和发展态势。

1. 新运行模式

在 2019 年召开的国际中文教育大会上，27 家单位联合发起成立了基金会。基金会属民间公益基金会，于 2020 年 6 月 19 日经中华人民共和国民政部批准正式注册成立（表 5-4）。2020 年 6 月 30 日，基金会取得孔子学院和孔子课堂商标独占使用权，在全球范围内管理、运营孔子学院和孔子课堂的商标和品牌。在此基础上，基金会以品牌授权模式管理服务全球孔子学院和孔子课堂，中外合作机构本着互相尊重、友好协商、平等互利原则合作设立孔子学院和孔子课堂[3]。截至 2020 年 12 月 31 日，基金会共向 360 所孔子学院和 73 个孔子课堂的合作方发放了品牌授权书。

表 5-4　中国国际中文教育基金会发起单位（27 家）

大学 （17 所）	北京语言大学、华东师范大学、北京大学、复旦大学、北京外国语大学、厦门大学、中国人民大学、北京师范大学、对外经济贸易大学、南开大学、天津外国语大学、天津师范大学、上海外国语大学、山东大学、南京大学、浙江师范大学、大连外国语大学
机构/公司等 （10 个）	中国教育出版传媒集团有限公司、中国教育国际交流协会、外语教学与研究出版社、杭州师范大学阿里商学院、世界汉语教学学会、语言文字应用研究所、中国教育发展基金会、汉考国际教育科技（北京）有限公司、故宫博物院、国家博物馆

新机制下，孔子学院的合作生态以孔子学院为中心，由基金会、中外方合作机构和广大外部合作伙伴共同打造，服务孔子学院学员和全球中文学习者，形成了"三位一体"合作新模式（图 5-1）。

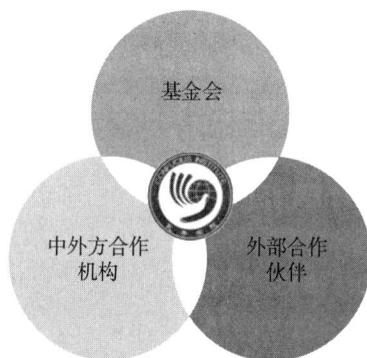

图 5-1　"三位一体"合作新模式

基金会是孔子学院和孔子课堂品牌统筹管理方和运营方，原则上不直接参与孔子学院具体管理事务，主要负责向社会各界募集资金支持全球孔子学院发展，制定孔子学院整体发展规划和品牌传播规划，制定品牌标准和指南，审核并授权设立孔子学院和孔子课堂，通过孔子学院自我评估、孔子学院间交叉评

159

估和第三方评估等方式帮助孔子学院提升办学质量。中国国际中文教育基金会副理事长、秘书长赵灵山明确表示："基金会不会具体参与海外孔子学院的运行和管理，中外方合作机构需要发挥更多主体责任，基金会对孔子学院的支持更多体现在品牌塑造、标准指引、资源服务和生态营造上。"

中外方合作机构是建设孔子学院的主体，承担所成立孔子学院的日常运行和管理工作，结合孔子学院所在地实际情况制定具体发展规划，建立保障孔子学院可持续高质量发展的工作机制和各项规章制度，为孔子学院运行提供必要的硬件条件，共同筹措经费保障孔子学院日常运转和发展；以孔子学院为纽带，结合各自实际情况和发展定位，在中文教学合作的基础上，不断增进在人才培养、学科建设、学术研究、国际交流等方面的交流合作，以形成互利共赢的良好局面。

外部合作伙伴是孔子学院生态圈不可或缺的支撑力量，包括积极支持孔子学院发展的中外企业、社会组织等。孔子学院需要这些伙伴的支持，通过这些伙伴的参与为孔子学院未来发展奠定更加坚实的基础，不仅扩大了孔子学院品牌的影响力，也通过孔子学院所提供的服务为这些伙伴的发展创造更多的机遇，提供更广阔的空间和舞台[4]。

总体而言，基金会与中外方合作机构是孔子学院和孔子课堂品牌下平等的合作伙伴。其中，中外方合作机构作为建设孔子学院的主体，在孔子学院转型前后其基本职能并未发生显著变化，而外部合作伙伴则为孔子学院和孔子课堂品牌的发展提供了更多支持。

2. 转型带来的变化

孔子学院总部（国家汉办）于 2020 年 7 月 5 日正式更名为教育部中外语言交流合作中心（CLEC，以下简称语合中心），不再承担孔子学院和孔子课堂的统筹管理工作，孔子学院和孔子课堂品牌由基金会全面负责运行。语合中心的主要职责：为发展国际中文教育与促进中外语言交流合作提供服务，统筹建设国际中文教育资源体系，参与制定国际中文教育相关标准并组织实施；支持国际中文教师、教材、学科等建设和学术研究；组织实施国际中文教师考试、外国人中文水平系列考试，开展相关评估认定；运行"汉语桥""新汉学计划""中文教育奖学金"等国际中文教育相关品牌项目；组织开展中外语言交流合作等[5]。

此次转型除了涉及支持和服务机构的调整外，还带来了两方面的显著变化。一是机构性质的变化，负责管理孔子学院和孔子课堂品牌的基金会注册于民政部，属于民间公益教育机构；二是运营模式的变化，基金会从社会各界筹集资金，并依托孔子学院的中外方合作机构共同发挥办学主体作用。这种变化不仅为孔子学院搭建了一个更广泛的交流合作平台，还通过基金会整合汇集更丰富的资源，从而实现更高质量的可持续发展。同时，这也将使得各界对孔子学院的支持和服务变得更加多元化、丰富化和优质化。这些积极的变化有助于消除一些误解和偏见，比如将孔子学院视为中国政府官方附属机构，或将其视为中国文化入侵和政治扩张的手段等。

这一时期孔子学院的申请权限不仅限于外方机构单独申请，也可以由中外双方共同申请。海内外高校或机构都有资格向基金会递交共建孔子学院的申请。中方和外方申办机构申请共建孔子学院需要满足的条件有所不同，具体要求如表5-5所示。

表5-5 转型后中外方申办机构申办孔子学院需满足的条件[6]

申办方	外方申办机构	中方申办机构
申办条件	①是所在地合法注册的法人实体； ②具备开展孔子学院业务活动的资质； ③所在地区或其业务覆盖区域有学习中文的需求； ④具备举办孔子学院必备的软硬件条件，包括场地设施、设备、人员等； ⑤能够为孔子学院持续稳定运行提供其他必要的保障。	①是中国境内合法注册的法人实体； ②具有支持外方合作机构开展孔子学院业务活动的资质和能力； ③能够持续派出支撑孔子学院发展必要的教学和管理人员； ④能够与外方机构共同为孔子学院持续稳定运行提供其他必要的保障。

3. 发展情况

孔子学院发展步入转型升级新纪元后的第一年便遭遇新冠疫情挑战。孔子学院面临中文师资派遣难、生源不稳定等多重困境，各国孔子学院积极应变，在新冠疫情期间充分利用网络平台及新媒体技术，将中文教学和文化活动等由实体空间拓展至虚拟领域，开辟了线上与线下并行的新型教学和发展模式，进一步凸显了其在语言文化交流和社会服务领域的重要作用。

与此同时，孔子学院在西方国家的发展也遭遇了严峻挑战。自2020年年初起，美国已有13所孔子学院宣布于2020年关闭，至此美国关闭的孔子学院数量已经达到了1/3；4月，瑞典境内最后一家孔子课堂宣布关闭；6月，德国巴伐利亚州召开听证会针对孔子学院展开调查[7]。孔子学院在西方媒体深陷舆论困境，充斥着各种负面声音。这些挫折警示我们，必须深入推进孔子学院的转型工作，以走出西方媒体制造的舆论困境，提升海外形象，创新发展模式，消除西方社会对孔子学院的误解与偏见。

在全球新冠疫情和西方负面舆论的双重影响下，各国孔子学院及孔子课堂在基金会的支持下，积极应对挑战，主动适应需求，灵活调整策略，因地制宜地创新教学方法，推出多元化课程体系，充分运用数字化手段赋能中文教学，加快本土化进程，不断融合发展，强调特色品牌质量，持续创新教育理念，转向内涵式高质量发展，呈现出新时期的发展活力。通过国际中文教育项目，各国孔子学院为促进中外人文交流、增进国际理解、推动世界多元文明交流互鉴以及构建人类命运共同体做出了积极贡献。这一过程中，孔子学院民间化、品牌化转型平稳开启，为国际中文教育的长远发展和中国文化的全球传播奠定了坚实的基础。

从 2018 年起，山东大学孔子学院研究中心、北京语言大学汉语国际教育与孔子学院发展研究中心、浙江师范大学孔子学院发展战略研究院、中国传媒大学孔子学院传播研究中心等智库相继成立，为孔子学院的可持续发展提供了重要支持。同时，区域间协同合作与发展进程也逐步得到拓展与深化。除定期召开联席会议以加强协同合作外，有关各方也自发成立了形式多样的孔子学院工作联盟，比如同一区域孔子学院工作联盟、同一语种孔子学院工作联盟和同一特色孔子学院工作联盟等。这些联盟有效促进了彼此间的沟通交流、信息共享、协作支持。截至 2022 年年底，全球范围内共成立了 17 个孔子学院工作联盟，共同推动了孔子学院在全球的发展（表 5-6）。

表 5-6　孔子学院工作联盟情况（截至 2022 年年底）

序号	工作联盟名称	成立时间	工作联盟成员数/个
1	浙江省孔子学院师资选拔培训中心	2016 年 10 月 28 日	16
2	上海国际中文教育工作联盟	2016 年 12 月	17
3	安徽省孔子学院师资培训基地	2017 年 12 月 9 日	3
4	重庆市孔子学院工作联盟①	2018 年 5 月 28 日	91
5	河北省孔子学院（课堂）中方院校联盟	2019 年 4 月 24 日	62
6	辽宁省孔子学院合作大学联盟	2019 年 12 月 10 日	43
7	成渝地区双城经济圈孔子学院（国际中文教育）联盟	2021 年 7 月 8 日	89
8	全球中医孔子学院联盟②	2020 年 9 月 18 日	18

① 2023 年 9 月 26 日更名为重庆市国际中文教育联盟。

② 2023 年 12 月 7 日正式揭牌并召开首届全球中医孔子学院联盟大会。

（续）

序号	工作联盟名称	成立时间	工作联盟成员数/个
9	吉林省孔子学院（课堂）联盟	2020 年 10 月 28 日	17
10	江西省孔子学院工作联盟	2020 年 11 月 18 日	12
11	四川省孔子学院（国际中文教育）联盟	2021 年 7 月 8 日	49
12	泰国孔子学院（课堂）发展联盟	2021 年 9 月 27 日	27
13	粤港澳大湾区孔子学院合作大学联盟	2021 年 11 月 5 日	9
14	塔吉克斯坦孔子学院教育联盟	2021 年 12 月 8 日	2
15	江苏省孔子学院（国际中文教育）工作联盟	2021 年 12 月 29 日	26
16	陕西省孔子学院联盟	2022 年 5 月 16 日	7
17	黑龙江省孔子学院联盟	2022 年 9 月 28 日	7

2021 年，孔子学院全球门户网站成功上线，标志着孔子学院正式拥有了自己的专属品牌网站，这对于孔子学院品牌建设而言，是一个重要的里程碑。同年，作为院刊的《孔子学院》成功复刊，发行了 11 个语种，进一步促进了孔子学院品牌在世界范围的传播。与此同时，孔子学院还紧跟新媒体发展趋势，积极在微信公众号、微博、抖音、微信视频号等平台搭建传播矩阵，有效吸引了大量关注，阅读量也呈现逐步增长趋势。孔子学院在海外社交媒体平台上的影响力也得到进一步扩大，为传播中国语言文化、增进国际交流做出了积极贡献。

二、孔子学院研究现状

在孔子学院发展的 20 年里，国内外专家学者从语言学、教育学、文化学、传播学、国际关系学、经济学等不同角度对孔子学院展开研究，但国内外学者对于孔子学院的研究焦点和关注点较为不同。

（一）国内研究综述

国内专家学者对于孔子学院的研究视角广泛，研究深入，涵盖了宏观、中观和微观 3 个层面，充分展现了研究的全面性和深入性。

1. 宏观层面

（1）孔子学院与人类命运共同体构建研究

2015 年 9 月，在第七十届联合国大会上，习近平总书记于纽约联合国总部提出了"构建人类命运共同体"的重要理念。教育部副部长、孔子学院总部理事会常任理事田学军在第十二届孔子学院大会闭幕式上的总结讲话中深入阐述了构建人类命运共同体的核心理念,他强调:"构建人类命运共同体,核心在共同命运,基础在共同利益,关键在共同责任,前提在坚持多彩、平等、包容的文明观,通过文明交流超越文明隔阂、文明互鉴超越文明冲突、文明共存超越文明优越,促进民心相通,增进人民友谊。孔子学院的职能是开展汉语教学,使命是促进中外人文交流和各国文明互鉴,与人类命运共同体的理念高度契合。"[8]孔子学院作为中外语言文化交流机构,在构建人类命运共同体的进程中发挥着独特的作用,是助力构建人类命运共同体人文基础的重要平台。李丹认为中外共建孔子学院为增进国际理解和夯实人类命运共同体搭建语言桥梁、消除文化隔阂以及奠定人文基础[9]。孔子学院20年的发展成绩,彰显了构建人类命运共同体的人文维度,成为致力于中外语言文化交流合作、共商共建人文共同体的中国案例。

(2)孔子学院与"一带一路"发展研究

2013年,习近平主席在出访中亚和东南亚国家期间,先后提出了共建"丝绸之路经济带"和"21世纪海上丝绸之路"(以下简称"一带一路")的倡议,引起了国际社会的高度重视与广泛关注。"一带一路"倡议的实施离不开教育发挥的基础性和先导性作用。2016年7月,教育部制定发布的《推进共建"一带一路"教育行动》中,提出了开展教育互联互通合作、人才培养培训合作、共建丝路合作机制等若干对外合作重点,明确支持更多社会力量参与和助力孔子学院和孔子课堂建设,加强中文教师和中文教学志愿者队伍建设,全力满足沿线国家中文学习需求。刘宝存等对"一带一路"沿线国家孔子学院的研究发现"一带一路"倡议为孔子学院的发展带来了新机遇,不仅有助于推动孔子学院的规模进一步壮大,还可以为孔子学院的发展注入新活力,有利于孔子学院的特色发展。然而,目前"一带一路"沿线国家的孔子学院存在数量分布不均、合作机构和承办机构均较为单一、运行机制不完善等问题。基于这些问题,他提出了"一带一路"沿线国家孔子学院应科学定位发展思路,丰富发展模式,完善运行模式[10]。黄湄认为,孔子学院不只为各国师生民众创造参加语言学习和文化活动的条件,孔子学院的布局也不止关乎"推动中国语言文化走向世界"的目标,它更是一方以语言文化为载体的综合文化交流平台,肩负着促进中外友好关系发展的重要使命,关系到公共外交和人文交流尤其是教育交流的大局。因此,深入发展"一带一路"沿线国家孔子学院与孔子课堂事业,不仅是进一步落实《孔子学院发展规划(2012—2020年)》、完善孔子学院布局的题中应有之义，更是在为"一带一路"倡议的全面实施构筑桥梁与纽带[11]。

（3）孔子学院与国家软实力及话语权研究

在全球高等教育日益国际化的背景下，孔子学院的未来发展对我国软实力的提升具有重要战略意义和潜在价值。回顾孔子学院发展的 20 年，特别是2011—2016 年，孔子学院与国家软实力及话语权之间的关联受到了广泛的关注与深入的探讨。不少专家学者指出，孔子学院通过其多元化的语言教学服务活动，已逐步成为中国公共外交的新途径，对我国提升国家软实力和掌握国际话语权产生了积极影响。孔子学院作为中文教学和中国文化传播的核心机构，对构建和传播当代中国价值观念话语体系起到了至关重要的推动作用。语言是文化交流和思想传递的基石，对外话语体系的构建和传播极度依赖语言。因此，借助融通中外的中国特色话语进行对外交流，才能让世界各国人民更好地了解中国、认识中国。左路平等指出，孔子学院在构建当代中国价值观念话语体系的过程中，要注意通过说理的方式构建话语权和话语说服力，以促进当代中国价值观念话语体系更容易被他国人民接纳和吸收[12]。林航等对孔子学院在中国文化软实力中的影响进行了实证研究，发现孔子学院的设立显著提升了中国文化软实力，每设立一所孔子学院就能吸引 6.48% 的"一带一路"沿线国家学生来华留学[13]。这充分证明了孔子学院在国际文化交流与教育合作中的重要地位。李建军等在研究中强调，相比政治话语和民间话语，以学术话语讲好中国故事是把握中国对外话语权和主导权的新角度。孔子学院要发挥身居目的国的本土化优势，利用教师的语言和智力优势，在中国学术故事讲述中发挥主渠道作用，潜移默化地让孔子学院的学生主动发声，以学术话语讲好中国故事[14]。

（4）孔子学院舆情研究

针对孔子学院海外舆情的报道研究，自 2011 年起即有系统性的探讨。李开盛等通过分析 2005—2010 年美国 33 家媒体对孔子学院的报道，发现美国媒体对孔子学院的正负面评价与其报道内容紧密相关[15]。阎啸则进一步扩大了研究的时间范围，对比分析了 2005—2014 年中外报纸关于孔子学院的报道，揭示了孔子学院在这 10 年间的舆论环境变迁[16]。近年来，随着大数据和人工智能技术的发展，孔子学院的舆情研究开始进入新阶段。杨晓雯等基于美国EBSCO 学术数据库对 2004—2022 年该平台关于孔子学院的报道进行了高频词、情感态度和热点话题的多维度分析，发现西方国家对孔子学院的办学性质、文化交流功能和中文所带来的经济价值给予了高度关注[17]。张未然在其研究中明确指出，孔子学院若要取得进一步的发展，就必须高度重视西方媒体中的负面舆论并积极应对[7]。孔子学院成立以来，不同领域的学者从新闻传播学、语言学、批评话语分析等多个学科角度，对有关孔子学院的报道进行了深入研究，关注舆论环境的变迁，分析报道中出现的关键词或高频词，探讨语篇背后的意识形态问题，旨在通过系统的分析和研究，为提升孔子学院在海外的文化形象提供有效的策略和途径。此外，黄铭等的最新研究将焦点转向了发展中国家的社交媒体言语塑造下的孔子学院形象，以词汇触发理论为基础，对比分析了孔子学院和歌德学院在舆情形象上的差异，为提升孔子学院国际传播话语的输出质量提出了具有针对性的建议[18]。

2. 中观层面

（1）孔子学院的建设与发展研究

经过深入研究与分析，学者们对孔子学院的发展历程提出了不同的阶段划分方式。部分学者将其分为初创期（2004—2007 年）、发展期（2008—2014 年）和转型期（2015—）。还有部分学者比如王立，将孔子学院的发展分为 3 个阶段：高速发展期（2004—2014 年）、平稳发展期（2015—2018 年）以及转型发展期（2019—）[19]。

在转型背景下，余波提出孔子学院应实现规模发展向内涵发展的转变，实现从附属状态向融入外方事业主体的转变、从体验式文化语言教育向专业学科化教育发展的转变，以解决办学思路、办学地位、办学内容等问题。同时，他认为孔子学院需要创新发展，要积极推进人才培养目标与学生职业发展相结合、人才培养模式与行业需求相结合，以及中方师资合理派出与外方师资本土培养相结合，从而为中外文化交流及友好往来搭建更好的平台[20]。刁俊等对我国西北地区高校的孔子学院发展进行研究，并提出了巩固建设优势、坚持差异化发展、提质增效三大策略，希望通过建立综合服务平台，联结中外高校、两国政府、企业和相关机构，并以双边互利合作为共同出发点，推动西北地区高校自身的可持续性发展[21]。

孔子学院作为学术交流和文化传播的国际化平台，其建设与发展是高校提升国际化办学水平的重要依托和契机，也有助于高校充分发挥自身的资源优势，进一步拓宽国际合作的深度与广度。周勇指出，孔子学院的建立为中外学者进行学术交流，尤其是人文社会科学的学术交流，起到了很好的促进作用[22]。

（2）孔子学院的区域国别发展研究

近年来，区域国别研究逐渐成为热门话题，尤其是在全球化背景下，孔子学院作为中文教学和传播中国文化的重要载体，其区域国别发展受到了学界的广泛关注。众多学者对特定区域或国别的孔子学院发展进行了深入研究，分析存在的问题并提出了一些建设性意见。徐丽华对非洲地区孔子学院的发展状况进行研究，分析其存在的问题，并结合非洲地区实际情况，就非洲地区孔子学院的未来发展提出了切实可行的建议和对策[23]。赖林冬关注到了东盟孔子学院在"一带一路"背景下的发展机遇，详细概述了东盟孔子学院发展的整体特点，着重分析了"一带一路"倡议为东盟孔子学院所带来的新机遇，并提出在"一带一路"背景下东盟孔子学院发展与创新的建议与对策，以推进孔子学院在东盟的可持续发展与改革创新[24]。金志刚等对意大利孔子学院的发展现状进行了研究，揭示了其在办学效益、师资专业化程度、教材种类、教材内容等方面存在的问题，针对这些问题提出了新时代意大利孔子学院发展的策略[25]，旨在提升其办学质量和影响力。孙雍对中亚地区孔子学院的发展情况进行了全面梳理，深入分析了其发展过程中存在的问题，并提出中亚地区孔子学院在新时期孔子学院转型背景下突破瓶颈、实现可持续发展的有效路径和建议[26]。刘晓慧的研究聚焦孔子学院面向泰国精准传播的实践，探讨了泰国孔子学院在发展过程中存在的问题与面临的挑战，并提出建议[27]，该研究不仅有助于泰国孔子学院增强传播效果，也为其他地区的孔子学院在中文和中国文化传播方面提供了宝贵经验。

这些关于孔子学院区域国别发展的研究成果不仅具有学术价值，也为不同地区孔子学院的发展提供了实践指导，从而可以更全面地让世界了解孔子学院在全球范围内的发展状况。

（3）孔子学院的语言文化传播研究

孔子学院的使命中，语言传播与文化推广并重。这两者并非孤立存在，而是相辅相成、互为补充的。中文的国际传播并不意味着单纯的语言教学，语言教学肩负着传播中国文化的责任。文化与语言紧密相连，语言教学必然伴随着文化传播，二者融合互渗，共同构成了孔子学院的核心使命。莫嘉琳在其研究中，将孔子学院与英国文化教育协会、法语联盟和歌德学院等国际语言文化推广机构进行比较研究，探讨了孔子学院的语言文化传播使命及未来发展趋势和走向[28]。安然等的研究进一步揭示了孔子学院在文化传播方面的多元策略，其研究发现孔子学院通过人际传播、大众传播和自建媒体传播等多种方式，使中国文化得以通过多种渠道传播至他国民众，并通过他国民众实现二次传播，获得持续扩大的影响力。不管以何种方式传播，孔子学院都需要克服语言、价值观、思维方式等方面的障碍，确保将合适的传播内容通过适当的途径传达给受众，并对受众的疑问作出及时的反馈和回应，以实现受众对中国文化和孔子学院的认同。如何确保受众在二次传播中传递出孔子学院的正面形象，并不断扩大其传播范围，将是未来孔子学院传播影响力提升研究中应予关注的内容[29]。杨薇等在研究中发现孔子学院的语言文化传播对于提升非洲人对中国整体形象的认知起到了正面的促进作用。这不仅证明了孔子学院文化传播策略的有效性，也为其未来发展提供了有力支持。中国政府相关部门应促进孔子学院语言教学与文化传播的有机结合，积极扶持并发展创意文化产业，在语言文化传播的目标和方式上，需实现从重数量到重质量的转型。通过加强对非洲的研究，进一步夯实了孔子学院语言文化传播效果的基础[30]。

3. 微观层面

经过 20 年的快速发展，孔子学院已成为中外文化交流的重要平台。不少专家学者也从微观层面对孔子学院进行了深入研究，涵盖了诸如个别孔子学院的中文教学、文化活动的组织与开展，教材开发与编写，师资培训与提升等。这些研究具备明确的针对性和实际的应用价值，可概括为以下 4 个方面。

（1）孔子学院课程体系与结构研究

罗小如对埃塞俄比亚两所孔子学院的课程设置及课程教学情况进行了实地调研，旨在揭示存在的问题并提出相应的改进建议[31]。刘荣等对亚洲、美洲、欧洲、大洋洲、非洲的 21 个国家共计 41 所孔子学院的课程体系情况进行了深入调查，调查结果显示孔子学院已初步建立起多样化的中文课程体系，并呈现出鲜明的特点，在此基础上提出了完善孔子学院课程体系的思路，并从可持续发展的视角出发，对孔子学院课程体系的保障措施进行了深入思考[32]。梁吉平等对美国 15 所孔子学院的中文课程设置现状进行了研究，比较了美国各孔子学院内部的课程体系，找出了其特色与存在的问题，并提供了相应建议。此外，还从国内汉语国际教育本科课程设置与孔子学院中文课程教学衔接角度进行了分析[33]。李宝贵等对意大利孔子学院当地化课程建设进行了研究，分析了其特点及面临问题，并提出了应对策略[34]。邰东梅等对斯洛伐克"中医孔子学院"的课程体系进行了研究，探讨通过课程体系设计，找到传播中医药文化，讲好中医故事的有效方法[35]。

这些研究展示了孔子学院在课程体系建设方面的努力与成果，为各孔子学院完善自身课程体系提供了宝贵的经验和启示。

（2）孔子学院课程教学方法研究

为满足学生的多元化需求，各孔子学院结合所在国实际情况开设了丰富多样的课程，其中最基础、最核心的课程为中文课程和中国文化课程，对于孔子学院课程教学方法的研究也最为常见。赵金铭强调孔子学院在教学过程中要采取多元文化态度，充分尊重所在国文化，采用灵活多样的中文教学方法，以此提升孔子学院的中文教学水平[36]。刘露蔓等将"产出导向法"应用于埃及开罗大学孔子学院的中级汉语综合课教学中，在教学实验中考察"产出导向法"在孔子学院中文综合课教学中的有效性[37]。芦胜男等对挪威卑尔根孔子学院的武术课程教学进行了研究，从教学目的与任务、课程设置与教材、教学方法与形式、教学环境、教学评价与管理5个方面对国外的武术教学进行了全面分析，通过实践、反思、再实践的反复过程，发现教学中的不足之处，并提出了切实可行的教学方案，以提高孔子学院武术教师的教学水平，进而促进中华武术在全球的传播[38]。

这些对不同课程教学方法进行研究的成果，是孔子学院提高教学质量的重要参考，为推动全球范围内的中文教学和中国文化传播提供了有力支持。

（3）孔子学院本土化研究

随着孔子学院中文教学和中国文化传播的不断深化，加快孔子学院的本土化发展至关重要。本土化模式构建、本土化师资培养以及本土化教材开发等方面的研究成果不仅关乎孔子学院的教学质量和教学效果，更是孔子学院适应全球化发展趋势、融入当地文化的重要体现。其中，对于师资的本土化问题受到的关注较多。李丹在其研究中深入探讨了教学本土化在孔子学院本土化发展中的核心地位。该学者指出，影响孔子学院本土化的因素有很多：孔子学院所在国家和地区对中文教学的需求与认可程度是重要外因；所在大学对中文教学的功能、目标定位是关键因素；教学类型、教学对象、所用教材是内在原因；中方的项目引领、教师培训和教师考核是直接因素；教师本人的专业水平、适应能力与综合素质则是影响本土化的主导因素[39]。基于此研究，李丹进一步设计了孔子学院教学本土化指标体系，以测评孔子学院的本土化进程与成效。在本土中文教师培养方面，吴坚对孔子学院本土中文教师培养的现状和存在问题进行研究发现，本土中文教师的培养数量不断增加、培养内容不断丰富、培养方式越来越多元化，但也存在培养体系目标欠清晰化、培养结构有待合理化、理论与实践教学学时分配不均、资源整合不足等问题[40]。在中文教材本土化研究方面，李佳等对海外中文教材的出版和使用情况进行研究，分析了中文教材本土化面临的十大关系，并提出孔子学院的发展路径和中文教材本土化策略[41]。

孔子学院的本土化发展是一个复杂的过程，需要孔子学院从多方面入手，全面推进，通过构建本土化教学模式、培养本土化师资队伍、开发本土化教学资源等措施，更好地适应全球化趋势，融入当地社会文化环境。

（4）孔子学院人才培养研究

孔子学院致力于培养具有多元化能力的复合型中文人才。近年来，孔子学院中文教学的不断创新与发展，其教学已不再局限于基础中文，同时也积极开拓了更多特色化中文人才培养课程，"中文＋"和"＋中文"领域的专业中文人才培养研究已成为学术界关注的一大热点。高莉莉通过梳理非洲孔子学院的发展现状，从人才输出、教学资源与条件、中资企业的互动合作等方面，分析了非洲孔子学院在人才培养中面临的挑战，在此基础上提出了非洲孔子学院人才培养和可持续发展的建议[42]。李晓东等从增长原因、需求分布、国别差异等多个维度对中亚本土"中文＋"复合型人才需求状况进行了全面分析，并基于中亚本土"中文＋"复合型人才培养现状及存在的问题，提出了培养方略，为中亚本土"中文＋"复合型人才培养提供了借鉴[43]。李瑞林等则进一步探讨了"中文＋职业技能"人才培养模式，提出"中文＋职业技能"人才培养模式通过国际中文教育和职业教育的有机融合，实现培养"精技术、通中文、懂文化"人才的目标，并提出了"中文＋职业技能"双向多元人才培养模式[44]。

这些专家学者在孔子学院复合型中文人才培养方面取得的研究成果，有助于进一步提升孔子学院的人才培养质量，是各国孔子学院深化人才培养模式改革的重要参考。

（二）国外研究综述

国内专家学者对孔子学院的研究已经形成了相当丰富的体系，他们从宏观、中观和微观等层面对孔子学院进行了深入的分析和探讨。与此同时，国外关于孔子学院的相关研究也呈现出多样化趋势，包括国别区域的孔子学院研究、孔子学院师资研究以及孔子学院文化传播研究等，但大多数研究都从公共外交的视角探究孔子学院的建设与发展，将孔子学院与国家软实力挂钩，认为其是中国软实力提升的一张重要名片[45]。

在过去20年中，孔子学院在全球范围内基本实现了快速布局与发展，为中国文化的海外传播搭建了重要平台。尽管孔子学院的发展已取得一些显著成就，但国外学界对其可持续发展及其在国际文化交流中的作用仍存在一些担忧和质疑。Don Starr认为对孔子学院的评价可以分为两类，一类是内部人士出于对实际问题的担忧，另一类是外部人士对意识形态方面的担忧[46]。Maria Repnikova则认为孔子学院是中国最具争议的软实力输出形式，但孔子学院在埃塞俄比亚的发展相对较为成功，得到了主要参与者的支持。从长远来看，即使在埃塞俄比亚有利的发展环境下，由于埃塞俄比亚管理人员和学生不断提高的期望与当地有限的资源之间存在的明显差距，埃塞俄比亚孔子学院的可持续性发展仍值得怀疑[47]。Kenneth King 在研究中谈到，非洲孔子学院与非洲的英国文化教育协会、歌德学院和法语联盟等存在较多不同，其与历史、应用语言学、教育、艺术和国际关系等不同学科之间的融合，为国际和跨国比较研究提供了丰富的资源。而非洲地区的孔子学院之所以鲜少受到批评，其中一个原因可能是这些孔子学院在一定程度上进行了自我审查[48]。但 Perry Link 的态度则相反，他认为孔子学院带来的主要威胁是日益加剧的自我审查，直接冲击了学术自由的核心[49]。

这些相关研究都进一步展现了海外各国对孔子学院存在的不同层面的质疑与担忧。

此外，国外专家学者对各国孔子学院也做了较多的研究。对于争议性较大的国家和地区的研究相对较多。比如，对美国孔子学院的研究多得出负面观点。这些负面观点在一定程度上也与国家关系变化有关，反映了国际政治环境的复杂性。而亚洲、非洲、欧洲的专家学者对孔子学院的研究视角多样，包括发展情况、师资培养、文化交流与对比等，以及孔子学院对所在国文化、经济等各方面产生的影响。

总体来说，国内外专家学者对于孔子学院的研究角度多样，且其中的大部分通常为涉及多个交叉视角的综合性研究。然而，值得注意的是，尽管国内外专家学者对孔子学院研究的角度多样，但鲜有研究关注孔子学院在立德树人方面的探索与实践，与立德树人相关的研究主要集中在孔子学院的人才培养和优秀中国文化的海外传播这两个方面。立德树人作为中国教育的根本任务，对于培养具有国际视野和跨文化交流能力的复合型世界人才具有重要意义。同样，国内高校对于来华留学生的立德树人探索成果则相对丰富一些。国内高校通过创新教育教学理念以及完善课程体系建设等，为来华留学生提供了更加全面、深入的学习体验。这些经验与研究成果也能为孔子学院立德树人实践提供一定的参考与借鉴。

第二节　孔子学院立德树人的内涵

党的十八大报告中首次将立德树人确立为教育的根本任务，为国内教育界未来发展指明了方向。在党的十九大报告中又进一步强调了落实立德树人根本任务的重要性以及其在新时期中国教育理念和实践中的核心地位。随后，党的二十大报告再次旗帜鲜明地强调"全面贯彻党的教育方针，落实立德树人根本任务"，这一重要论断集中展现了以习近平同志为核心的党中央对立德树人工作的高度重视。

孔子学院立德树人的探索与实践是我国教育立德树人的重要延伸，是中国式立德树人教育理念的国际化应用，既要坚持中国特色，又要借鉴所在国教育理念。国内学术界对立德树人的内涵有过较多探讨，认为立德树人是教育的根本任务，要以人为本，以德育为先，注重人的全面发展，体现教育的人文关怀。这与传统儒家思想强调培养人的道德、注重人的道德品质提升的理念是一致的。

随着时代发展和社会进步，我们所追求的"立德要立什么样的德，树人要树怎样的人"的观念也在不断变化发展。特别是在新时代和历史背景下发展的孔子学院，其立德树人工作与面向国内学生的立德树人工作存在较大差异。明确"立什么德""树什么人""如何定位立德树人"这3个核心问题，对于孔子学院立德树人的探索与实践至关重要。

一、孔子学院立德树人要"立什么德"

"立德"在中华民族五千年文明赓续和血脉传承中起着无可替代的作用。不少名家学者的思想中都蕴含着对"立德"重要性和必要性的论述。"立德"这一概念最早可见于《左传·襄公二十四年》，其中范宣子和叔孙豹在讨论"死而不朽"时，叔孙豹提出："太上有立德，其次有立功，其次有立言。虽久不废，此之谓不朽。"这一观点不仅凸显了"立德"的重要性，更展现了古人对"立德"的坚定信仰。

"德"是中华文化的核心理念，内在表现为个人的品德修养，外在则体现为人的行为规范和准则等，涵盖了仁义、诚信、温良、礼让、恭敬、谦和等诸多美好品质。习近平根据新时代的要求，对中华优秀传统文化关于"德"的基本思想进行了多次解读，强调国家的"大德"，也注重私"德"建设。习近平强调的"德"，不仅是指一般意义上的道德品质和道德能力，还包括理想信念、人生价值追求和法律素养等，是一个人的政治思想品德的综合体现，也是一个人世界观、人生观、价值观、道德观和法治观的集中反映[50]。

在国外教育体系中，对于学生"德"的培养也给予了高度重视。其中，康德的道德哲学、杜威的道德思维发展论、涂尔干的道德教育理论、柯尔伯格的道德发展阶段理论以及罗杰斯的人本主义教育思想等不同理论流派，都对道德教育进行了深入的研究与探讨。这些理论不仅着重关注学生的道德认知水平和行为实践能力的提升，同时也强调培养学生的社会意识和社会责任感，为学校德育提供了坚实的理论支撑和实践指导。这些理论流派的出现与发展，证明了"立德"在全球教育中的重要性和普遍性。

尽管任何社会都强调"德"的重要性，但不同教育背景和不同教育性质对于"德"的内涵、层次和标准有着不同的理解和要求。"立什么德"是孔子学院立德树人探索与实践要解决"培养什么人"以及"怎样培养人"问题的根本和核心。不搞清楚这个问题，孔子学院的立德树人工作就容易陷入形式主义，止于表面功夫。孔子学院立德树人要立的"德"不仅仅指优秀的道德品质、道德能力、理想信念和人生价值等，也不同于国内立德树人教育理念对学生树立社会主义核心价值观及中国特色社会主义共同理想信念等的要求，"德"在孔子学院立德树人工作中的内涵更加丰富而多维，范畴更为特殊，意义更为深远。具体来说，孔子学院立德树人要立的"德"侧重于以下两个方面。

（一）立"传播中华优秀传统文化"之德

"立德"理念始终坚持以德育为先，通过教育引导、感化，激励和培养学生的优秀品德和高尚人格。中华优秀传统美德是我国高等教育立德树人的核心内容，同时也是孔子学院立德树人国际化探索与实践的重点内容。这些包括职业道德、家庭美德和个人品德等在内的中华优秀传统美德大多根植于中华优秀传统文化之中。在党的二十大报告中，习近平总书记强调了推进文化自信自强，增强中华文明传播力和影响力的重要性。这一重要论述点明了传播中华优秀传统文化这一价值目标，也为孔子学院在立德树人国际化探索与实践中"立什么德"提供了答案。

孔子学院作为中文教学和推动中国文化国际传播的平台，有着传播中华优秀传统文化的重要使命。掌握中文听、说、读、写能力并能熟练运用中文进行交流是孔子学院对学生的基本要求，从中华优秀传统文化中汲取优秀传统美德，深入挖掘中华优秀传统文化中讲仁爱、重民本、守诚信、崇正义、尚和合、求大同等时代价值，以润物无声的方式渗透在教育中，提升个人修养、道德品质等，是孔子学院培养全面发展人才的有效方式。

对于孔子学院的非华裔学生而言，理解并认同中国文化与中华优秀传统美德是关键。在多元文化背景下，学生只有理解并认同了中国文化，才能够在学习和生活中践行中华优秀传统美德，传播中华优秀传统文化，在世界舞台上展现中国文化的魅力，讲好中国故事，传播好中国声音，从而促进不同文化间的交流与理解，减少文化冲突、误解和偏见，增进相互理解与尊重。此外，理解和认同中国文化和中华优秀传统美德是培养学生国际视野和跨文化交流能力的重要基础，有助于增强学生的国际竞争力。

对于孔子学院的华裔学生而言，中华优秀传统文化与中华优秀传统美德的传承与传播具有特殊意义。中华优秀传统美德如诚信、仁爱、谦和、忠诚、勇敢等，为华裔学生提供了道德行为的准则和伦理指引，有助于华裔学生在海外生活环境中树立正确的道德观念和行为规范。通过对中华优秀传统文化的学习与传承，海外华裔学生能够更深入地了解和认同自身的文化根源，增强对中国文化的归属感、自豪感和文化自信，有助于华裔学生在海外保持和传承中国文化特色，形成自己独特的文化身份。

（二）立"全球价值观"之德

在中国传统文化中，道德的层次性体现在修身、齐家、治国、平天下这4个不同层面，修身是个人品德方面的成果，齐家是家庭美德建设的成果，治国、平天下则是大德。大德，是指国家社会层面规范建设的成果[50]。在立"传播中华优秀传统文化"之德的过程中，不仅要关注个人层面的小德和私德，还需重视国家、社会层面上的大德与公德的培养。特别是在全球化背景下，孔子学院作为立德树人国际化探索与实践的主阵地，要立"全球价值观"之德，着眼于培养具有全球视野和全球价值观的世界人才。

价值观教育是维系国家制度、社会秩序以及传承民族文化的重要方式，满足一个国家历史发展的需要，凝结着一个民族的精神禀赋和理想追求，具有鲜明的社会历史性与民族国家特质[51]。随着全球化的不断深入发展，各国间的价值观交流不断增多，在交融和交锋的过程中需要更广阔的世界视野，来理解和比较不同价值观。就孔子学院而言，其办学理念和办学特色决定了其立德树人工作应站在全球发展的高度去培养具有社会责任感与使命感的世界人才，使他们具有为国家进步、为世界和平与发展、为构建人类命运共同体做出贡献的意识与能力。

从马克思主义教育思想的理论来源来看，孔子学院立德树人的本质特征在于不仅追求教育本身的效果，其更为宏大的目标则是使个体在为两国经济、政治、人文交流以及构建人类命运共同体而努力的过程中，树立正确的全球价值观，具有国际视野和全球意识，促进个人的全面发展，从而实现自身价值，为推动世界和平与发展贡献力量。

因此，孔子学院在立德树人工作中，要始终坚持以立"传播中华优秀传统文化"之德为核心，同时注重"全球价值观"之德的确立，致力于从小德和私德到大德和公德的培养，使学生能够在未来的国际舞台上，以更加开放、包容、合作、共赢的心态，为世界发展和构建人类命运共同体贡献力量。

二、孔子学院立德树人要"树什么人"

"树人"语出《管子·权修》："一年之计，莫如树谷；十年之计，莫如树木；终身之计，莫如树人。"这段话包含着管仲对于教化百姓的思考，即注重道德的培养，注重"礼义廉耻"对于百姓的价值引领作用，同时也凸显了培养人才的艰巨性和长期性[52]。

树人，要坚持以人为本。加快建设世界重要人才中心和创新高地，要坚持聚天下英才而用之，这是做好人才工作的基本要求。中国发展需要世界人才的参与，中国发展也为世界人才提供机遇。因此，必须实行更加积极、更加开放、更加有效的人才引进政策，用好全球创新资源，精准引进急需紧缺人才，形成具有吸引力和国际竞争力的人才制度体系，加快建设世界重要人才中心和创新高地[53]。人才对外开放是双向的，既要走出去，也要引进来。

目前，国际竞争日趋激烈，归根结底是人才的竞争，且在教育领域体现得最为明显。人才是教育发展的动力，孔子学院作为培养世界人才的重要平台，通过提供优质的中文教育、传播中国文化、拓展学生的国际视野以及提供创业和就业机会等方式，为培养具有国际竞争力的世界人才做出了积极贡献。在立德树人理念的指导下，孔子学院的人才培养应该紧密围绕习近平总书记的重要论述，并结合孔子学院的实际工作，明确要"树什么人"。

（一）树"道德品质高尚"的人

道德品质是个人综合素质的重要组成部分，是个人成长和成才的基石，也是孔子学院人才培养的前提。个人的道德品质决定了其在跨文化交流中的行为与处事方式，也对个人的人生规划与职业发展产生着深远影响。

一个具有良好道德品质的人往往具备更强的社会责任感和全球公民意识，善于团结协作，自律意识强。对于个人而言，具备高尚的道德品质有助于个体在社会中获得更多的信任和支持，从而在个人人生和职业发展中取得更大的成功；同时，也有助于当地社会的和谐稳定，推动孔子学院的可持续发展，乃至为世界进步做出更大的贡献。相反，缺乏道德品质的培养，人才培养便失去了导向和灵魂。没有正确道德价值观的指引，个人的成长和发展可能会偏离正确轨道，变得盲目且自私。这可能导致才能被滥用或误用，对个人发展乃至社会发展造成危害。

因此，高尚道德品质的培养是孔子学院立德树人不可或缺的重要前提条件，既和国外高校的教育理念相契合，也与我国立德树人的目标相一致。

（二）树"语言能力与专业技能全面发展"的人

语言能力是孔子学院人才培养的核心任务之一。通过系统的中文教学，学生能够掌握良好的中文语言能力，包括听、说、读、写等方面的能力，提高其运用中文进行交流和表达的能力，这对于增进学生对中华优秀传统文化的理解，让学生欣赏中华优秀传统文化至关重要，也为促进中国与世界各国之间的人文交流提供了有力支持。

语言能力与专业技能结合是孔子学院立德树人培养全面发展人才的重要途径之一。党的十八大以来，习近平总书记从立德树人的战略角度，提出了"人才是第一资源"的重要论断，倡导培养复合型应用人才，主张人才教育的理论和实践相统一。因此，将中文教学与专业技能相结合，培养"中文＋专业技能"复合型应用人才是新时代孔子学院人才培养的必然要求。孔子学院的人才培养在关注语言本身的同时，也要适应本土环境与当地需求，将所学的语言知识应用到实践之中，从而实现语言能力与专业技能的有机统一，学以致用，学有所用，从而为学生创造更多的发展空间。

（三）树"具备跨文化交流能力"的人

在全球化日益加速的今天，不同文化之间的交流与融合已是必然趋势，跨文化交流能力的培养在孔子学院立德树人工作中同样至关重要。跨文化交流与理解是不同文化背景的人们在交往过程中，通过语言或非语言的形式传递信息、分享观点和理解彼此的复杂过程，能够促进不同文化之间的理解互信与和谐共生，更好地让人们接受文化的多样性。

跨文化交流与理解体现了对他国文化的尊重与包容，是构建和谐社会的基石，是减少文化冲突与误解的关键，是增进人与人之间友谊与信任的根本。每种文化都有其独特的魅力和价值，应该以平等、尊重、包容的态度去对待不同文化，从中汲取智慧，促进不同文化间的交流与融合。同时，跨文化交流与理解也展现了开放与进取精神，是适应全球化变化、抓住时代机遇、实现个人与社会共同发展的重要品质。跨文化交流与理解能力的培养，不仅要求知识层面的学习，更要促进能力和素养的提升。

在孔子学院背景下的跨文化交流与理解是一种双向的互动过程，既推动了中国文化的国际传播，又促进了世界文化的多元化发展，不仅是孔子学院立德树人的重要内容，也是全球教育的重要趋势与要求，对于培养具有全球视野和国际竞争力的人才具有重要意义。

（四）树"讲好中国故事"的人

习近平总书记在全国宣传思想工作会议上的重要讲话中提出："展形象，就是要推进国际传播能力建设，讲好中国故事，传播好中国声音，向世界展现真实、立体、全面的中国，提高国家文化软实力和中华文化影响力。"在二十大报告中，习近平总书记再次强调要"加快构建中国话语和中国叙事体系，讲好中国故事，传播好中国声音，展现可信、可爱、可敬的中国形象"。《中华人民共和国国民经济和社会发展第十四个五年规划和 2035 年远景目标纲要》指出，要"加强对外文化交流和多层次文明对话，创新推进国际传播，利用网上网下，讲好中国故事，传播好中国声音，促进民心相通"。"讲好中国故事，传播好中国声音"逐渐成为国际化综合素质人才培养的目标之一。今天的中国，是紧密联系世界的中国。中国的发展离不开世界，世界的繁荣也需要中国。文化软实力是新时期影响我国国际地位的重要因素。

孔子学院围绕中国式现代化构建话语体系和叙事体系是坚定道路自信、理论自信、制度自信、文化自信的重要途径，同时也是扩大中国文化世界影响力的现实要求。"会讲中国故事"固然重要，"讲好中国故事"更为重要。不仅教师要"会讲中国故事"，还要培养学生"讲中国故事"的能力；不仅中国学生要"讲好中国故事"，也要培养能"讲好中国故事"的外国学生。各国孔子学院是培养"讲好中国故事"海外人才的主阵地，是"传播好中国声音"的重要平台，在立德树人工作中应遵循时代发展需求与国家对外发展战略，重点培养能"讲好中国故事，传播好中国声音"的优秀世界人才。

（五）树"践行人类命运共同体理念"的人

当今世界正发生深刻且复杂的变化，但和平与发展仍然是时代的主题。2017 年 3 月，"构建人类命运共同体"被写入联合国安理会第 2344 号决议。推动构建人类命运共同体是党的主张和国家的意志，体现了我国的大国担当，指明了不同国家和不同民族的共同奋斗方向，展现了中国"和而不同"的哲学思想和"大道之行、胸怀天下"的宽阔胸襟，得到了广大联合国安理会会员国的认可与支持。构建人类命运共同体需要共商、共建、共享，需要语言铺路，需要加强人文交流，同时也要注重教育的重要性。孔子学院属于中国，也属于世界，承载着构建人类命运共同体的使命。作为中国教育资源国际化的平台，孔子学院通过多年的实践探索，根据不同国家和地区的国情和文化，形成了具有中国特色的共建、共管机制。中外方院校在合作的过程中，注重双边需求、双边目标，共同解决问题，共商发展大计，共同应对全球性挑战，彰显了风雨同舟的责任共担精神。

人类命运共同体理念所倡导的和平与发展、公平与正义、民主与自由等价值观，是全人类的共同目标，也是包括孔子学院在内的各类国际化教育机构人才培养工作的基本遵循。孔子学院把人类命运共同体意识的培养落脚到立德树人工作上，是时代的必然要求。

三、孔子学院"立德"与"树人"的关系及立德树人的教育定位

大学之为大，就是在授业解惑中引人以大道、启人以大智，使人努力成为栋梁之材[54]。尽管世界的发展与社会的进步赋予了学校不少使命和功能，但学校的根本任务还是培养人才。人才的培养一定是育人和育才相统一的过程，而育人是根本。人无德不立，育人的根本在于立德[55]。孔子学院的立德树人工作具有一定的特殊性，把握好孔子学院"立德"和"树人"之间的内在关系，明确立德树人的主要目标与根本任务，是孔子学院立德树人工作的先决条件。

首先，"立德"是途径，是孔子学院"树人"的前提与基础。只有先"立德"，才能"树人"有德。树立了正确的道德观念和价值取向，才能培养出有品德、有素质的复合型国际化人才。因此，孔子学院的工作不仅仅是语言文化知识的传授，同样强调学生的内在修养，重视学生道德规范的培养，注重学生的全面发展，本着长远的眼光和开放的姿态，结合所在国国情和自身发展的实际情况对"立德"方式进行适时调整，从而打造符合各孔子学院发展特色的多元化发展格局。

其次，"树人"是目标，是孔子学院"立德"的方向与归宿。"树人"在"立德"的基础上，通过教育将人培养成德才兼备的全面发展的人，是"立德"的延伸与拓展。孔子学院立德树人既主张培养其所在国和中国所需的人才，同样也致力于培养理想中全面发展的高素质复合型人才，这不仅是对学生个人发展的要求，也是对世界发展、所在国发展和社会进步的贡献。

最后，孔子学院的"立德"和"树人"是辩证统一的。"立德"强调道德的养成，"树人"强调能力的培养，二者之间存在递进关系而非平行关系，始终统一于孔子学院的立德树人工作中。孔子学院的"树人"不是"立德"的简

单重复，也不能脱离"立德"去培养人的单项技能。将"立德"和"树人"有机统一是孔子学院立德树人工作的根本要求。

基于二者的辩证统一关系，孔子学院立德树人的教育定位在于其为孔子学院未来可持续发展指明了方向与目标，明确了孔子学院秉持的教育理念，以及要培养什么样的人才、如何培养目标人才。立德树人教育理念在孔子学院的应用与落实，是孔子学院内涵式发展与提质增效的必要保障，是中国式教育理念和思想走向世界的实践成果，与孔子学院致力于传播中文和中国文化的使命紧密相连。这一教育定位是随着世界发展和时代进步而不断深化的，同时它也是基于各孔子学院在不同文化和地域背景下的发展需求和发展目标而逐步完善的。

四、孔子学院立德树人的特殊性

孔子学院作为一个特殊的中外合作办学平台，也是大学教育中的一个重要组成部分。孔子学院进入转型时期后，更加注重办学质量和办学效果的提升，强调内涵式发展。孔子学院的可持续发展必然要求孔子学院工作在一定程度上要吸收高校立德树人思想的精髓，结合孔子学院工作实际，探索立德树人理念在孔子学院建设与发展中的应用与实践方式。党对高校立德树人工作提出的要求，也应是孔子学院应当遵循的准则。而孔子学院的国际化属性决定了其立德树人工作与国内高校面向国内学生的立德树人工作有一定的区别，其特殊性主要表现在以下3个方面。

（一）学生群体多元化

孔子学院分布在160个国家和地区，覆盖范围广泛，其学生群体来自不同国家，拥有不同的教育背景和文化背景等，因国别区域差异化而呈现出国别多元化、主体多元化等特点。

一方面，相较于中国高校面对具有较为单一历史文化背景的国内学生来说，孔子学院的学生群体具有更强的国际化特点和更加复杂多元的特征，他们有着不同的国籍、不同的语言背景和水平、不同的文化传统和价值观、不同的教育背景和学科兴趣以及不同的年龄层次和学习阶段。这种多元性为孔子学院教育工作带来了丰富的元素和活力，促进了世界各国语言文化间的交流与发展，但与此同时也给孔子学院的立德树人工作带来了一定的挑战。

另一方面，孔子学院的学生包括华裔和非华裔两大学生群体，他们的语言背景、文化认同度、学习动机、跨文化交流能力、学习的方式方法等都存在一定差异。这种多元化的学生组成使孔子学院的教学环境更具国际化特色，而面向这两大学生群体的立德树人内涵、目标以及实现路径却不尽相同，不能一概而论。

（二）跨文化交流背景复杂

习近平总书记指出："孔子学院属于中国，也属于世界。"孔子学院是立足于中国国情、中国历史、中国文化的孔子学院，同时也是处于别国政治、经济、文化交流发展大背景下的孔子学院。由于孔子学院的历史使命与办学定位以及学生群体的多元化，跨文化交流成为孔子学院工作的重要特征之一。

中国高校的立德树人工作主要面向中国学生，注重培养学生的综合素质和社会责任感等，强调理论与实践相结合。而在孔子学院立德树人工作中，跨文化交流贯穿始终，这不仅体现在课堂教学上，也体现在教学管理、文化活动和日常交流之中。跨文化交流是个体跨越文化差异，与其他不同文化背景的个体进行有效沟通、交流和互动的过程，涉及语言、文化、思想、习俗、艺术、传统、宗教、价值观念、意识形态等多个方面。学生作为个体通过接触不同的价值观念、文化传统和社会习惯等，增进对中国乃至别国文化的理解与尊重；在面对价值观念、文化差异的碰撞与冲突时，能够处理好复杂的人际关系和矛盾问题，逐渐形成自己的价值观念和人格品质，树立正确的世界观、人生观和价值观，更加全面地认识世界、认识自我。孔子学院的立德树人工作一定是在跨文化交流的背景下进行的，这是孔子学院立德树人工作与国内高校面向中国学生的立德树人工作最本质的区别。

（三）中外德育理念差异

基于不同国家和区域的历史文化背景差异，孔子学院在世界各地所面临的教育理念也各不相同，特别是在一些西方国家。长久以来，中外教育界在德育理念上就存在着诸多分歧，这些分歧主要体现在价值观、教育目标、教育方法、教育政策、社会体系等方面。中国式立德树人理念注重培养学生的品德修养、社会责任感和集体意识等，强调立大志、明大德、成大才、担大任。相对而言，西方德育的目标更加多元化，包括培养学生的个人品格、批判性思维和创造性思维等，注重学生的参与性和自主性，更加强调个人主义、个人权利和个人自由。

因此，孔子学院的立德树人工作应该充分考虑中外德育理念的差异，在理解和尊重不同德育理念的基础上，结合中国式立德树人机制，整合中外双方德育理念，打造既有中国特色又符合当地实际需求的立德树人方案。在做好立德树人工作的同时，要处理好中外德育理念差异所带来的不适应和冲突等。

学生群体的多元化、跨文化交流背景的复杂性以及中外德育理念的差异性，共同构成了孔子学院立德树人工作的独特性质。因此，在推进孔子学院立德树人工作时，不能一味地将我国高校立德树人理念、思路和方式生搬硬套地应用在工作当中，以免造成"水土不服"的问题。相反，应该结合孔子学院的实际情况，审慎地制定适应其特殊性的立德树人方案与策略，以确保孔子学院有效开展立德树人工作。

五、孔子学院立德树人的理论依据与现实意义

现阶段，我国将立德树人作为中国特色社会主义高校的立身之本，是稳步推进中国特色社会主义事业的迫切需要，同时也是进一步适应世界人才培养要求、提升我国综合国力的内在要求。中国特色社会主义建设取得的举世瞩目的成就，为孔子学院践行立德树人理念提供了有力的保障与支持。孔子学院作为分布在世界各国的非营利性语言文化传播机构，是中国式立德树人理念国际化实践的重要平台，是为推进中国式现代化进程和促进世界和平发展培养国际化人才的重要载体。将立德树人理念融入孔子学院的工作，既具有深厚的理论依据，也具有重要的现实意义。

（一）孔子学院立德树人是传播中华优秀传统文化的内在要求

中华民族在五千多年历史中创造和延续的中华优秀传统文化是中华民族的根和魂，也是孔子学院立德树人的重要内容。习近平总书记在党的十九大报告中明确指出："文化是一个国家、一个民族的灵魂。文化兴国运兴，文化强民族强。"这一论述深刻阐述了中华优秀传统文化是国家文化软实力中最深厚的内容，是中国特色社会主义根植的沃土，是我们坚定文化自信的力量源泉。中华优秀传统文化中的仁爱、礼义、诚信等价值观念，对于孔子学院学生道德品质的培养以及正确价值观的塑造具有重要作用。

要让世界了解中国，语言和文化是关键。孔子学院为立德树人的国际化探索提供了重要平台。在当前的转型时期，孔子学院致力于提升办学质量和办学效率，通过教授中文和传播中华优秀传统文化，使孔子学院学生对于中国的了解不仅是浅尝辄止，而是更加深入地了解和认识中华优秀传统文化的内涵、价值以及深层次的精神追求，让中华优秀传统文化在海外得以传播与

发展。立德树人理念蕴藏在孔子学院工作的点点滴滴之中，是在海外传播与传承中华优秀传统文化的必然要求。对于新时代背景下的孔子学院来说，立德树人不仅是提质增效的关键，更是实现可持续发展和提升国际影响力的重要保障。

（二）孔子学院立德树人是促进中外人文交流的重要保证

孔子学院在中外人文交流中扮演着重要的角色。《孔子学院章程》明确指出："孔子学院致力于适应世界各国（地区）人民对汉语学习的需要，增进世界各国（地区）人民对中国语言文化的了解，加强中国与世界各国教育文化交流合作，发展中国与外国的友好关系，促进世界多元文化发展，构建和谐世界。"孔子学院在立德树人理念下培养出的具有扎实中文基础、跨文化交流能力、国际视野和优秀品德的复合型世界人才，不仅在语言技能上有所建树，更在跨文化交流以及中外合作等方面表现出卓越的综合素质和能力，是中外人文交流的重要参与者和推动者，为增进中国与其他国家的人文交流和友谊做出了积极贡献。同时，孔子学院的立德树人探索与实践还有助于增强我国的文化自信，推动中外教育合作与交流、教育资源共享，增进国内外对中华优秀传统文化的尊重和认同，是促进中外人文交流向更深层次发展的重要保证。

（三）孔子学院立德树人是提升国家形象和软实力的关键要素

孔子学院在海外设立，是语言教育机构，也是中国文化对外传播的重要平台，其所承载的价值观和教育理念代表了中国的国家形象。立德树人工作在孔子学院的开展，融合了当地教育理念和中国式立德树人教育成果，使孔子学院教师在教授中文的同时，重视对学生道德、品格、综合素养等方面的培养，从而让学生更好地理解和认识中国，有效地传播中华优秀传统文化。

各孔子学院培养出的优秀人才是中国与世界各国友好交流的桥梁，他们在国际上的言行举止、价值观念、思维方式等都在无形中影响着国际社会对于中国教育理念乃至整个中国的看法。当他们以更加包容、开放、友善的态度参与国际交流与合作时，有助于塑造积极正面的中国形象，增进国际友好关系；当他们在国际舞台上讲中国故事、传播中国文化时，能够进一步增强中国的文化软实力。此外，孔子学院立德树人工作也有助于提高世界对中国教育理念的信任感与认可度，为中国在世界教育领域赢得更多的话语权，提高影响力，是提升国家形象和软实力的关键。

（四）孔子学院立德树人是服务我国对外发展战略和构建人类命运共同体的重要支撑

我国自古以来就有"为天地立心，为生民立命"的价值观念，体现了我国致力于实现"天下大同"的美好愿景。当前世界处于百年未有之大变局，世界多极化、经济全球化趋势加深，国际秩序变革速度加快。世界各国人民命运休戚与共，各国之间的依存和相互联系比以往任何时候都更加密切和频繁。全人类共同价值作为构建人类命运共同体的价值准则和全人类共同的价值追求，是人类发展和进步的必然趋势。在推动构建人类命运共同体的时代背景下，习近平总书记强调："实现中国梦，必须坚持和平发展。我们将始终不渝走和平发展道路，始终不渝奉行互利共赢的开放战略，不仅致力于中国自身发展，也强调对世界的责任和贡献。"这一重要论述反映了中国人民和世界人民的共同心愿，顺应了世界各国相互依存日益深化、人类命运共同体意识不断增强的时代潮流，展现了全球化快速发展时代中国外交的新思路，也体现了中国政府致力于推进世界和平、发展、合作、共赢的坚定信念与决心。

孔子学院是我国对外文化交流的重要窗口，是我国对外教育合作交流的重要载体，是我国参与全球治理、推动构建人类命运共同体的重要力量。孔子学院的立德树人是在国家对外发展战略指导下的立德树人，其人才培养不仅是为了孔子学院的可持续发展，也是为了服务我国对外发展战略，是构建人类命运共同体的重要支撑。

第三节　孔子学院立德树人的工作理念

20 年来，孔子学院始终秉持着"和而不同""求同存异"的办学理念，坚持公益性办学，以构建深化合作、互联互通、持久和平、共同繁荣的世界为宗旨，以全球化的视野促进中外语言文化交流，发展世界多元文化，重视学生语言能力和中国文化感知力的培养，同时也强调多学科融合和综合素质的提升，促进学生语言、思维和跨文化交流等各方面能力的协调发展。在孔子学院办学理念的大框架下，其立德树人工作的开展与推进应该确立以下 5 个工作理念。

一、德育为先

德育作为教育的首要职责和核心任务，是对中国传统教育理念的继承与发展，是学生全面发展的关键，并始终贯穿孔子学院立德树人全过程，对于个人成长、社会和谐以及国家发展都具有重要意义。德育的重要性不仅体现在其对学生的道德品质、个人修养、社会责任感和全球公民意识的培养与塑造，更在于其对学生未来个人与职业发展的深远影响。德育不仅是道德知识的传授，更重要的是通过道德实践来培养具有正确道德情感、道德思维和道德行为的学生。

德育为先不仅是一种教育理念，也是一种历史使命。在孔子学院立德树人工作中，应当树立德育为先的工作理念，将德育放在首位，在传授知识和培养技能的同时，强调和重视学生的个人修养与道德品质的提升。在各层级的中文教学、文化课程以及文化活动中，注意德育元素的渗透与融合，使学生在潜移默化中接受正确的道德引导和德育熏陶。通过引导学生以开放包容的心态去了解和欣赏中华优秀传统文化以及其他文化，来促进不同文化间的交流与融合，进一步提升孔子学院的教育质量和其在当地的社会影响力。

二、言传身教

在孔子学院立德树人工作中，教职人员言传身教的重要性不言而喻。孔子学院的工作注重"言传"，但也不能忽视"身教"的重要性。现阶段，各个孔子学院的大部分教职人员都是从中国派出的，他们的一言一行不仅代表着个人形象，也代表着中国形象，是一张张行走的中国名片。教师在教学工作和日常生活中表现出的行为习惯与道德品质都会对学生产生潜移默化的影响。教师应该正向引导学生在掌握知识的基础上关注他人、关注社会问题、关注全球发展，培养学生的社会责任感和全球公民意识。当教师通过自己的言传身教来诠释德育内涵时，学生能够更直观地理解和感受到背后的道德准则、行为规范和价值观等，更容易让学生形成正确的价值观和道德观，同时也有助于在孔子学院内营造积极向上的教育氛围。

因此，孔子学院立德树人要树立言传身教的工作理念，努力提升教师言传身教的能力和意识，使其成为孔子学院立德树人的有力推动者。

三、因材施教

因材施教是儒家思想的重要教育理念之一，着重强调教育者应该根据学生的个性、特点、兴趣及能力等方面的差异，进行有针对性的教育，开展差异化的教学活动，以最大限度挖掘学生的内在潜力与优势，从而使每个学生都能得到最合适的教育。因材施教是孔子学院立德树人工作中的重要一环。

第一，要深入了解孔子学院所在国的国情。不同国家的文化背景、价值观念和教育需求在一定程度上影响着孔子学院教育教学活动的开展，包括教学内容的选择、教学方法的运用以及教学资源的配置等。因此，在立德树人工作中，孔子学院应该注重国别差异，深度了解所在国文化、习俗、国情及当地学生的学习特点，与所在国教育机构和教育工作者建立良好、稳固的合作关系，通过互相学习、沟通与交流，共同推动中外教育合作与发展。

第二，要充分考虑学生的专业背景。在孔子学院学习中文和中国文化相关课程的学生一般都来自不同的学科领域。学生的专业背景决定了他们在某一专业领域内的基础知识水平和专业素养。在立德树人过程中，了解学生的专业背景有助于教师更准确地把握学生的学习需求，设计具有针对性的教学内容和计划，将中文学习与专业知识相结合，构建"中文＋"多元化人才培养模式，有助于促进学科间的交叉融合和校企之间的合作，增强学生的就业竞争力，让学生更好地适应未来的职场需求。

第三，要尊重并关注学生的个体差异。每个学生都是独立的个体，尊重学生的个体差异是教育工作的基本原则之一。孔子学院立德树人工作致力于促进学生全面发展，需要在教学过程中充分尊重并关注每个学生，通过有针对性的教育和关怀，帮助学生在知识、品德、情感等各方面实现平衡发展，确保每个学生都能够得到平等的受教育机会和教育资源，进而实现教育公平。考虑学生的个体差异也有助于孔子学院在立德树人工作中实施个性化教学，根据学生的特点和需求安排有针对性的教学内容，更好地激发学生的学习兴趣和学习潜能，为培养创新型人才提供有力支持。

四、知行合一

知行合一既是中国古代哲学思想，也是中华优秀传统文化的核心之一。理论知识的学习和实践能力的培养是相辅相成的，是共同构成完整人格的基石。知行合一的关键在于将所学知识付诸实践，并在实践中不断地反思、调整，进而形成自己的独立思考，优化自身的行为方式。实践活动对于学生树立正确的人生观、价值观及社会责任感等具有不可替代的作用。

孔子学院立德树人不仅仅传授知识，更重要的是通过组织多元化的语言实践、文化体验、社区服务、参观访问及实习等实践与体验活动，来引导和深入培养学生对中国优秀传统文化和传统美德的理解、认同，亲身感受中国文化的深厚底蕴与独特价值，更好地帮助学生树立正确的价值观与世界观，形成完整的人格和品德。若学生能够通过实践将所学知识应用到实际生活和国际交往中，则可以提升实际操作与解决问题的能力，实现个人价值与社会价值的和谐统一。

185

五、三全育人

"三全育人"这一理念指的是全员育人、全过程育人和全方位育人。近年来，"三全育人"理念在中国高校和社会各界得到了广泛认可和推广。在孔子学院立德树人工作中，"三全育人"理念同样具有重要意义，是转型时期孔子学院提质增效的有效途径，有助于促进学生的全面发展。

全员育人是"三全育人"理念的核心。孔子学院中外方教师、管理人员及其他工作人员都应积极参与到立德树人工作中来，通过各方协同育人，形成良好的育人氛围和育人体系，共同培养全面发展的复合型人才。全员育人打破了传统模式下仅由中文教师负责孔子学院学生育人工作的局面，将立德树人工作的参与主体扩展到全院上下，充分利用孔子学院中外方资源，让每个成员都参与到学生的成长成才过程中，都有责任为学生的成长成才贡献自己的力量，从而为学生享受到更多元、更全面的教育体验。

全过程育人是"三全育人"理念的纵向延伸。在孔子学院立德树人过程中，育人工作应该贯穿始终，尤其是对于孔子学院中长期中文学员来说，全过程育人尤为重要。立德树人不是阶段性的任务，而是一个持续不断的使命，体现了育人工作的连续性、持续性和长期性。从学生加入孔子学院学习课程开始到结业，甚至到结业后，从中文学习到文化体验，从初级语言水平到高级语言水平，育人工作都不能停下脚步，更需要教育者的坚持与耐心。孔子学院围绕培养全面发展的高素质人才这一总体目标，通过对学生的持续关注和引导，帮助学生培养良好的品德，树立正确的价值观，也体现了孔子学院对立德树人的重视和对学生成长成才的深切关怀。

全方位育人是"三全育人"理念的横向拓展。全方位育人应该渗透在学生学习和生活的方方面面。通过全方位育人，孔子学院能更加深入地贯彻落实立德树人理念，从多维度和多层面对学生进行教育和培养。这不仅包括关注学生的知识学习和技能实践，还重视学生在情感、身体、道德、心理等各方面的状态，在这些方面重视对学生的培养，使学生在学业上有所成就，在品德、态度、价值观等方面得到全面提升。全方位育人不仅注重学生的全面发展，还注重各层次教育资源的整合，从而构建多元化的育人环境，为孔子学院立德树人提供全方位的支持；同时，强调在不同的场景和环境下给学生全面的教育，包括课堂教学、课外交流、社会实践、文化体验等多种形式，通过全面、系统、深入的培养，构建全面、立体、多元的育人格局。

在孔子学院办学理念的指导下，其立德树人的工作理念涵盖了以上多个方面。这 5 个工作理念相互关联、互为补充，共同完善了孔子学院立德树人工作的指导思想，是孔子学院教师在教学实践过程中应当时刻把握的理性认识和主观要求。并且，随着时代的发展与知识的更新，孔子学院教师也应在工作理念的指导下，不断更新自己的知识和观念，以适应新的发展需求。

第四节　孔子学院立德树人的构成要素

孔子学院立德树人的过程是一个全方位、多层次、综合性的教育过程，教育主体、教育客体、教育媒介和教育环境这 4 个核心要素相互关联、相互影响、相互协调，共同构成了孔子学院立德树人的独特育人模式，共同推进孔子学院立德树人工作的深入发展。

一、孔子学院立德树人的教育主体

教育主体，指的是教育活动中有意识地认识和作用于客体的人，一般指的是教育者，即有意识引导、启发、教育学生的思想和行为的人。在孔子学院立德树人工作中，教育主体主要包含以下 5 类人员。

（一）中外方院长

孔子学院中方院长通常由中方合作院校选拔派出，具有丰富的中文教学经验和中国文化传播能力，肩负着推动孔子学院发展的重要使命。孔子学院外方院长则通常来自孔子学院所在国，对当地的教育政策、教育环境以及教育需求有深入的了解，并具有丰富的教学和管理经验。中外方院长共同负责孔子学院的日常运营、教学管理以及文化交流等各方面的工作，不仅是孔子学院发展的领导者和组织者，也是孔子学院立德树人理念的推动者和实施者。

为实现立德树人的教育目标，中外方院长需紧密结合所在孔子学院的发展定位和目标，以及所在国国情、教育现状和需求等因素，明确立德树人工作的具体目标，制定具体的教育方案，确保立德树人理念能够贯穿孔子学院各项工作。此外，定期选拔具有较高教学水平和教育素养的教师，可为孔子学院立德树人工作提供稳定的师资支持，并不断关注教师个人素养的提升和专业发展。在此基础上，中外方院长应该建立健全所在孔子学院的立德树人教育评估体系，对学生的学习效果和教师的教学效果进行评估，根据评估结果及时调整和改进立德树人理念的实践方案，从而确保孔子学院立德树人总体目标的实现。

（二）公派中文教师和中文教师志愿者

公派中文教师和中文教师志愿者是和孔子学院学生接触最为密切的两大群体，承担着孔子学院大部分的教学和文化活动开展等工作。

公派中文教师主要是由国内学校派出的教师，以高校和中小学教师为主，具有丰富的教学经验和立德树人工作经验，能为学生提供优质的语言教学服务和文化体验。中文教师志愿者也是孔子学院中文教学和文化活动开展的重要力量，多从国内本科、硕士在校学生中选拔派出，具备一定的中文语言知识、中国文化知识及中文教学经验，能独立或协助公派中文教师开展教学活动，参与或组织孔子学院文化活动等。

无论是公派中文教师还是中文教师志愿者，都在孔子学院立德树人工作中扮演着关键角色。他们作为中文教学的主体力量和中国文化传播的重要使者，直接承担着传授中文知识、培养中文交际技能、传播中国文化的重任，也在立德树人过程中发挥着示范和引领作用，是孔子学院学生成长成才道路上的重要引路人。

（三）海外中文教师志愿者

海外中文教师志愿者是孔子学院师资队伍的重要补充和支持力量，一般多为长期定居在海外的华人华侨，具备母语水平的中文听、说、读、写能力和深厚的中国文化知识，并且十分了解孔子学院所在国国情和教育现状等，精通当地通用语言，有较出色的中文教学能力和跨文化交流能力。与公派中文教师和中文教师志愿者相比，海外中文教师志愿者常常具有更丰富的本土生活经验或工作经验，在工作中能够发挥更好的沟通交流能力，与学生建立更为紧密的联系，从而提升育人效果。海外中文教师志愿者与公派中文教师、中文教师志愿者之间相互协作，进一步推进孔子学院的中文教学、文化传播和立德树人工作，促进跨文化交流和理解，是孔子学院教职员工团队和立德树人工作的重要组成部分。

（四）本土中文教师

本土中文教师一般指的是在孔子学院工作的、母语为非中文的非中国籍中文教师。孔子学院能够可持续发展离不开一支海外本土中文教师队伍，本土中文教师是孔子学院必不可少的海外力量。

近年来，随着孔子学院的本土化发展，对于本土中文教师的需求日益迫切。孔子学院对于本土中文教师的要求和选拔标准也日趋严格，不仅要求本土中文教师具备较高的中文水平和丰富的中国文化知识，掌握中文教学的基本理论与技能，还要能深入对比中外教育体制与文化差异并具备出色的跨文化交流能力，对中国文化有着深入的理解和热爱，能够以国际化的视野参与到孔子学院的可持续发展和立德树人工作之中，以自身的中文学习和跨文化交流经验来引导和培养学生，以更加生动、有趣、浅显易懂的方式将中国故事呈现给学生，用贴近当地学生的语言和方式，全面展现中国的传统文化、社会生活和现代化发展的方方面面，传播好中国声音。

（五）中外方行政管理人员

在孔子学院的运作与发展中，除了以上 4 类教育主体外，还有一些专门负责孔子学院发展和运行的中外方行政管理人员。尽管他们没有直接参与课堂教学，但对孔子学院的运行与发展较为了解，能为学生提供全方位的服务，如课程介绍、问题咨询等，帮助学生解决学习和生活中遇到的问题；也能为教师提供必要的管理和支持服务，包括教学资源的分配以及课程安排与协调等，以确保教师能够专注于育人工作。这些中外方行政管理人员是孔子学院稳定发展的重要支撑和保障。

从整体上来看，孔子学院中外方院长、4 种类型的中文教师以及中外方行政管理人员之间的相互协作、相互支持和密切配合，共同构成了推动孔子学院不断发展与进步的核心力量。孔子学院立德树人的关键在于中文教师，关键在工作中发挥中文教师的积极性、主动性和创造性，为学生展现全面、立体、真实、多彩的中国文化，在潜移默化中引导学生深入理解、认识中国，学习和传播中国优秀的传统美德与精神。

习近平总书记在 2016 年教师节之际，明确提出"四个引路人"的要求，即教师要做学生锤炼品格的引路人、做学生学习知识的引路人、做学生创新思维的引路人、做学生奉献祖国的引路人。这一要求对孔子学院中文教师而言，具有深远的指导意义。中文教师应该结合孔子学院的实际工作，落实并本土化习近平总书记"四个引路人"的要求，践行于孔子学院立德树人工作中，做学生品格塑造的引路人、做学生中文学习的引路人、做学生了解中国的引路人、做学生践行人类命运共同体理念的引路人。

此外，教师不仅是引路人，也是人类灵魂的工程师，肩负着神圣的使命与职责。作为传道授业解惑者，教师首先要明道、信道，努力成为中华优秀传统文化的传播者，担起孔子学院学生成长成才引路人的责任，在教学中尽可能采用启发式教学方式代替灌输式教学方式，以引导学生在思考问题、发现问题和分析问题过程中发现结论并找寻规律。同时，教师应坚持显性育人和隐性育人相结合，实现全员、全过程、全方位育人。一名优秀的孔子学院中文教师应该具备以下基本素质。

第一，崇高的使命感。中文作为世界上最古老的语言之一，承载着中华民族五千多年的文明与智慧。为了让这门语言和中国文化在世界各地开花结果，中文教师肩负着光荣而神圣的使命。这种使命感源于对中国文化的深厚感情以及对培养世界人才的责任感，同时也体现了强烈的家国情怀。公派中文教师、中文教师志愿者和海外中文教师志愿者都应始终保持对家国的深厚感情，心中有信念，才能不断地从祖国的发展历史与进程中汲取优秀精华，丰富思想，从而有效融入孔子学院立德树人工作。

第二，开阔的国际视野。鉴于孔子学院中文教师的工作地点一般都在海外，具有开阔的国际视野对于他们在孔子学院开展工作至关重要。开阔的国际视野能够帮助中文教师更好地了解不同国家和文化背景的学生，进而更好地进行跨文化交流与沟通。同时，开阔的国际视野能够让中文教师从多元文化中汲取经验和灵感，丰富教学内容和方法；能够站在国际视野思考孔子学院的立德树人方法，并通过生动、深入的中外对比，以浅显易懂的方式引导学生了解中国、认识中国，以便他们未来能更好地参与和融入与中国相关的人文交流和工作。孔子学院作为中国文化传播的重要平台，拥有国际视野的中文教师能更好地展示中国文化的多样性和包容性，从而促进中国与世界的人文交流。

第三，敏锐的创新思维。随着全球化的发展，各国教育环境和需求在不断发生变化，语言和文化的发展也呈现出动态变化趋势。这就要求孔子学院中文教师需要具备敏锐的创新思维，以适应全球化带来的变化，及时应对新的挑战和需求，根据孔子学院立德树人工作理念灵活地调整教学策略和内容，激发学生的创新潜能，学会用跨学科的综合思维方式来创新课堂教学，带给学生新的学习体验，从而引导学生树立正确的世界观、理想信念，使学生更容易理解和认可中国人的思维方式和博大精深的中国文化。

第四，坚定的文化自信。坚定文化自信是孔子学院立德树人工作的动力源泉。习近平总书记提出的"四个自信"——中国特色社会主义道路自信、理论自信、制度自信、文化自信是孔子学院教师在立德树人工作中应该遵循的准则。拥有坚定的文化自信，能让中文教师自豪地向世界展示中国文化的独特魅力和价值，更好地引导学生理解和尊重不同文化，让学生正确看待全球化带来的文化挑战，培养学生在跨文化交流中保持开放包容的文化态度、文化自信和文化自觉，从而在文化多元的世界中保持独立思考和判断的能力。此外，在中外文化交流过程中，难免会遇到文化冲突的情况，这就要求教师应该时刻增强自身的文化自信，才能从容面对和解决立德树人工作中遇到的文化冲突问题。

二、孔子学院立德树人的教育客体

教育客体通常指的是教育活动中的对象或目标，这些对象或目标因教育场景的不同而有所差异。在孔子学院立德树人实践中，其教育客体具有复杂性和多元性特点。一方面，包括在孔子学院或孔子学院下设教学点注册学习中文和中国文化的学生；另一方面，还延伸到了更为广泛的社会层面，涵盖了参加孔子学院文化交流活动的当地民众，如社区群众、企业员工和其他社会成员等。

（一）注册学生

注册学生是孔子学院立德树人教育客体的核心，基于学生的特征，可以将其细分为以下 3 类。

1. 华裔学生和非华裔学生

根据血统和文化背景的不同，孔子学院注册学生可以分为华裔学生和非华裔学生两类。

（1）华裔学生

华裔是一个相对较为宽泛的概念，一般指的是具有中国血统的华人在其旅居国所生并持有旅居国国籍的后代，华裔学生包括在国外定居或出生并已取得中国以外国籍的学生。从血统上来说，他们可能父母双方都是中国人或有一方为中国人。父母一方为中国人的华裔学生所面临的文化冲突会比父母双方都是中国人的华裔学生更多，不仅要面对家庭内部的文化冲突，还要面对家庭外部的文化冲突，但其显现出的文化包容性和开放性更强。除此之外，甚至还有一些具有更复杂文化背景的华裔学生。

华裔学生的家庭和社会环境或多或少与中文和中国文化紧密相连，受家庭环境或所在华人社区的影响，华裔学生往往具有一定的中文基础，能够流利地使用中文进行对话交流。因此，孔子学院华裔学生的学习动机呈现出多元化的特点。他们学习中文可能是出于对中文和中国文化的兴趣、对家族传统的尊重、对中华优秀传统文化的传承、对未来职业发展的考虑。在孔子学院学习的华裔学生中，青少年占据大多数，且中文水平较高。因此，除了语言教学，孔子学院还更注重提高华裔学生的文化知识水平和道德修养，向国内学龄青少年的培养目标靠近。此外，华裔学生对于中国文化有更强的身份认同感，愿意将自己视为中华民族的一部分并在海外传承和弘扬中国文化。

（2）非华裔学生

非华裔学生一般指的是那些不具有华裔血统或文化背景的学生群体。非华裔学生来自不同的文化背景，对中文和中国文化的了解相对较少，中文基础薄弱，往往零基础开始学习中文，逐步建立起对中文和中国文化的认知和理解。由于缺乏像华裔学生那样的身份认同感，非华裔学生的学习动机通常更加实际，可能出于对国际交流的需求或对未来职业发展的考虑，将中文视为一种交流工具或语言技能，旨在通过中文学习提升自己在国际交流中的竞争力。

由于华裔学生和非华裔学生在文化背景、语言基础、学习动机、学习目标以及文化认同等方面存在显著差异，孔子学院面向二者的立德树人目标与策略也存在较大差异。

针对华裔学生开展的立德树人工作更加强调深化文化认同感、民族自豪感和社会责任感，强化高级别中文教学，注重道德品质的培养，通过传授中华传统文化中的核心价值观，如仁义礼智信等，来引导华裔学生树立正确的世界观、价值观和道德观。

对于非华裔学生来说，打好中文基础是首要任务，体验中国文化是并行目标。通过培养非华裔学生在实际生活和工作中运用中文进行交流的能力，使其逐渐理解中国优秀文化的深层次内涵和核心价值观，通过亲身体验、感知、参与中国文化活动，深化理解和认同中国文化的内涵与价值。在中文学习和文化体验的基础上，进一步培养非华裔学生的道德品质和价值观念。

2. 在校学生和社会学生

根据学生就读状态的不同，孔子学院的注册学生可以分为在校学生和社会学生两类。

（1）在校学生

在校学生一般指的是在孔子学院所在外方大学或孔子学院下设教学点就读的学生，通常是在学校接受正式教育的学生群体，包括中文专业学生、专业必修课学生、专业选修课学生和中文兴趣课学生。

相较于其他类型的在校学生，中文专业的学生学时最长、稳定性最强。国外大学一些开设中文专业的学院在师资力量不足的情况下，往往依托孔子学院师资来进行学生培养。因此，孔子学院对中文专业学生的立德树人工作要求更加严格，其目标应落脚于培养语言基础扎实、文化素养深厚、道德品质良好和具有全面发展能力的优秀本土中文教师和中国文化海外传播者。

对于专业必修课和专业选修课的学生来说，在打好中文基础的前提下，孔子学院应尽可能创造更多课内外机会让学生理解、感受和认同中国文化以及其背后蕴含的优良道德传统。这类学生在自己所学专业的基础上选修或必修中文这门课程，是孔子学院培养"中文＋"职业技能复合型人才的主要对象。通过开设如《商务中文》《旅游中文》《工程中文》等"中文＋"职业技能课程，让中文学习和学生本专业知识内容融合，从而培养懂中文又有技能的全面发展的综合型人才。

在所有在校学生中，中文兴趣课学生最多，但一般学时最短，稳定性最弱，学生流失率最高。由于中文兴趣课学生没有学业成绩的约束，学生的学习自由度较大，能够坚持长期学习中文的学生人数随着中文水平的提高逐渐减少，呈现出金字塔式的发展趋势。初级阶段的学生众多，越往中高级阶段，学生人数依次递减。因此，教师的引导和教学能力在中文兴趣课中显得尤为重要。针对这类中文兴趣课学生的立德树人工作，应以兴趣为中心，注重文化体验和中文学习兴趣培养，以理解性为主，应用性为辅，从而让中文兴趣课学生为长期学习和深入了解中国文化打好基础。孔子学院不同在校学生的类型、特点和培养侧重点见表5-7。

表5-7　孔子学院不同在校学生的类型、特点和培养侧重点

在校学生类型	学时	人数	稳定性	培养侧重点
中文专业学生	长 （18～25节/周）	较少	强	中文语言能力、文化素养、良好品德、跨文化交流能力
专业必修课学生	较短 （4～6节/周）	一般	较强	"中文＋"职业技能、文化素养、良好品德
专业选修课学生	较短 （4～6节/周）	一般	较强	"中文＋"职业技能、文化素养、良好品德
中文兴趣课学生	短/较短 （1～2或2～4节/周）	较多	弱	学习兴趣、基础中文、文化体验、跨文化交流意识

（2）社会学生

社会学生一般指的是已毕业或参加工作后利用业余时间在孔子学院学习中文的校外学生，可能是来自各行各业的社会工作者、职场人士和文化爱好者等。社会学生的年龄跨度较大，教育背景多样，受教育水平不一，学习目的多样。有的可能是因为自身对中文和中国文化的兴趣而学习中文，有的则是因为职业发展的需求或文化交流的需要等。虽然社会学生的个体间差异较大，但一般都有较明确的学习目标，并能够根据自身专业技能追求和个人兴趣爱好发展需求，自主制订个性化学习计划。在人数达到一定规模的情况下，孔子学院也

会专门为某一类社会学生开设定制化的中文课程，比如为海关边检人员、银行职员、旅行社工作人员开设的定制类中文课程等。因此，针对社会学生的立德树人工作应该以某一学习目标和学习需求为主线，注重实用性和职业发展，强调道德修养提升和品格塑造，强化社会责任感，提升国际视野，关注终身学习和自我发展能力的培养，以帮助社会学生更好地适应社会进步与个人成长需求。

3. 成人学生和未成年学生

根据学生的年龄层次，孔子学院的注册学生群体可以分为成人学生和未成年学生两类。成人学生和未成年学生在思想塑造、价值观认知、接受能力以及心理等方面均表现出显著的差异性（表5-8）。

表5-8　孔子学院不同年龄层次学生的类型和特点

按年龄分类	年龄段	思想塑造	价值观认知	接受能力	心理
成人学生	18岁及以上	自主性强	明确、清晰	有独立思考能力和批判思维	较成熟稳重
未成年学生	4～17岁	可塑性强	尚在建构	容易接受新事物和新观念	尚未成熟

（1）成人学生

成人学生由于已经积累了一定的学习经验、人生经验或职场经验，因此在心理上更显成熟稳重，对自我认知、情绪管理、目标规划等方面有更加成熟的思考和处理能力，对自己的身份和角色有明确的定位，对自己的兴趣、能力、价值观等有清晰的认知，在思想塑造上表现出更强的自主性，具备独立思考能力和批判思维，能对所学的知识进行独立思考、深入分析和内省反思，形成自己的独立见解，有较强的适应性和灵活性，在面对挑战和文化冲突时，能更加冷静地应对复杂情况。基于成人学生的这些特征，孔子学院在立德树人工作中应更加注重实践性和实用效果，关注个人品德的提升及社会责任感、世界公民意识的培养，引导成人学生以开放包容的态度对比、了解和接纳多元文化，汲取精华，兼收并蓄，不断提高自身综合能力。

（2）未成年学生

未成年学生一般来自孔子学院下设的中小学或幼儿园教学点，学生年龄跨度较大，小到4岁，大到17岁。此阶段的学生正处于成长发育阶段以及思想塑造和价值观形成的关键时期，对世界的认知和理解尚显不足，对自己的身份、能力和兴趣还处于探索和建构中，心理尚未成熟，不确定性较强，思维方式灵活多变，易于接受新事物和新观念，但同时也易受到外部环境和他人的影响。尽管如此，未成年学生的可塑性强，可以通过孔子学院立德树人工作来引导和塑造他们形成正确的价值观、行为规范和行为习惯，逐渐培养其对中国的认知和态度。

此外，未成年学生往往对中文和中国文化表现出浓厚的好奇心和探索欲。这种好奇心和探索欲有助于他们在中文课堂和中国文化实践体验活动中更深入地探索和感受中华优秀传统文化的魅力。因此，孔子学院教师在面向未成年学生开展立德树人工作时，应特别注重道德修养和品格的塑造，将立德树人工作与语言学习紧密结合，加强实践体验和感悟，让未成年学生在做中学、在做中感受。

华裔学生和非华裔学生、在校学生和社会学生、成人学生和未成年学生这3类孔子学院注册学生是存在交叉的。这种交叉凸显了孔子学院学生构成的复杂性和多元性，也为孔子学院的教学工作和立德树人工作带来了诸多机遇与挑战。基于此，孔子学院需根据不同学生的背景和特点，推出合适的立德树人工作方案和教学方案，以满足各类型学生对于中文学习、中国文化理解和个人能力提升等多方面的需求。

（二）当地群众

除了注册学生，孔子学院面向社会开展的文化活动也吸引了大批当地群众参与，这些当地群众构成了孔子学院立德树人教育客体的一个重要组成部分。近年来，孔子学院的文化活动在全球范围内吸引了两千万以上群众参与，受众数量庞大。

尽管这些当地群众没有在孔子学院注册学习中文等课程，但却是中文和中国文化走向世界的重要推动者和传播者。他们来自不同国家、不同文化背景、不同年龄层和不同职业领域等，涵盖了教师、学生、商人、政府部门工作人员、工程师等各行各业，具有广泛的社会代表性和多元性。这种广泛的社会代表性和多元性使得孔子学院的文化活动能够覆盖更多的当地社会人群，使不同行业的社会群众体验中国文化、了解中国社会，增进不同文化之间的交流互动和理解认同。

鉴于当地群众参与孔子学院文化活动的频次和深度有限，接触到中国文化的机会不多，因此面向这类群体的立德树人工作无法从严格意义上的品德修养和价值观培养上展开，其侧重点应更多放在中国文化体验上。通过文化体验让更多当地群众对中国文化产生兴趣，增强他们对中国文化的认同感。同时，孔子学院也可以与当地社区、学校和机构建立长期稳定的合作关系，定期共同举办中国文化体验活动，增加当地群众接触中国文化的机会，不断优化活动内容和形式，提高文化体验的质量。这将有助于促进中国文化在海外的传播。

三、孔子学院立德树人的教育媒介

教育媒介，即在教育教学过程中，用以传播、呈现和展示知识、信息及教学内容的各种工具、媒体与资源。国际中文教学资源是孔子学院开展中文教学的重要基础，是中文和中国文化走出去的重要载体。在孔子学院立德树人工作中，合理运用教育媒介，能有效提高教学效果、丰富教学内容，进一步推动孔子学院立德树人工作的深入与全面开展。孔子学院常见的教育媒介主要包括纸质媒介、数字媒介、实体媒介及社交媒介四大类型。

（一）纸质媒介

纸质媒介是孔子学院在教学中最基本和最常用的工具，包括教材、练习册、教辅资料、工具书、分级读物、经典文学作品和文化书籍等。纸质媒介以其稳定、可靠且直观的特性为孔子学院教学提供了基本保障。

教材作为纸质媒介的核心，不仅为学生学习中文提供了专业、系统的语言知识，更融合了丰富的文化内容，使学生更好地理解和使用中文进行日常交流。练习册和教辅资料等纸质媒介能帮助学生巩固和拓展练习所学知识，加深对知识点的理解和记忆。工具书、分级读物、经典文学作品和文化书籍等则为学生课外阅读和自学提供了丰富的资源。

截至 2021 年年底，全球共有国际中文教材 19 530 种，数字资源 9 780 余种，教学资源注释语种达 80 种。我国共支持 126 个国家（地区）中文教学机构、出版机构开发了 3 466 种本土教材（表 5-9）。70 多套中文教学资源以多种方式进入了 20 多个国家的国民教育体系，深化了教学资源本土化的内涵[56]。

表 5-9　部分国家本土中文教材

国别	本土中文教材
韩国	《儿童汉语 Boom Boom》《生活中国语》《汉语入门》《美味汉语》《畅谈·汉语·初阶》《YBM 汉语初阶》《中国语》《新攻略汉语》《汉语精通》《DARAKWON 中文会话》《PAGODA 中国语》《说汉语》

（续）

国别	本土中文教材
日本	《本気で学ぶ中国語》《たのしくできるWe can! 中国語》《大学生初级中国语》《开始吧! 中国语》《正规系统学中文》《标准高校中国语》
泰国	《创智汉语》《中文朋友》《初级汉语》《通讯汉语》《汉语应用》《中学华语》《华语读本》《快乐学中文》《汉语十日通》《汉语语言文字启蒙》《体验汉字》《天天汉语》《泰国人学汉语》
马来西亚	《华语入门》《基础华语》《国小华语》
印度尼西亚	《高级汉语》《千岛华语》《好学生华文》《印尼小学华文》《初级标准华语》
越南	《汉文新教科书》
菲律宾	《菲律宾华语课本》
俄罗斯	《实用汉语教科书》《汉语入门》
白俄罗斯	《汉语》
乌克兰	《汉语》《中文课本》《汉语新起点》
德国	《龙》《同道》
法国	《你说呢》
意大利	《意大利人学汉语》《慢慢来》
西班牙	《汉语之路》《Kids Way to Chinese》
芬兰	《走吧》
英国	《汉语口语》
美国	《欢迎》《中文听说读写》《环球汉语》
澳大利亚	《启航》
喀麦隆	《你好喀麦隆》

目前，除了一些国家和地区的孔子学院有自己的本土中文教材外，大部分孔子学院仍依赖于通用中文教材（表5-10）。一些通用中文教材已被翻译成不同语种以适应不同国家的中文教学需求，其中以英语注释版本的中文教材最为常见。这些通用中文教材适用性广，不受地域、文化或教育制度的限制，遵循统一的教学标准、规范和大纲，能在中文学习方面提供系统的指导。同时，通用教材往往配备丰富的教辅资源，如练习册、多媒体材料等，有助于教师灵活开展教学活动。然而，相对于本土教材而言，通用教材在针对性和文化适应性方面略显不足。本土中文教材往往紧密结合当地教育制度、课程标准和考试要求等，文本内容贴近当地生活，更能满足当地学生的实际需求，但在初、

中、高水平的连续性和衔接性方面较为薄弱。初级水平的本土中文教材居多，覆盖初、中、高水平且成体系的本土中文教材仍然较少。

表 5 - 10　孔子学院常用通用中文教材

教材类型	中文教材	出版社	首版时间
成人中文教材	《发展汉语》	北京语言大学出版社	2005 年
	《成功之路》	北京语言大学出版社	2008 年
	《新实用汉语课本》	北京语言大学出版社	2009 年
	《HSK 标准教程》	北京语言大学出版社	2014 年
	《博雅汉语》	北京大学出版社	2005 年
	《体验汉语》	高等教育出版社	2005 年
青少年儿童中文教材	《快乐汉语》	人民教育出版社	2003 年
	《跟我学汉语》	人民教育出版社	2004 年
	《轻松学中文》	北京语言大学出版社	2006 年
	《汉语》	暨南大学出版社	1998 年
	《中文》	暨南大学出版社	2007 年
	《YCT 标准教程》	高等教育出版社	2015 年

以教材为代表的纸质媒介是实现孔子学院立德树人工作目标和任务的重要载体和工具。这些纸质媒介是教育内容的直接体现，承载着中华优秀传统文化、中国语言知识及跨文化知识等内容。通过纸质媒介，学生能够更好地了解和掌握语言知识和文化知识，为孔子学院立德树人工作建立良好基础。纸质媒介不仅是知识的传递工具，也是价值观的引导和塑造工具，教师在教材中选取合适的内容和适当的呈现方式，从而引导学生形成正确的世界观、人生观和价值观。因此，教材是实现孔子学院立德树人目标的重要工具，为孔子学院立德树人工作提供了有力的支撑和保障。

（二）数字媒介

数字媒介是指以数字形式存在的内容以及存储、传输、接收这些数字媒体内容的设备。数字媒介是传统纸质媒介的数字化演变，实现了传统纸质媒介与现代信息技术的有机融合。在信息化时代，数字媒介凭借高效的信息传递能力，突破了地域限制，实现了海量信息的快速精准传播，能够同时呈现文字、图片、音频、视频等多种媒体形式，具有可靠、稳定、实时、安全、便捷和交互等特征。学生们可以通过多样化的方式与数字媒介进行交互，从而获得个性化、定制化的信息服务。在数字化信息时代，数字媒介已深刻改变了人们的生活方式、社会交往模式，并对教育、文化产业的发展和演进产生了深远影响。

孔子学院的发展离不开数字媒介的作用。近年来，孔子学院已开始积极利用数字媒介开展中文教学工作和中国文化传播工作。目前市面上的国际中文教育数字资源，可以分为以下 3 个主要类别。

1. 数字化图书

数字化图书包括数字教材、数字读物及电子词典 3 类，一般可配置在线课程、课件、讲义、案例、练习、测试、数字化应用及读物等丰富的数字内容。

数字教材是孔子学院数字教学资源建设中最为重要的一部分。北京语言大学出版社、华语教学出版社、高等教育出版社以及外语教学与研究出版社等机构为孔子学院教学提供了多达 687 种的数字教学资源，为孔子学院开展教学工作提供了有力辅助。然而，目前交互性教材数量较少，这将是未来发展的重要方向，有待进一步开发和完善。

数字读物的阅读方式也在不断创新与发展，满足了学生碎片化的学习需求，在孔子学院教育教学过程中起到了重要作用。数字读物不仅为学生提供了丰富的课外阅读材料，还支持多种互动方式，方便学生进行自主阅读和学习。例如，《七色龙汉语分级阅读》这一中文分级读物，突破了传统的"纸质书＋封闭平台"模式，将文字、图片、音频和视频媒介进行了融合，重新打造了新形态的中文分级读物。

电子词典相较于数字教材和数字读物来说，体量较大，但又是学生学习过程中不可缺少的数字辅助工具。目前，可供孔子学院师生使用的电子词典约有 10 种，包括一些资源型词典、转换型词典及融媒型词典，如万有知典、JUZI 汉语、Pleco 等。特别是近年来逐渐发展起来的融媒型电子词典，对纸质词典进行了数字化重建，对词条内容进行了数字化处理，引入图片、音频、视频等多种元素，甚至在一些词条的释义中融入其背后所隐含的中国文化知识和中国优秀传统价值观念等，为学生提供了更为丰富的参考资料。

2. 数字化平台

数字化平台的建设为孔子学院的中文学习者提供了丰富的中文学习资源，在孔子学院教学中的运用逐渐普及，不仅推动了孔子学院教学方法的创新，还显著丰富了教学内容和形式，进而提升了学生的学习体验及课堂的教学效果。这些数字化平台涉及在线课程、学习工具、互动练习等。目前主流的中文和中国文化教学数字化平台包括直播平台、慕课平台和微课平台等，如孔子学院全球门户网站、全球中文学习平台、中文联盟、北京语言大学国际汉语慕课中心、学堂在线、唐风汉语、中文路、沃动科技等。此外，还有一些国外知名数字化教学平台，比如 Coursera、Udemy 等也为孔子学院的中文学习者提供了不少数字化资源。孔子学院通过已搭建的在线教学平台或自主建设的在线教学平台，逐步发展和完善了线上教学。这些数字化平台不受时间、地域限制，为更多的孔子学院学生提供了学习中文和了解中国文化的机会。同时，线上的互动交流方式有效增强了学生的参与感与归属感，进一步推动了互助学习和合作学习的开展。

3. 数字化应用

数字化应用在孔子学院教育教学中逐渐普及，主要包括数字化网站和数字化 App 两类形式。鉴于智能手机的广泛普及，除数字化网站外，针对移动设备开发的中文学习应用日益增多，此类应用使学生可以随时随地学习，方便学生利用碎片化时间学习，是课堂教学的重要补充工具。这些 App 不仅为学习者提供了中文学习、技能练习、HSK 复习等功能，还为教师备课及自我提升提供了有力支持，同时也为孔子学院线上文化传播与展示提供了广阔平台，通过线上和线下同时进行的形式，将受众范围扩展至世界各地，促进了中文和中国文化的国际化传播。

利用好数字媒介是孔子学院做好立德树人工作的新途径。孔子学院可以通过筛选已有的数字平台或自主构建专属数字平台，为学生提供丰富的线上学习资源与优质服务，通过平台以更加生动鲜活、具象化的方式向学生传授中华优秀传统文化，传递孔子学院的教育理念和价值观等。利用数字媒介开展、组织各种线上活动，如线上讲座、文化体验、语言文化竞赛等，为学生提供更多的学习和展示机会，从而可以促进学生的全面发展和个性成长。

（三）实体媒介

实体媒介是指那些以实物形态存在的、通过物理方式传递信息的非数字化媒介形式。在孔子学院各项工作中，实体媒介发挥着举足轻重的作用，主要包括一些用于文化活动展示和课堂教学展示的具有中国特色的实体物品。相对于单纯的图片展示和文字描述，实体媒介更具趣味性、吸引力和互动性，以"看得见、摸得着"的形式为学生或当地群众呈现中国历史、中国艺术、中国民俗等各方面的特色，从而使他们更直观地感受到中国文化的魅力和深厚底蕴。这些实体媒介，如传统服饰、工艺品、书法用品、剪纸用品、传统乐器、钱币、中国画、茶具、传统点心等，从视觉和触觉上增强了学生和当地群众对中国文化的感知与理解能力，对课堂教学、语言实践以及文化活动起到了重要的辅助作用。

此外，孔子学院设立的主题文化体验中心、图书馆、阅览室、展示柜等，展出相关主题的实物，向世界展示了中国文化的独特魅力和深厚底蕴，还为当地学生和群众深入了解和体验中国文化提供了活动和学习的场所。

（四）社交媒介

社交媒介是一种基于用户关系的互联网内容产生和交换平台，允许用户撰写、分享、评价、讨论和相互沟通，具有快捷性、便利性和传播速度快的特点。在孔子学院立德树人工作中，社交媒介是个"隐形"的树人工具。通过利用国外社交媒介，孔子学院可以迅速传播信息，扩大在当地的影响力，吸引更多当地群众关注和了解孔子学院。相较于举办文化活动，社交媒介具有低成本、高效率的优势，能在当地建立一定规模的社会关系网络，为孔子学院可持续发展奠定基础，为多元文化交流、理解和互信提供平台。

孔子学院通过开设的官方社交媒体账号，制作并发布优质短视频、图文故事，进行直播等，展示中国的多彩风貌和独特魅力。同时，在社交媒体上分享孔子学院的教学活动和学生学习经历等，能让更多人了解孔子学院和中国语言文化。为确保孔子学院社交媒体账号的有效运营，孔子学院应安排专人负责运营，与平台用户进行积极的沟通交流，反馈用户建议与意见，通过社交平台的数据分析，了解受众的兴趣和需求，从而精准定位受众，推送更符合其需求和喜好的内容，从而提高孔子学院在社交媒介讲好中国故事和传播好中国声音的效果和内容质量。此外，孔子学院可以利用社交平台的各种功能，如话题讨论、投票等，增强用户的参与度和黏性，通过举办线上活动，吸引更多用户关注和参与，进一步提高孔子学院在当地的知名度和影响力，为孔子学院立德树人工作搭建有效平台。

四、孔子学院立德树人的教育环境

教育环境是个综合、复杂且多维的概念，狭义上指的是影响学习者的学习过程和教师在教育教学过程中的各种要素和条件，也可以说是一个以教育为中心，对教育的发生和发展产生制约和调控作用的多维空间和多元关系系统。在孔子学院立德树人的教育背景下，教育环境主要包括物理环境、社会环境和师生关系这3个重要方面。

（一）物理环境

孔子学院立德树人工作的物理环境要素主要包括学校、教室、办公室及图书馆等场所的硬件设备设施、空间布局及装饰风格等。一个理想的学习环境能够为学生提供安全、舒适的学习空间，有利于教师教学活动的开展和学生学习注意力的集中。为了营造良好的物理环境，孔子学院大楼、办公室的规划与设计以及教室的布置应充分体现中国传统文化元素与现代科技的结合，展现具有中国特色的环境氛围，使学生感受到中国文化的深厚底蕴。同时，孔子学院在条件允许的情况下，应尽可能提供一系列先进的教学设施，如多媒体教室、远程共享终端设备、图书馆及体验中心等。通过这些富有中国元素的符号和现代化的技术产品，打造一个既舒适美观又充满中国文化特色的物理环境，从而为学生的学习与成长成才提供优质条件。

（二）社会环境

孔子学院所处的社会环境对立德树人工作的开展具有重要影响。由于孔子学院所处位置基本都在海外，其所在国的社会文化环境、社会经济环境和社会政治环境都在一定程度上影响了孔子学院的发展。

孔子学院所处的社会文化环境若具有更强的包容性和多样性，能够尊重不同文化之间的差异，能够为学生提供丰富的文化资源和良好的学习氛围，就更有利于孔子学院立德树人工作的开展。孔子学院所在国的社会经济发展水平直接关系到孔子学院的教学条件、教育质量以及学生受教育的机会。因此，孔子学院在发展的过程中应密切关注所在国的社会经济环境的变化与发展，积极争取可以争取到的社会资源，为学生提供更好的受教育机会和更优质的教育服务。此外，孔子学院发展也应该积极融入当地社会，与政府和社区建立良好的合作关系，关注所在国社会政治环境的变化与发展，注重学生的政治素养、社会责任感、世界公民意识和正确价值观的培养。

（三）师生关系

构建和谐的师生关系是促进孔子学院立德树人工作开展和实施的关键之一，也体现了中华优秀传统文化的核心价值观，如倡导师生之间平等、互助、互信的关系，提倡尊师重道、教学相长、仁爱之道和忠诚守信等。

第一，师生之间应相互尊重和平等对待。教师应尊重学生的个性、差异和兴趣，关注每位学生的成长成才。在师生相处过程中应互相尊重，彼此平等对待，实践孔子学院言传身教的立德树人工作理念。孔子学院应引导学生尊重教师，积极参与学习过程，从而建立和谐融洽的师生关系，为立德树人工作奠定坚实基础。

第二，师生之间应积极互动并建立有效沟通。教师和学生之间保持积极互动并建立有效的双向沟通是孔子学院立德树人工作可持续开展的重要一环。教师在课堂内外应关注学生的学习情况，及时给予正面的反馈、指导和帮助，引导学生主动反馈学习成果和提出问题。通过积极的双向沟通，建立起有效的教学和学习机制，从而提高孔子学院立德树人的实际效果。

第三，师生之间应合作共进和共同成长。孔子学院师生之间应建立开放、畅通的沟通渠道，共同制订明确的学习目标和计划，让学生参与到教学设计和教学评价中来，开展合作式学习，培养团队精神和协作能力，师生共同参与孔子学院组织的各类文化活动和实践项目。同时，教师也应不断提升自身教学水平与专业能力，参加教育培训和学术研讨会，不断与时俱进更新教育教学理念。师生之间相互促进、相互学习、相互成长，共同推动孔子学院立德树人工作的深入开展。

第四，师生之间应注重情感关怀。情感关怀不仅有助于建立良好的师生关系，还能够促进学生的全面发展，增强学生的学习动力，提高自我价值感。教师应积极倾听学生的想法、感受和困惑，尝试理解学生的内心世界，通过倾听和理解，更好地把握学生的性格特点和学习需求，从而提供更有针对性的教学指导和帮助。教师应关心学生的生活和成长，给予必要的支持、鼓励和正面反馈，肯定学生的努力和成绩，增强学生的自信心和学习动力，帮助学生建立起积极的自我形象。师生之间建立互信是实现情感关怀的关键，是孔子学院营造和谐、包容、开放的学习氛围和开展立德树人工作的基础。

在孔子学院立德树人工作中，教育主体、教育客体、教育媒介和教育环境是不可或缺的四大核心要素。教育主体作为引领者和实施者，负责引导和推动整个教育过程；教育客体作为主要对象，接受并内化教育内容；教育媒介作为重要载体和工具，有效连接着教育主体和教育客体；教育环境为整个教育过程提供了重要背景和支撑。只有充分发挥这四大核心要素的作用，实现协同发展，才能有效推动孔子学院立德树人工作的深入开展，为培养复合型世界人才做出贡献。

第五节　孔子学院立德树人的探索与实践

在全球化与国际化不断深入发展的今天，孔子学院作为中文和中国文化的传播平台以及中外文化交流的桥梁，在中国对外交流中发挥着重要作用。面对多元化的挑战与国际交流的新形势，孔子学院步入转型时期，对人才的培养质量提出了更高的要求，以适应新时期孔子学院在全球的可持续发展。如何在孔子学院工作中落实立德树人理念，培养兼具"传播中华优秀传统文化"和"全球价值观"之德的道德品质高尚、语言能力与专业技能全面发展、具备跨文化交流能力、能讲好中国故事并践行人类命运共同体理念的复合型世界人才，已成为转型时期孔子学院建设与发展的一大课题。

本节以福建农林大学与南非德班理工大学共建的德班理工大学孔子学院（以下简称德班孔院）为例，阐述在立德树人理念的指导下，德班孔院在中文教学、中国文化海外传播、"中文＋"职业技能培训、师资培养以及其他人文交流活动等方面进行的持续努力与实践，总结在立德树人实践中所取得的经验与成就，找寻将中国式立德树人理念国际化、孔子学院化的模式，探索适用于孔子学院立德树人的路径。

德班孔院成立于 2013 年 3 月 26 日，是习近平主席作为中国新一任国家元首外交出访见证签约的第一家孔子学院，是南非第二大省夸祖鲁-纳塔尔省唯一一所孔子学院，中方合作院校为福建农林大学。德班孔院于 2014 年 2 月正式启动运营，位于德班理工大学 ML Sultan 校区，设有中国文化体验中心、图书室、专用中文语音教室、中国茶文化展示中心、"中文＋"职业技能培训基地等，并设立了汉语水平考试中心和国际中文教师证书考试中心。

2017 年，德班孔院从全球 525 所孔子学院和 1113 个孔子课堂中脱颖而出，获得"全球先进孔子学院"荣誉称号。同年 4 月，国务院副总理刘延东访问德班理工大学，充分肯定了德班孔院运行以来在诸多领域取得的成绩。

2020 年 7 月，德班孔院顺利完成从孔子学院总部转隶中国国际中文教育基金会的工作，成为全球首批获得基金会授权使用孔子学院品牌、名称和标识的海外孔子学院之一。

2020 年 12 月，中国国际中文教育基金会正式批复了德班孔院申请以"中文＋"职业技能和技术培训中心为特色的全球示范孔子学院建设项目。德班孔院将开拓性地成为"一站式"服务中心，从语言教学、文化体验，到提供技术、创新和创业支持，将指引孔子学院走上新型特色发展道路，以市场需求为导向，让中文学员学有所长、学有所用，为促进中南两国人文交流、服务当地经济发展贡献力量。

2022 年 1 月，德班孔院设立了南非首个福建旅游海外合作推广中心以及福建文化海外驿站，从而更好地发挥德班孔院的桥梁作用，整合各方优质资源，精准助推福建文化和旅游产业发展，在南非乃至整个非洲推介福建的文化与旅游资源。

2023 年 8 月，国家主席习近平复信德班孔院师生，鼓励他们学好中文，为传承发展中南两国友好事业、促进中非友谊合作贡献力量。复信精神引起全球孔子学院和国内高校等文化教育界的热烈反响。同年 9 月，福建省委副书记、省长赵龙莅临德班孔院考察调研，与给习近平主席写信的师生代表座谈交流，并参加了德班孔院十周年庆典，共同为德班孔院"中文＋"职业技能实践中心和中南智慧菌草平台项目揭牌，为德班孔院组织编写的全球首本中文—祖鲁语学习词典揭幕，并为德班孔院筹建的南非首个中国茶文化展示中心揭牌。

2023 年 11 月，福建农林大学与德班理工大学拟以孔子学院为平台深化合作，双方商议在高层次人才培养方面开展合作。福建农林大学计划在 2024—2030 年，为德班理工大学培养 50 名博士，推动两校在人才培养、科研合作、人文交流方面走深走实。

自成立以来，德班孔院一直致力于满足南非当地人民对中国文化的了解以及中文学习的热切需要，适应当地实际需求开展中文教育和文化交流活动，旨在增进中南人民彼此的了解和友谊，加强中南两国教育文化的交流与合作，促进中南人文交流。同时，德班孔院大力发展"中文＋"职业技能和技术培训项目，探索校企合作模式，为学员就业、创业创造机会。

德班孔院已逐步发展为南非颇具影响力的中文教学中心及中南教育文化等多领域合作的重要平台，在立德树人的国际化探索与实践中积累了宝贵经验，取得了初步成果。

一、中文教学中的立德树人实践

课程教学是孔子学院的首要任务和核心工作，是孔子学院开展其他各项工作的重要基础，也是其实践立德树人教育理念的关键途径。孔子学院开设的课程主要包括中文课程、中国文化课程及其他定制化课程等。其中，中文课程是孔子学院教学工作的重中之重。无论是开展文化活动、进行人文交流还是进行师资培训等，都以中文教学为基础，紧密围绕中文教学而展开。中文教学的质量和成效对孔子学院整体的发展具有决定性影响。孔子学院在中文教学中的立德树人实践，对中文教师也有着较高的要求。在遵循教学规律、教学原则和教学目标的基础上，教师应强化立德树人意识，通过深入挖掘中文教材中的德育元素、创新中文课堂教学方法以及整合利用数字化资源，潜移默化地将"德"的培养融入中文教学。

（一）深入挖掘中文教材中的德育元素

中文课堂是孔子学院立德树人的主要阵地，中文教师、中文教材和教学方法在其中起着重要作用。在开展中文教学前，全面且深入地对中文教材进行研究和分析，能从整体上把握教材的内容和结构，包括对课文、对话、语言点、练习等各个部分的深入了解，以识别和挖掘其中所蕴含的具有丰富文化内涵的显性和隐性德育元素。通过解读教材中的德育元素，可以引导学生理解中国文化的核心价值观和道德行为规范。在此基础上，教师可根据教材内容巧妙地设计德育活动，将教材中的德育元素与实际生活相结合，从而使学生能够更加直观和深入地领会这些元素的意义和价值。通过生活实例的引入和实践活动的组织，可以激发学生的情感共鸣，从而通过教师的言传身教在中文教学中践行立德树人理念。此外，教师在挖掘教材中的德育元素时，应根据课堂实际情况不断反思和改进教学方法和教学策略，对课后教学效果进行评估，对学生反馈进行回应，对教材内容进行再解读等。通过课后反思，可以不断提升教师挖掘德育元素的能力和中文教学的质量，将立德树人目标切实融入中文教学目标。

中文教材中的德育元素可划分为显性与隐性两类。对于初学者和入门阶段的学生来说，由于其语言能力的限制，多数德育元素都以隐性的形式呈现在教材中，内容相对简单，道理浅显易懂。直到接近中级水平后期，对应教材中才会逐渐出现一些显性的德育元素。教师可根据教学目标及学生需求灵活选择是否深入展开教学。这些隐性的德育元素往往蕴含着中国传统价值观点等，是引导初级中文水平学生理解和认同中国文化和价值观的基础，在初级中文教学中不可忽略。当学生语言水平及文化理解能力进一步提升，进入中高级学习阶段时，教材中的德育元素往往以显性德育元素为主，同时辅以隐性德育元素，二者在教材中交替出现，内容更为丰富，对学生的理解和认知能力提出了更高的要求。

以德班孔院选用的《成功之路》系列中文教材为例，案例 5-1、案例 5-2 和案例 5-3 分别是选自本套教材的初级、中级和高级 3 个不同阶段的课文，这些案例所蕴含德育元素的理解难度呈现递增趋势。中文教师在初级阶段的教育引导尤为重要，能为学生中高级阶段的学习理解以及道德品质培养等奠定坚实基础。

📁 案例 5-1

孔子是中国古代著名的教育家和思想家。当时，人们都叫他"孔圣人"，但是他却十分谦虚，时刻注意虚心向别人学习。

传说有一次，孔子带着几个学生去各地讲学。一天，他们来到一座山下，正准备休息，却忽然下起大雨来了。正在这时，走过来一个老渔夫，他把孔子和孔子的学生们领进了一个山洞避雨。山洞是老渔夫休息的地方，面对着大海。孔子在洞口欣赏着雨中的海景，看着看着，随口说出了两句诗：风吹海水——千层浪，雨打沙滩——万点坑。老渔夫听了这两句诗，说道："先生，您说得不对呀！""怎么不对呢？您看怎么改呢？"孔子问。老渔夫说："如果改成'风吹海水层层浪，雨打沙滩点点坑'，海浪一层一层的，沙坑一点一点的，数也数不清，这样不是更好吗？"

孔子一听，觉得老渔夫改得特别好。不料，他的一个学生却表示出了不满，他对老渔夫说："孔子可是圣人，他的诗你怎么能随便乱改！"老渔夫也不高兴了，大声问道："谁是圣人？"那个学生指着孔子说："这位就是孔圣人！"老渔夫拍着那个学生的肩膀说："小伙子，圣人说的话常常很有道理，但也不一定事事都比别人高明啊！"孔子听了，连连点头，他严肃地对学生们说："老人家说得非常对，大家一定要记住他的话。"

这虽然只是一个传说，但是它告诉我们这样一个道理：任何人都有不懂的东西，任何人都会出错，但是错了要马上改。

资料来源：《成功之路·进步篇（第1册）》第12课《孔子与渔夫》[57]

案例5-2

每年下第一场雪的日子，我都会想起多年前一个雪天的经历。

那些日子我始终被一件事情烦恼着。我认识的一个人说了很多我的坏话，深深地伤害了我，我一定要当面去问问她，为什么要这样对我。

机会来了。我出差去某地，恰好要经过那人所在的城市。

我向朋友要来了她的地址，决定在那个城市停留一下，突然出现在她家门口，义正词严地指责、批评她，然后马上就走，坐下一班火车离开。

从早上开始，天空就阴沉沉的。风变得潮湿，让人透不过气来。火车到达那个城市已经是傍晚了。我走出车站，发现外面下起了雪。

那场雪下得很大，我照着地址打听路线，天慢慢黑了下来。完全不熟悉的街名和听不懂的方言，使我很不安。但我只能继续往前走，去找那个记在一张纸条上的地址。我还得抓紧时间赶回车站，有一班火车将在半夜经过这个城市往南，一旦赶不上，我就只好在车站过一夜了。

207

雪越来越大，风也越来越强，分不清楚天上地下。那条胡同怎么还没有出现呢？我明明是朝着那个方向走的啊。

那时我发现，自己一定是迷路了。

我又饿又累又冷，恨透了那个惹是生非的女人，都是因为她，我才饱受痛苦。今晚我要是能找到她，非得狠狠地批评她一顿，让她无地自容，让她向我赔礼道歉，以解我心头之恨！

就在那时，我看见街边一个窗口透出了灯光，我上前敲门，打算问路。

开门的是一位上了年纪的大娘，好像正在做饭，她擦了擦手上的水，接过我那张写着地址的纸条。她仔细看了看纸条，打量了我一下，问："你不是这地方的人吧？"我点点头。她拿起一条围巾说："那地方太难找，跟你说不明白，还是我领你去吧！"

不等我回答，她已经出了门。

她走得挺快，我赶紧跟在她身后。

"这大雪天出门，一定是有要紧的事吧？"她回过头大声说。

"哦……"我答应了一声。

"猜你是去看病人吧？看把你累得急得！是亲戚？朋友？"她慢了下来，一边拍着肩上的雪，一边问。

亲戚？朋友？病人？还是别的什么人？我沉默着，没有说话。我能告诉她自己其实是去找一个"仇人"兴师问罪吗？

似乎就在那一刻，我忽然对自己来这个城市的目的和意义产生了一些怀疑。

脚下突然滑了一下，大娘扶住了我。

"这讨厌的雪！"我小声说。

"别着急，别着急，就快到了！"她说。"再往前数三个门就是。"她抬起一只手，擦着脸上的雪水。

"大娘，请回吧，我可以自己找到了。"我说。

她又重复指了一遍，便往回走。刚走几步，又回过头，大声说："别担心，明天太阳出来，这雪化了，就有路了！"

听了她的话，我在那里站了很久，雪落满我的肩膀，冷风吹在我的脸上。湿重的背包、鞋和围巾似乎一下子失去了重量，心中的怒气也忽然消失……

——明天太阳出来，这雪化了，就有路了！

雪化了，就有路了——那么，就把冷雪交给阳光去处理吧。雪能让人迷路，却不能永远盖住道路，因为路属于自己的脚。人与人之间如果曾经产生过什么误解，充满阳光的心能原谅和化解一切。

那个风雪的晚上，我在她家门口平静地站了一会儿，轻轻将那张纸条撕碎，然后慢慢朝火车站走去。

资料来源：《成功之路·提高篇（第2册）》第8课《雪化了，就有路了》[58]

📁 案例5-3

枪声让他们走进无人区——可可西里环保志愿者小记

新华网西宁6月6日电（记者侯德强 凌朔） 第一批可可西里环保志愿者一个月的任期已经接近尾声，当记者走近其中几位刚刚巡山归来的环保卫士时，完全被他们的乐观、坚毅与自信所打动。

在可可西里这片广袤而脆弱的土地上，缺少的是氧气，但志愿者们的勇气，使这里充满生机。他们给可可西里这位"美丽的少女"带来了活力和希望，也给高寒草甸和藏羚羊、藏野驴、野牦牛、棕熊带来了安宁。

"我愿意当可可西里的野人"

记者在格尔木第一次看见杨震时，凝视了他好久：凌乱不羁的络腮胡子，类似高寒草甸的头发，黝黑健康的皮肤……，如果不是因为他戴着一副极具个性的黑框眼镜，真的会把他当做一个"野人"。当我们开玩笑地问他是否因为巡山条件艰苦而变成这般模样时，他避而不答，只是说了一句："如果可以的话，我愿意当可可西里的'野人'，来保护藏羚羊。"

今年38岁的杨震来自北京，作为志愿者中的老大哥，他在巡山过程中表现出了超群的刚毅与坚强。据其他几位志愿者介绍，无论条件如何恶劣，杨震都能以苦为乐，吃得香，睡得着，仿佛那里是自己的家一样。由于杨震多年来四处独闯，积累了大量野外生存经验，因而也被其他几位志愿者誉为"一本鲜活的生存指南"。

当记者与这几位志愿者同去沱沱河，途经气候条件极为恶劣的五道梁保护站停车休息时，杨震看见厨房里挂着的一只剥了皮的生牛腿，便像主人一样走上前去，用随身携带的刀割下一大块分发给我们。在高原地区，生牛肉是许多藏族人日常饮食和招待客人的佳肴。当我们这些记者还正仔细观察，不知从何处入口时，杨震一手拿蒜一手拿肉，已经嚼得有滋有味了。

更令人佩服的是，当我们身穿羽绒服还被冻得瑟瑟发抖时，他只穿了一件短袖T恤和薄薄的马甲，他这种超常的适应能力甚至超过了在高原上生活多年的藏族同胞。

在此次志愿者活动中，杨震还承担了音像摄制任务，仅录音带、录像带就录了几十盘，数码照片也拍了几百张，为此次活动保存了珍贵的音像资料。

可可西里"永不消失的电波"

在可可西里无人区，任何手机、收音机都收不到信号，但在这些年轻的志愿者中，却有一个公认的"广播电台"，那就是安徽姑娘洪波。

山东志愿者贺红军告诉我们，只要有洪波在，就没有寂寞。"虽然她是女性，但在艰苦的巡山过程中不但没有表现出畏难情绪，而且还用自己健谈、幽默、乐观的个性给大家以鼓舞。"

虽然大家经常拿洪波开玩笑，说她是"30 岁的人、80 岁的唠叨嘴"，但她却总是大大咧咧地一笑了之。其实谁都知道，在寂寞荒芜的"无人区"宿营，需要性格健谈的人带来生气，特别是巡山过程中遇到险情时，只要有一个人保持乐观，就可以打消绝望的念头，提升所有人的信心。

上海姑娘戴文婧告诉记者，就在前两天的巡山任务中，他们的吉普车在可可西里腹地——青海、新疆交界处迷失了方向，车走了一天后发现又回到了原地。由于汽油不够，大家多多少少都表现出了一点儿绝望，杨震甚至还录制了类似遗言的录音。只有洪波，不但没有情绪变化，还滔滔不绝地给大家讲笑话，使得大家振奋起来，一下子找对了出路，顺利地走出了无人区。

在记者与志愿者同去沱沱河保护站的两天时间里，几乎每时每刻都在收听这位安徽姑娘的"广播电台"，大家还逗趣地告诉我们，当洪波在夜里"广播"时，连可可西里深山里的棕熊、羚羊、雪豹都躲在帐篷外偷听呢。

"我们要继续留下来！"

就在我们准备离开沱沱河保护站返回格尔木时，一辆营救被困志愿者的吉普车也及时返回营地。志愿者福建姑娘江艳莲和广东姑娘黄展蓝下车后，看见了可可西里国家级自然保护区管理局局长才嘎，情不自禁地奔向前去，抱住局长潸然落泪。50 岁的才嘎本人也流下了激动的泪水。

"我们不怕苦，但是雪暴让我们不能继续巡山，车也彻底坏了，我们因为没有完成这次巡山任务而感到遗憾。"江艳莲显出十分沮丧的神情。"我们要继续留下来，加入第二批志愿者，我们要圆满地完成一次巡山才不枉此行啊！"

对于这些在大城市长大的年轻志愿者来说，也许他们从来没有遇到过这样的困难，也许他们从来没有过在生命边缘挣扎的经历，然而他们的泪水不是因畏惧这些艰辛与苦难而流的，他们抱怨自己没有真正为可可西里尽到自己的责任。

离开这几名志愿者的时候，记者向他们挥了挥手，也向这美丽的可可西里挥了挥手。感谢他们所表现的勇敢、坚强与智慧，也深信美丽的可可西里会永远美丽。

资料来源：《成功之路·成功篇（第1册）》第1课《可可西里》[59]

这些中文教材中的德育元素多以故事的形式精心编排，旨在让学生在阅读故事的过程中提升中文水平和语言表达能力，同时潜移默化地吸收优秀的道德品质与价值观，为学生讲好中国故事、传播好中国声音提供了丰富的文化素材，为中文教师在中文教学中实践立德树人提供了重要资源。这些元素以不同的形式存在，如课文中生动的故事情节、对话中的礼貌用语表达、文化介绍中的深层价值观等。通过深入挖掘这些德育元素，教师可将德育自然地融入中文教学，引导学生树立正确的道德观和价值观，增强对多元文化的敏感性和包容性，有助于学生在跨文化交流中更好地展示自身文化素养和道德品质。

（二）创新中文课堂教学方法

建构主义认为学习是学生主动建构知识的过程，并非被动地接受知识。在传统中文教学中，主要聚焦于语言知识讲授和语言技能训练，对于学生道德品质和全面发展的培养重视不足。经过 20 年的发展，各孔子学院在中文教学方法上或多或少都形成了一定的固定模式。然而，在孔子学院转型的关键时期，为了实现更高质量的发展，对创新中文教学方法提出了新要求。这种创新对于孔子学院立德树人工作具有积极的推动作用。

德班孔院中文教师团队在立德树人理念指引下，结合新时代的特征与需求，积极面对挑战，创新中文教学方法，通过创设真实或模拟情境，鼓励学生积极参与和互动，引导学生主动探索学习中文和中国文化的方式；通过线上线下融合教学，拓展学生学习时间与空间，为学生提供更加灵活多样的个性化学习支持。同时，中文教师作为学生学习中文的引导者和支持者，重在帮助学生建构自己的中文知识体系，培养学生的自主学习能力。这不仅有助于提升教学效果，激发学生学习兴趣和创新能力，还能有效促进跨文化交流和理解。

（三）整合利用数字化资源

随着科技的不断发展，数字化资源在孔子学院教育教学中发挥着举足轻重的作用，是孔子学院在新时代背景下实现教育创新，提升教学效果和教学管理水平的重要工具。通过有效整合与利用数字化资源，孔子学院能以更加高效有趣的方式促进立德树人理念的落实。

孔子学院教师在数字化教学方面已拥有相对较为完善的外部平台支持，这些平台虽能基本满足孔子学院的数字化发展需求，但针对性和连贯性略显不足，仍需不断优化资源筛选与整合机制，构建适应不同水平中文学生的数字化资源体系。在此背景下，德班孔院在应用综合数字化教学平台的基础上，整合了各平台丰富的教学资源，如在线课程、互动练习、模拟测验等，以确保学生能够随时随地学习中文，提高学习效率。同时，德班孔院特别关注融合了立德树人教育理念的线上平台，借助这些数字化资源，在中文教学中设计富有引导性和启发性的教学内容，以培养学生良好的道德品质和社会责任感。

📁 案例 5 - 4

德班孔院下设教学点树德书院，是一所专门为南非夸祖鲁-纳塔尔省德班市周边地区华人华侨子女提供中文和中国文化教学服务的周末中文学校。德班孔院常年为树德书院派驻中文教师，以支持面向华裔学生的中文教学工作。树德书院秉承的"树德"理念与孔子学院落实的"立德树人"理念相契合。树德书院同样致力于培养学生优秀的道德、品行、修养等品质，使其成为有德之人，凸显德育在华文教育中的核心作用，强调个人的道德品质是其成长与成才的基石。

由于海外师资和教学资源相对较为匮乏，特别是在 2020 年新冠疫情暴发以后，德班孔院下设教学点树德书院同样面临教师资源和教学资源短缺的问题。为克服这些难题，德班孔院整合了多平台教学资源，通过线上教学资源库共享优质教学内容。利用华文教育基金会为海外华裔学生专门设计制作的线上课程《中华文化实景课堂》，让学生在内景老师和外景老师的带领下以及德班孔院教师的课堂指导下，身临其境地去感受中华文化的魅力。这些融语言知识与中华文化于一体的教学内容包括了地域文化、美食文化、名人文化、民族文化、古都文化、非遗文化、历史文化、艺术文化等。截至 2024 年 2 月，《中华文化实景课堂》系列资源已经更新到第 491 期，为海外华裔学生认识中国，树立民族认同感和自豪感提供了丰富的资源。除此之外，各类网页和手机终端上丰富的线上课程、课外阅读资源等都为德班孔院中文教学中的立德树人工作提供了广阔的平台和多元化的资源。充分利用这些丰富的数字化教学资源，不仅让中文课堂教学更加游刃有余，也有助于华裔学生在海外环境中扩展中华文化知识视野、培养中文阅读习惯、提高中文思辨能力，为华裔学生深入了解中华文化精髓和中华文化价值体系等提供了有力支持。

二、中国文化海外传播的立德树人实践

习近平指出："博大精深的中华优秀传统文化是我们在世界文化激荡中站稳脚跟的根基。中华文化源远流长，积淀着中华民族最深层的精神追求，代表着中华民族独特的精神标识，为中华民族生生不息、发展壮大提供了丰厚的滋养。"[60]中华民族拥有着五千多年的优秀传统文化，是中华民族的"根"与"魂"，其中蕴藏了立德树人的丰富资源[53]。

孔子学院承担着传播文化、承续文明的重任，秉持着开放包容、交流互鉴的理念，致力于将中国文化的魅力和智慧传播到世界各地，为世界文化多样性的繁荣与共融贡献己力。这是一项需要长期坚持、持之以恒的崇高事业，也是孔子学院一直以来不懈追求的目标与使命。孔子学院在中文教学中的立德树人注重深层次与多维度的拓展，而在推动中国文化海外传播中的立德树人则更强调广度与影响度的提升，可以通过因地制宜地开展多样的文化体验活动以及深化文化品牌项目发展来实现这一目标。

（一）开展多样的文化体验活动

文化体验活动是通过亲身参与和体验来增进对特定文化的理解和感受的活动，是一种以实践活动为载体的文化传播和交流方式。通过举办形式多样的文化体验活动，孔子学院为学生们提供了与来自不同文化背景的人们交流的机会，这种交流不仅有助于学生增进对中国文化的理解与认同，也促进了学生对他国文化的尊重，让学生以开放包容的心态看待不同文化，从而培养学生的全球化视野和国际意识。

在立德树人理念的指导下，德班孔院紧密结合南非当地文化背景和民众需求，积极开展各类形式多样的文化体验活动，如春节联欢晚会、中秋诗会、元宵灯会以及龙舟竞渡等活动，在中国文化体验中融合中国文化知识和中国核心价值观，如诚信、仁爱、礼义、团结等，其宗旨不仅限于传播和介绍中国文化，更注重在文化体验活动中培养受众的跨文化交流能力和世界文化意识等。同时，在多样化的文化体验活动中，强调知行合一的立德树人工作理念，让学生通过亲身参与和体验，更加深入地了解中国文化的内涵与魅力。

📁 **案例 5 - 5**

2019 年 9 月 7 日，南非夸祖鲁-纳塔尔省农戈马市的祖鲁王尤肯尼王宫

里，5 万多名祖鲁少女载歌载舞共同庆贺祖鲁人一年一度最负盛名、最盛大的传统节日——芦苇节。德班孔院携手中国驻德班总领事馆为这片传统的南非祖鲁大地带来了一批来自遥远东方的神秘客人——浙江师范大学艺术团。艺术团为祖鲁王古德维尔·兹维里提尼和其族民们献上了一场以"和而不同·和合之美"为主题的中国传统文化表演，让优美旋律在祖鲁大地唱响。

下午 2 点，午时的阳光正盛，人们的兴致正浓，两头雄狮，齐齐踏着鼓点上台，一场展现中国魅力的饕餮盛宴就这样拉开了帷幕。两头雄狮或翻滚或旋转，随着鼓点踩在厚实的大地上，震撼着这片祖鲁山河；中国传统舞蹈《婆韵》，把中国姑娘婀娜窈窕的美表现得淋漓尽致；《梨花颂》京韵十足，如同天籁，余音绕梁，三日不绝；竹笛《扬鞭催马运粮忙》表演，热情奔放，让南非人民听得心醉神迷；武术表演《卧虎藏龙》更是高潮迭起，那音乐威武雄壮、那号子气势磅礴、那身姿虎虎生风，还有那刀光、那剑影，那清朗俊逸的面庞，在风里、在云里，欢呼声、惊叫声不绝于耳。

现场 5 万余名观众，在他们的芦苇节里，第一次亲眼领略了中国传统文化的魅力，他们欢呼、喝彩、高歌、呐喊，沉醉于绚烂多姿的中国文化，感动于厚重包容的中华文明。

中国驻德班总领事费明星表示："对于古老的祖鲁民族来说，这是历史上首次迎来中国的表演团，也是他们第一次感受如此绚烂的中华文明。在彩虹之国，祖鲁民族文化与中华民族文化第一次如此近距离地接触与交融，东方之韵应彩虹之约，形成和合之韵，这是历史性的一刻。"

资料来源："南非德班理工大学孔子学院"官方微信公众号

📁 案例 5-6

2019 年 9 月 21 日，德班孔院在德班捷威剧院购物中心成功举办了中国文化主题体验展。该体验展由中国文化和旅游部中外文化交流中心、泉州市艺术馆、德班孔院联合举办，得到中国驻南非大使馆、德班市政府、泉州市文化广电和旅游局大力支持。该体验展有幸邀请了来自泉州的非遗文化艺术团和福州书法篆刻大师侯贞诚先生为现场观众带来了一场别开生面的文化体验之旅。

展览包括泉州非遗文化艺术、书法篆刻、中国服饰三大主题体验。来自泉州的 7 位非物质文化遗产传统手工艺匠人，在中国文化和旅游部中外文化交流中心刘红革副主任的带领下，给德班市民带来了一场中国泉州非遗艺术文化盛宴。现场通过表演、展示、讲解和互动体验的方式将最具福建泉州文化特色的德化白瓷、提线木偶、刻纸、花灯、金苍绣等民间手工艺呈现给了来往的德班市民。

夏荣峰老师的提线木偶戏《猴趣》中的猴子进行弹吉他、跳"迪斯科"、骑单车等特技表演，惟妙惟肖、技艺精湛、堪称绝伦，深受德班市民喜爱。庄丽娥老师的提线木偶戏《花好月圆》中美丽温婉的嫦娥在庄老师巧妙的操纵下灵活得如同真人一般，端茶倒水，甚至还提起毛笔一笔一画写下"福"字，引得大家拍手叫绝。

刻纸、花灯传承人傅草艺老师用手中的一把小刻刀，在一张张红纸上用泉州独特的阴刻技法演绎出一幅幅泉州传统的窗花艺术图案，出神入化。在场的观众聚精会神，跃跃欲试。泉州花灯的制作技艺也吸引了不少德班市民，他们纷纷驻足尝试。

现场的拉坯机上，只见一块块陶土在陶瓷艺术家陈明良老师手中旋转，没多久就变身为一个精美的器皿。陈老师一会儿手把手教着前来学艺的市民怎么拉坯，一会儿又随手拿起陶土给南非朋友们捏塑像，其相似度令人叹为观止。德化白瓷彩绘艺人郭志刚老师在做好的陶瓷杯上绘上了精巧鲜艳而富有中国传统文化特色的图案，颇具耐心地指导现场体验的大小朋友们。

在演绎着图案与色彩之美的金苍绣体验展台，金苍绣传承人黄明霞老师的一针一线穿梭于罗绸上下，美妙的纹样就这样跃然于上，吸引了众多女士的极大兴趣，一个个排队向黄老师取经，在扇面上学起了金苍绣技艺。

来自福州的书法篆刻大师侯贞诚现场挥毫泼墨为观众们带来了精彩的书法表演，给南非友人留下了"福"字祝愿，还迎来了几位慕名前来求墨宝的德班华侨。现场展示出的福州寿山石篆刻更是引起了德班市民对中国古文字及篆刻的极大兴趣。

展览从上午10点一直持续到下午3点，吸引了600余名当地市民驻足参观体验。德班捷威剧院购物中心市场部经理米歇尔·雪莉表示："这是购物中心自运营以来首次迎来这样的非遗文化体验展，很高兴德班孔院和艺术家们为我们带来了这么特别的活动，德班市民在体验中一定会受到中南文化艺术交流的启发。"该文化体验展活动恰逢南非遗产月，在南非人民庆祝遗产月之时，为德班市民与中国非遗文化亲密接触搭建了一个完美的平台，让更多南非人通过中国匠人的独运匠心，感受非遗文化之美。

资料来源："南非德班理工大学孔子学院"官方微信公众号

（二）深化文化品牌项目发展

提升国家文化软实力、建设文化强国，一个重要途径是推动文化品牌化发展，以文化品牌带动文化传播。中华优秀传统文化源远流长、博大精深，凝聚了中华民族的智慧，是文化品牌的灵魂与不竭动力源泉[61]。文化品牌以一定的文化符号、文化象征或价值观为核心，通过产品、服务、活动等建立和塑造自身形象，使自身具有辨识度、知名度和价值感。

孔子学院创立 20 年来，打造了不少具有国际知名度的文化品牌项目，这些文化品牌项目吸引了大量海外学生与教师的积极参与，引起国际社会对中国语言与中国文化教育的广泛关注，不仅丰富了孔子学院的内涵，也显著提升了孔子学院以及中国文化在世界范围内的影响力。深化孔子学院文化品牌项目发展为孔子学院提供了与世界各地教育机构、文化组织等进行深入合作交流的机会，通过联合举办活动、开展合作等方式，孔子学院与国际合作伙伴建立了紧密的联系，进一步推动了中文和中国文化的国际传播。同时，这些文化品牌项目的发展也推动了孔子学院在课程、项目和内容等方面的不断创新与升级，为孔子学院师资水平的提升和孔子学院的长期可持续发展奠定了坚实基础。

1. "汉语桥"中文比赛

"汉语桥"是由中外语言交流合作中心打造的一项具有国际知名度的文化品牌项目，涵盖了多个子项目，如"汉语桥"中文比赛、"汉语桥"校长访华团、"汉语桥"线上团组、"汉语桥"俱乐部等。其中，"汉语桥"中文比赛是最具知名度和影响力的子项目。

"汉语桥"中文比赛项目通过举办世界大学生中文比赛、世界中学生中文比赛、世界小学生中文秀和全球外国人汉语大会，为世界各国中文学习者提供展示中文水平、交流学习经验和检验学习成果的平台，架设促进各国中文学习者友谊的桥梁。"汉语桥"中文比赛自 2002 年首次举办以来，累计吸引了 160 多个国家和地区 150 多万名青少年参加海外预赛，7 000 多名优秀选手应邀来华参加决赛，每年全球观众达上亿人次，已成为世界各国中文学习者高度关注、积极参与的国际赛事，被誉为全球中文"奥林匹克"[62]。

截至 2023 年年底，"汉语桥"世界大学生中文比赛已成功举办 22 届，"汉语桥"世界中学生中文比赛已成功举办 16 届。通过参与"汉语桥"中文比赛，选手们不仅可以提升中文水平和文化素养，还可以结交来自不同国家的朋友，拓展自己的国际视野，优胜者还可以获得来华留学奖学金等奖励，为自身的未来发展创造更多的机会与可能。

2. 冬夏令营

孔子学院冬夏令营是专门为海外青少年设计的中文学习和文化体验项目，

旨在让学生们在轻松愉快的环境中学习中文，了解中国文化，拓宽视野。在冬夏令营期间，营员们将接受中文课程的系统培训，通过听、说、读、写等多种方式提高中文水平和中文应用能力。此外，丰富多彩的文化体验活动，如中国书法、绘画、剪纸、武术、茶艺及民乐等，使营员们有机会近距离感受并深入了解中国传统文化与艺术的独特魅力。同时，营员们还有机会参观中国的历史古迹和现代化城市，感受中国的历史底蕴和现代化发展。孔子学院冬夏令营不仅为营员们提供了一个学习中文、了解中国文化和拓宽视野以及提升跨文化交流能力的平台，也为促进中外文化交流、增进国际友谊发挥了重要作用，让学生在学术上有所收获，在心灵上得到愉悦和成长，成为难忘的人生经历和回忆。此项文化品牌活动已成为世界各国大中小学生了解中国、感受中国文化魅力的重要途径之一。

3. 孔子学院日

孔子学院日是由原孔子学院总部（国家汉办）设立的全球性纪念日，定于每年的 9 月 27 日。其设立的宗旨在于庆祝孔子学院的成立和发展，进一步推动中文教育及促进国际教育的交流与合作。自 2014 年起，每逢孔子学院日，全球孔子学院都会举办一系列丰富多彩的活动，如中文教学研讨会、文化展览、文艺演出等，以展示孔子学院在中文教学和文化交流方面所取得的显著成果。

孔子学院日的活动形式和活动内容因国家和地区而异，但其核心目标始终不变，即旨在促进中外文化交流与理解，加深世界各国人民之间的友谊与合作。通过孔子学院日的庆祝活动，人们能够更深入地了解孔子学院的使命和目标，以及中文和中国文化在世界范围内的广泛影响与独特价值。同时，孔子学院日也为孔子学院的发展注入了新的动力和活力，推动其在全球范围内发挥更重要的作用。

4. 国际中文日

2010 年，联合国新闻部（现全球传播部）宣布启动联合国语言日，以庆贺多种语文的使用和文化多样性，并以促进阿拉伯文、中文、英文、法文、俄文和西班牙文这 6 种官方语言在联合国的平等使用为目的。其中，联合国中文日定在农历二十四节气之"谷雨"这一天，以纪念"中华文字始祖"仓颉造字的贡献。首届联合国中文日庆祝活动于 2010 年 11 月 12 日在纽约联合国总部举行。2020 年，中外语言交流合作中心携手中文联盟以"联合国中文日"为契机，发起了"国际中文日"活动，以推动"中文日"走出联合国，成为全球中文大家庭共同的节日。

国际中文日通过各种形式的活动来庆祝中文的魅力和重要性，如中文演讲比赛、中文歌曲演唱、中文诗歌朗诵、中文电影展映等。这些活动不仅充分展示了中文的多样性和丰富性，也极大激发了人们对中文学习和使用的兴趣与热情。此外，国际中文日还致力于促进中文在国际交流、教育、文化和商务等领域的广泛应用，推动中文成为全球性交流语言。国际中文日的设立，不仅是对中文的肯定与传播，也是对全球中文学习者的有力鼓励与支持，它让更多人领略到中文的魅力，并促进中文在全球范围内的传承与发展。

5. 新汉学计划

新汉学计划致力于为海外研究中国的优秀青年提供丰富优质的研修资源与多样化的发展空间。新汉学计划与中国顶尖高校合作，邀请中国一流人文社科学者参与，支持汉学与中国研究领域的博士生在华深造，支持高级中文翻译人才培养及访学研修、专著出版、合作设置教席等多种形式的学术项目，为青年学者的成长与发展提供助力[63]。

该计划包括多个子项目，如"理解中国"访问学者项目、中外合作培养博士项目、来华攻读博士学位项目、青年领袖项目、国际会议项目及出版资助项目等，全面涵盖了人文社科领域的多个维度。这些项目为青年学者提供了来华学习、研究、交流和出版的机会，帮助他们深入了解中国的语言、文化、历史和社会现状，促进国际汉学和中国学的繁荣和发展。

通过资助优秀青年学者，新汉学计划为国际汉学和中国学领域注入了新的活力和动力，促进了国际汉学和中国学的发展，推动了中外学术交流与合作，加深了国际社会对中国的理解和友谊，为增进世界各国语言文化交流互鉴做出了积极贡献。

以上五大文化品牌项目对于孔子学院实现可持续发展并深入实践立德树人理念具有重要性。通过持续优化、创新、完善这五大文化品牌项目，孔子学院能够吸引更多学生，进一步扩大其影响力和知名度。在转型升级的新时期，孔子学院应不断深化文化品牌项目的发展，通过持续改进和创新，保持其活力和竞争力，做好做强这五大文化品牌，以满足日益变化的市场需求和学生需求，为培养具备综合实力的高层次中文人才提供支持。

近年来，德班孔院积极参与这些文化品牌项目，在文化品牌项目活动中深入贯彻和落实立德树人理念。立德树人理念与文化品牌项目的结合，不仅丰富了教学内容和活动形式，还为学生提供了更多实践和体验的机会，更有利于学生的全面发展。

📁 **案例 5 - 7**

自 2015 年起，德班孔院已经成功举办了 7 届孔子学院冬令营活动和 2 届孔子学院夏令营活动，为德班孔院师生搭建了学习中文、感知中国的重要平台。

2023 年 12 月 15 日上午，南非德班理工大学孔子学院 2023 年"寻迹中国式现代化"主题冬令营开营仪式在福建农林大学金山校区李常盛会议中心举行。此次冬令营为期 15 天，主题鲜明、内容丰富、形式多样，行程活动涉及福州、宁德、武夷山、泉州、厦门、北京等城市，既有实地参访、文化体验，也有理论研讨、座谈交流。

2023 年，第 7 届冬令营以"寻迹中国式现代化"为主题，开展一系列参访、研学活动，这是贯彻落实习近平总书记重要复信精神和福建省委、省政府部署要求的实际行动，是推动南非德班理工大学孔子学院高质量发展的有力举措。通过此次冬令营活动，有效帮助孔院师生们更加深入地了解福建是习近平新时代中国特色社会主义思想的重要孕育地和实践地，更加深入地认识和了解中国、了解中国式现代化的发展成就和光明前景。

福建农林大学党委书记王建南希望孔院师生们利用此次机会，进一步学好中文，提高语言水平，体验中华文化，在福建农林大学、在福建各地、在首都北京多结交朋友，多对话交流，让中南青年友谊之树常青；希望孔院师生们多走走、多看看，把中国之行、福建之行的所学所思、所见所闻，把一个真实、立体、全面的中国，介绍分享给更多的南非朋友，做中南文化的传播者、中南合作的贡献者、中南友谊的促进者。

福建省教育厅副厅长王飏分享了 4 个成语给孔院师生们，希望他们用"和而不同"的开放态度去感受，用"见微知著"的眼光去观察，用"知行合一"的目标去提升，用"知无不言"的心胸去分享，把中国景色、中国故事、中国文化分享给全世界的朋友们，把所观所感、所思所悟同本国实际相结合，真正坚持和践行各美其美、美美与共。

在华期间，冬令营代表团参观了"3820"战略工程实施 30 周年成就展，通过文字、图片和影像资料等，实地感受习近平同志在榕工作期间的丰富实践以及"3820"战略工程对推动福州政治、经济、文化、社会和生态文明建设的关键作用。在春伦集团福州茉莉花茶文化体验馆，代表团欣赏并体验了福州茉莉花茶窨制工艺，品尝了以茉莉花茶为原料研发的新式茶饮和创意糕点，并接受"中文＋"茶艺技能培训，学习茶道礼仪与茶艺文化，深入感受福州非遗技艺的发展与传承。此外，代表团还参观了网龙网络公司和三坊七巷历史文化街区，了解福州数字经济发展成就，观赏明清古建筑和非遗展示，更加全面、立体、真实地认识新时代福州经济文化建设成果。

资料来源：福建农林大学、福州市人民政府外事办公室

📁 案例 5-8

2023 年 4 月 20 日，一年一度的国际中文日在"谷雨"这天如期而至。这场波澜壮阔的语言与文化盛宴在世界各地拉开了帷幕。

为庆祝 2023 年国际中文日并积极响应倡议，在"中文：增进文明对话"的主题下，德班孔院组织孔院舞蹈团参与了"心相近·舞相融——中外舞蹈专场"四大洲特色舞蹈《同》的云端联合创编与表演，在舞蹈艺术中传递中南舞蹈文化，同时也增进了各国舞者之间的舞蹈艺术交流。

德班孔院舞蹈团在艺术指导姆杜·穆特沙利先生的带领下，将舞台搬到德班市最佳观景台——立方体，以蔚蓝的天空和浩瀚的印度洋为幕布，以南非最大的货运港口城市德班的标志性建筑摩西·马必达体育场为背景，让地标性建筑、自然风光等融入舞蹈创作，呈现了极具非洲民族风格的南非祖鲁族传统舞蹈。舞蹈团成员已有的中文和中国文化知识，帮助他们更好地理解舞蹈呈现背后的文化内涵，更准确地传递出艺术文化交融的独特魅力。

本次"心相近·舞相融——中外舞蹈专场"由北京舞蹈学院发起，包括德班孔院在内的四大洲五国舞者（中国、南非、巴西、哈萨克斯坦、波兰）相聚云端，共同开创跨国新作，旨在于新语境下面向国际以舞相约，通过舞蹈艺术讲好中国故事，向世界彰显中华民族文化自信，共庆国际中文日。

资料来源："南非德班理工大学孔子学院"官方微信公众号

三、"中文＋"职业技能培训的立德树人实践

爱因斯坦曾说过："用专业知识教育人是不够的，通过专业教育，他可以成为一个有用的机器，但不能成为一个和谐发展的人。"[64] 孔子学院培养的人才也不能仅仅是精通中文的人才，仅有中文专业知识的人才，并不足以成为合格的国际化人才和跨文化交流人才，更谈不上一个全面发展的人。

近年来，"中文＋"概念在中文教育领域逐渐兴起，它强调以中文为基础，融入多学科和多领域的知识与技能，形成跨学科、跨领域的综合教育模式。此模式旨在培养具备全球视野、跨文化交流能力和创新思维的人才，以满足全球

化时代对多元化人才的需求。

在"中文+"教育模式框架下，中文学习不再局限于语言本身，而是与其他学科如历史、文化、经济、科技等有机融合与相互促进。学习者在掌握中文的同时，能深入了解中国的历史、文化和社会背景，从而增进对中国的认知和理解。此外，这种教育模式还鼓励学习者将中文作为工具，去探索和学习其他领域的知识，进而构建一个跨学科、跨领域的知识体系。

"中文+"教育模式的提出与实施，对孔子学院等中文教育机构来说，意味着需要不断创新和完善教学方法和课程体系，以满足学习者多元化学习需求。孔子学院可以通过开发融合中文与其他学科的课程，为学生提供跨学科的学习体验。同时，孔子学院还应积极与其他学科领域展开合作与交流，共同推动"中文+"教育模式的发展。

"中文+"教育模式为孔子学院等中文教育机构提供了新的发展机遇，同时也伴随着挑战。德班孔院自 2019 年开始积极探索"中文+"教育模式，引入中国职业教育改革新理念，不断加强与南非当地中资、华资企业的合作，针对南非学员的需求，积极开展技能培训和职业教育，建立"中文+"职业技能培训基地。在"中文+"职业技能培训中，德班孔院始终贯彻落实立德树人工作理念，致力于培养具有中文交流能力和专业基础知识，并且具备优秀道德品质的复合型人才。

📁 案例 5－9

2023 年 8 月 3—4 日，中国国际贸易促进委员会东莞市委员会考察团访问德班。为深化校企交流与合作，加强"中文+"项目的推广力度，德班孔院于 8 月 3 日邀请考察团一行访问孔子学院。中国国际贸易促进委员会东莞市委员会会长郑文志、东莞市财政局局长姚慧怡、东莞市驻南非洲经贸代表处首席代表颜铭以及东莞 12 家企业的代表与德班孔院师生代表亲切会谈。

德班孔院中方院长吴林对考察团一行表示热烈欢迎，并向他们讲述了德班孔院的发展历程，重点介绍了德班孔院的"中文+"项目和南非青年创新创业项目的发展情况，希望进一步加强与中方企业的合作，为中文赋能，创新人才培养模式，助推中南双方在经济文化领域的交流。

郑文志会长对当前国际贸易形势进行了分析，并介绍了东莞对外商贸项目的成果。他表示中国和南非同属发展中大国，是唇齿相依的命运共同体，两国经济互补性强，合作空间广阔。郑文志会长强调了"中文+"复合型人才在双方贸易往来中的重要作用以及无限前景，表示愿意大力推动与德班孔院的合作，吸纳优秀学员，促成人才创业项目。

颜铭先生向企业家们分享了与德班孔院的合作经验，重点介绍了已经开展的莞非"丝路电商"培育计划，以及在南非商品中国（东莞）展贸中心设立南非青年电商创业基地的计划，热情推荐企业家们与德班孔院开展合作，共同培养符合企业发展需求的南非本土人才，实现合作共赢。

德班孔院学员 Nomphilo Mkhulisi 向现场的企业家和学生朋友们讲述了自己的中国故事，从学习中文，到赴中国参加"汉语桥"冬令营，再到参加"中文＋"电商培训项目。

8月4日，德班孔院还受邀参加了由中国国际贸易促进委员会东莞市委员会和夸祖鲁-纳塔尔省贸易投资促进署主办，东莞市驻南非洲经贸代表处承办的中国（东莞）—南非（夸祖鲁-纳塔尔）经贸合作交流会。此次活动旨在促进东莞市和夸祖鲁-纳塔尔省的经贸合作，加深对彼此投资环境和市场的了解，共同探讨发展的机遇。夸祖鲁-纳塔尔省外事办公室主任理查德、夸祖鲁-纳塔尔省贸易投资促进署执行总监克劳迪，以及南非当地50家企业的代表共70余人出席了活动。

在交流会上，德班孔院向与会嘉宾介绍了"中文＋"电商培训项目，希望通过德班孔院的平台，为更多想了解中国市场、中国企业文化的南非企业开设商务培训班，从而为中南经贸合作架起更为牢固的桥梁。

资料来源："南非德班理工大学孔子学院"官方微信公众号

📁 案例 5‑10

2022年8月23日，德班孔院成功举办"中文＋"电商培训课程暨"丝路电商"培育计划，本次培训以线上和线下相结合的方式进行。来自德班理工大学的40多名师生参加了本次培训。

中国驻德班总领事费明星，中国国际贸易促进委员会东莞市委员会会长郑文志、副会长尹效良，东莞市驻南非洲经贸代表处首席代表颜铭，南非夸祖鲁-纳塔尔省外事办公室主任瑞德比，德班理工大学创新创业中心主任恩科波，德班孔院中方院长吴林出席了此次培训班的开班仪式。

首次培训课程围绕中国电商平台成功案例分析以及中南贸易基础、南非电商发展前景等方面为学员进行了讲解，为他们的创业就业提供了新的思路，帮助他们抓住时代风口，精准定位，学以致用。

课程结束后，德班理工大学创新创业中心主任恩科波谈到，学校一直致力于寻找创新创业合作机会，鼓励学生去探索更大的市场。她表示"中文＋"电商培训为南非当地青年打开了一扇新的大门，希望能通过这个项目使更多的学生受益。

资料来源："南非德班理工大学孔子学院"官方微信公众号

四、师资培养的立德树人实践

教师做的是传播知识、传播思想、传播真理的工作，做的是塑造灵魂、塑造生命、塑造新人的工作，教学过程是教书和育人两种使命相结合的过程。立德树人理念在孔子学院课程中的实践离不开教师的主导，同时也要对学生的认知规律和接受程度进行研究，充分发挥学生的主体性作用。因此，教师要在孔子学院日常教学与工作中强化育人意识，找准育人角度，提升育人能力，不断开拓孔子学院立德树人的新理念、新方法与新途径。

立德树人理念具有双重指向，包括立学德和立师德，即学生的德育发展与教师的师德建设。孔子学院的教师及其他教育工作者要以德立身、以德立学、以德施教，做到言传身教、以身作则，对学生的教育起到垂范作用；应该具备崇高的职业道德、严谨的学术态度和深厚的教育情怀，为学生提供优质的教育服务。同时，孔子学院还应加强对教师的培训和管理，提升教师的专业素养和教育水平，确保他们能够有效地承担起立德树人的崇高使命。

德班孔院在师资培训上进行了诸多探索，以确保教师及其他教育工作者能够以德立身、以德立学、以德施教。

首先，注重教师的师德教育。在选拔和培养教师的过程中，强调教师的职业道德、教育情怀和社会责任感。通过组织师德培训、分享交流等活动，引导教师树立正确的教育观、人才观和质量观，激发他们献身教育事业的热情与动力。

其次，加强教师的专业素养培养。通过组织系统的教学培训、学术研究及教材开发等活动，不断提升教师的中文教学能力、中国文化传播能力和跨文化交流能力。同时，鼓励教师积极参与国内外学术交流与研究项目，以拓宽学术视野和研究领域。

再次，注重教师的实践能力培养。通过组织教学实习、文化交流等活动，帮助教师在实践中锻炼和提升教学水平与跨文化交流能力。这种实践导向的培养模式有助于教师更好地适应孔子学院的教学环境与教学需求。

最后，强调教师的垂范作用。教师不仅是知识的传递者，更是学生良好品德形成的引路人。教师应在日常教学和生活中注重提高自身道德修养并保持良好的行为规范，做到言行一致、表里如一，为学生树立良好的榜样。

孔子学院在师资培养方面通过注重师德教育、加强专业素养培养、提高实践能力和强调垂范作用等探索，落实立德树人理念。这些实践不仅有助于培养德才兼备的优秀教师队伍，也为孔子学院提升教学质量和国际影响力提供了有力保障。

五、其他人文交流活动中的立德树人实践

除了在中文教学、中国文化海外传播、"中文＋"职业技能培训及师资培养等核心领域的立德树人实践，孔子学院还可通过其他人文交流活动贯彻立德树人理念。

（一）开展特色课程或专题讲座

孔子学院在开设中文课程和中国文化课程的基础上，通过设计开展德育主题课程或专题讲座，围绕特色主题课程展开教学，不仅可以为学生提供更加丰富多彩的学习体验，还能培养学生的综合素质和社会责任感。同时，这些特色课程也有助于孔子学院在传播中文和传承中华文化方面发挥重要作用。这些特色课程或专题讲座可紧密围绕立德树人核心目标展开，通过分享学生成功案例，激发学生对中国传统文化和道德观念的兴趣与认同，进一步推动孔子学院立德树人工作的开展。表5-11中列出的相关主题可根据孔子学院实际教学情况作为特色课程展开深入探讨，也可以专题讲座的形式与学生进行互动交流，鼓励学生在交流中积极思考，表达自己的观点与见解，以促进思想交流与碰撞。

表5-11　孔子学院立德树人特色课程或专题讲座的主题与相应的内容

主题	内容
孔子与儒家思想解读	学习孔子及儒家思想的基本理念和核心价值观，探讨孔子及儒家思想对人生道德、行为规范的影响
中国传统道德观念与现代社会	探讨中国传统道德观念在当代社会中的意义和作用，如仁、义、礼、智、信、孝等，引导学生思考如何将这些美德融入日常生活
孔子学院学生志愿服务与实践	分享孔子学院学生参与志愿服务的项目和经验，探讨志愿服务在立德树人实践中的意义和影响

（续）

主题	内容
中国文化与全球视野	分析中国文化在全球化背景下的影响力与价值，探讨在全球化视野下的中国文化传播与发展
中国礼仪与日常行为规范	介绍中国传统礼仪文化及其在中国人日常生活中的应用，引导学生学习和实践
中国文学与人生智慧	通过分析经典中国文学作品，引导学生领悟其中所蕴含的人生哲理和智慧
跨文化沟通中的挑战与应对策略	探讨在所在国背景下与中国人在跨文化沟通中可能遇到的挑战和冲突，并提供应对策略和建议
立志与成才：青年学生的人生规划	引导青年学生思考人生目标和规划，分享成功的案例和经验，激励他们积极追求自己的梦想

📁 案例 5-11

2019 年 5 月 20 日，为纪念"非洲日"，时任中华人民共和国驻南非大使馆大使林松添、时任南非外交部副总司长苏克拉尔受邀在夸祖鲁-纳塔尔大学作了公开讲座。现场 200 多名师生参与讲座，德班孔院组织师生学习交流，受益匪浅。

林松添大使作了《中国实现了转型发展的巨大成功，南非和非洲也一定行》的主旨演讲，就"中国到底是什么样的""中国怎么从贫穷落后走向现代繁荣""我的视角里南非是什么样的""怎样更好地实现中南两国的合作共赢"这 4 个问题向师生们展现了一个全方面的、客观的中国形象和中非合作的发展前景。

林松添大使从中国的现状出发，谈及中国曾经的贫穷落后，又用最真实的数据展现中国的变化，介绍了中国改革开放的历程和成功经验，坚持走中国特色社会主义的发展道路。"南非拥有令非洲乃至世界称美的基础设施、丰富的自然和人力资源，如果中国人民可以取得这些伟大的成就，南非人民也一定可以。"现场的南非各界人士在惊叹中国的发展之余，也受到莫大的鼓舞。林松添大使最后总结到，世界已经改变，中国已经改变，非洲也正在改变。中国一直致力于成为南非可靠的战略伙伴，中南两国必须团结合作，实现互利共赢。

苏克拉尔先生以"中国在南非和非洲崛起过程中扮演重要角色"为主题进

行了演讲，他结合自身经历与所见所闻，谈到新中国成立时的贫穷落后，改革开放以后的经济腾飞，以及现在中国的日益强大。他表示中南友谊源远流长，根植于相似的历史遭遇和发展目标，中国曾经贫困落后，但经过中国人民的长期努力，2020年将实现14亿人口的全面脱贫，这是一个世界性的壮举，这些都是因为中国坚持把人民放在首位、政府强有力的领导、积极发展的教科文和基础设施以及在吸收西方先进成果时的不断发展创新，当代南非青年应该抓住机会，加强和中国各方面的合作，向中国学习，实现南非的繁荣。

德班孔院师生纷纷表示，本次讲座内容丰富，让他们对中国、对中非关系有了更深的了解，令人深受启发，受益匪浅。

资料来源："南非德班理工大学孔子学院"官方微信公众号

德班孔院通过开设特色课程或专题讲座的形式为孔子学院学生和当地群众了解中国发展、中国优秀传统美德和中国特色社会主义理论体系等提供机会（表5-12）。

表5-12　德班孔院往期专题讲座

时间	主题	主讲嘉宾	简要内容
2018年5月7日	南非中国文化沙龙·解读当代中国	中国驻南非大使馆文化参赞郑文	主讲嘉宾以中国古代四大发明为切入点谈起，引出现代中国的新四大发明，为德班孔院的学生讲述新技术给当代中国带来的变化与发展
2019年3月5日	南非祖鲁族语言与文化的专题座谈会	夸祖鲁-纳塔尔大学非洲语言系芬迪·德拉米尼博士（Dr. Phindile Dlamini）与马丁·德拉米尼先生（Mr. Martin Dlamini）	芬迪博士和马丁先生详细介绍了南非传统部族的历史、文化以及语言的使用情况，并对祖鲁族与南非各级政府和主要政党之间的关系进行了阐述，从政治、经济、文化、语言等入手，多方面、多角度为大家呈现了立体的祖鲁族文化
2019年8月26日	感知中国，点亮闪耀中国梦	中国驻德班总领事馆总领事费明星、天津科技大学王正祥教授、德班理工大学应用科学院院长苏伦·辛格教授等	各主讲嘉宾围绕讲座主题，从自身经历讲述中国梦的故事、中南交流的故事，鼓励学生勇于担当、奋起拼搏，学好中文，抓住机遇和挑战
2022年9月6日	对话天宫，探索太空奥秘	神舟十四号航天员乘组	观看"天宫对话——神舟十四号航天员乘组与非洲青少年问答"直播，了解航天员的太空生活和奇妙经历

（二）加深加强其他人文交流活动

人文交流活动对于孔子学院学生和当地群众而言，是接触和感受不同文化和价值观的重要窗口。通过这些人文交流，他们能够深刻领略各种文化的魅力和特点，进而增进对不同文化的理解并产生对这些文化尊重。这种跨文化交流有利于培养学生的全球视野和国际情怀，使他们在心态上更加开放、包容和自信。同时，人文交流活动也为学生提供了宝贵的实践平台。在参与语言实践、社会服务等活动的过程中，学生的中文水平和跨文化交流能力得以锻炼和提升，综合素质得以全面发展。这些实践活动同样有助于培养学生的团队协作精神、责任意识和奉献精神，对个人成长具有深远影响。

通过举办各类人文交流活动，孔子学院能向世界展示中国文化的博大精深和独特魅力，吸引更多人的了解和关注，有助于提升孔子学院的知名度和影响力，更为其立德树人工作的开展创造有利条件，使孔子学院在人文交流领域发挥更重要的作用。

2023年是中南建交二十五周年，是"一带一路"倡议提出十周年，也是德班孔院成立的第十年。这十年间，德班孔院组织各类人文交流活动，为中南人文交流做出了重要贡献，也得到了习近平总书记的肯定。2023年5月，德班孔院师生联名致信习近平主席，并于8月收到习近平主席的复信。

📁 案例 5 - 12

新华社北京8月18日电　近日，国家主席习近平复信南非德班理工大学孔子学院师生，鼓励他们学好中文，为传承发展中南两国友好事业、促进中非友谊合作贡献力量。

习近平指出，十年前，我见证了德班理工大学孔子学院的成立。我很高兴地看到，经过双方共同努力，两国教育文化交流结出累累硕果，众多南非青年通过学习中文，了解了中国的历史文化，拓宽了职业选择的道路，实现了人生的梦想。

习近平强调，中国和南非都是重要的发展中大国，两国有着同志加兄弟的特殊友谊，学习了解彼此的语言文化，有助于推动两国人民相知相亲、世代友好。欢迎你们在学好中文的同时，多到中国走一走、看一看，更加深入地认识和理解中国，利用所学所思、所见所闻，把一个真实、立体、全面的中国介绍给更多的朋友，努力做传承发展两国友好事业的使者，为促进中非友谊合作、构建人类命运共同体贡献自己的力量。

2013年3月，习近平主席访问南非期间，见证了中南双方签署德班理工大学孔子学院共建协议。成立十年来，南非德班理工大学孔子学院累计培养了近万名学员。近期，该院50名师生联名致信习近平主席，讲述了学习中文的经历、收获和体会，感谢习近平主席和中国政府为非洲青年追求梦想提供了更多机会，热切期盼习近平主席再次访问南非。

资料来源：新华社

📋 案例 5 - 13

8月（2023年8月）的"彩虹之国"南非，正值冬去春来之际。一份暖心寄语跨越山海，给这里的青年们带来了祝愿与希望。

近日，国家主席习近平复信南非德班理工大学孔子学院师生，鼓励他们学好中文，为传承发展中南两国友好事业、促进中非友谊合作贡献力量。

十年前，习近平主席作为国家主席首次访问非洲，在访问南非时见证了中南双方签署德班理工大学孔子学院共建协议。春秋十载，这所孔子学院累计培养了近万名学员。如今，昔日幼苗已蔚然成林。一大批南非年轻人带着对中国和中国文化的了解从这里迈向广阔天地，为中南友谊的"彩虹之桥"不断增添新的亮色。

"南非欢迎您！"南非德班理工大学孔子学院的师生们正热切期盼着习近平主席再次访问南非，相信这次访问必将为中南人文交流注入新的动力，继续拉近两国人民心灵的距离。

架设友谊之桥

近期，来自德班理工大学孔子学院的50名师生联名致信习近平主席，讲述了学习中文的经历、收获和体会，感谢习近平主席和中国政府为非洲青年追求梦想提供了更多机会，热切期盼习近平主席再次访问南非。

学习中文所带来的机会"在一点点地改变我们的生活，朝着更好的方向发展"。孔子学院师生的联名信言辞恳切、情感真挚，向着远方的师长和朋友倾诉心声。

在信中，师生们详细描述了对中国的感受和认识，对中国在扶贫、环保、高新技术等领域取得的成就表达了钦佩之情，对习近平主席提出的构建人类命运共同体理念表示高度认同，期待各国携手，建设"一个更有活力、更加包容、共同繁荣的世界"。

习近平主席在复信中说，欢迎师生们在学好中文的同时，多到中国走一走、看一看，更加深入地认识和理解中国，利用所学所思、所见所闻，把一个真实、立体、全面的中国介绍给更多的朋友，努力做传承发展两国友好事业的使者，为促进中非友谊合作、构建人类命运共同体贡献自己的力量。

师生们表示，一定努力学习中文，为深化中南两国青年友谊搭建桥梁，为建设中南合作共赢的未来而不懈奋斗。

这所孔子学院由福建农林大学与德班理工大学共建。中方院长吴林告诉新华社记者："十年前，习近平主席见证了孔子学院共建协议的签署；十年后，习近平主席又给我们复信，令我们感受到关怀与温暖。"

习近平主席在复信中强调，中国和南非都是重要的发展中大国，两国有着同志加兄弟的特殊友谊，学习了解彼此的语言文化，有助于推动两国人民相知相亲、世代友好。

"中南要做相知相亲、交流互鉴的友好伙伴。"这是习近平主席对深化中南友谊的殷殷期待。十年来，无论是出访南非，还是接待南非领导人来访、举行视频会晤，习近平主席始终关心和重视中南两国人文交流。

在元首外交的引领和推动下，中南两国教育、文化、科技、卫生、青年、妇女等领域的交流合作不断扩大。以中文教学为例，2015 年，南非将中文教学纳入国民教育体系。中国政府与南非政府于 2019 年 8 月宣布，将每年的 9 月 17 日定为南非中文日。南非现设有 6 所孔子学院，在非洲大陆数量最多。

开启梦想之门

真挚的友谊从相互认识和理解开始。习近平主席在复信中说，我很高兴地看到，经过双方共同努力，两国教育文化交流结出累累硕果，众多南非青年通过学习中文，了解了中国的历史文化，拓宽了职业选择的道路，实现了人生的梦想。

此次师生联名信的执笔者、孔子学院当地志愿教师萨内莱·恩图利，正是这样一名中南人文交流合作的参与者、获益者。

"习近平主席能复信给我们，太令人惊喜了！"他说。

这名南非青年原本在德班理工大学学习工科，2018 年因个人兴趣进入孔子学院学习。中国教师依据他祖鲁语名字的发音，为他起了中文名字"林森"。

过去几年，林森四次前往中国，从短期冬令营和培训到为期一年的留学，从北京、上海、长沙到福州、青岛、金华，他亲身感受着中国的发展脉搏，对这个友好国度的热爱也与日俱增。浓厚的兴趣加上持之以恒的学习，让他可以为当地人提供中文教学，成为一名志愿教师。

"很多师生都喜欢来上我们的中文课。"林森说。"我自己从学中文、去中国留学到现在教中文，大家都说我的故事很励志，也给他们带来希望。"

林森表示，南非的中文学习者、中国文化爱好者日益增多，就像他中文名所蕴含的寓意，"从几棵树成长为一片森林"。"我们是南非和中国间的一座桥梁，我本人因为学中文、去中国而获得了发展机会，也希望帮助更多南非青年，让这座友谊的桥梁不断延伸。"

联名信的参与者中有不少德班理工大学在读学生。中文名为"思甜"的南非姑娘现在就读于大学二年级。"对于习近平主席的鼓励，我们要表达真挚的感谢！"她说。"学习中文对我来说仿佛美好的旅程，也寄托着我对未来发展的梦想。"

思甜的同学诺一说："习近平主席的复信对我们有非常重要的意义。"她期待着能像习近平主席在复信中寄语的那样去中国走一走、看一看，"我想了解更多关于中国的故事，希望今后能为加强南中关系贡献自己的力量"。

铺就发展之路

"幸福不会从天而降，梦想不会自动成真。"师生们在联名信中引用了习近平主席的话。

8月18日，德班理工大学孔子学院举办了一场面向非洲青年的菌草技术、创新和创业的地区工作坊活动。线上和线下参与的嘉宾中，有联合国机构的负责人，有来自尼日利亚、津巴布韦、坦桑尼亚等非洲国家的官员和代表，还有中国国家菌草工程技术研究中心首席科学家林占熺等。致联名信的部分师生也参加了这项活动。

据吴林介绍，德班所在的夸祖鲁-纳塔尔省同福建省是友好省份，双方早期正是通过福建农林大学的菌草技术联系在一起的。

近年来，这所孔子学院不仅教授中文，还将中文同职业发展、创新创业等结合起来，给当地青年带去技能培训、交流访问、实习工作等方面的机会，还将菌草技术纳入"中文＋"创新创业项目。

正如孔院师生在联名信中所说，中国的发展成绩激励着他们为南非的发展做出自己的贡献。

从学习语言、感知文化，到技能提升、个人成长，再到共享发展经验、共创创新机遇，中南人文交流持续深入推进，不仅架起了人民友好的桥梁，也铺就了共同发展的大道，描绘出一幅携手同行、心心相印的美好画卷。在元首外交引领下，中南友谊之树必将更加枝繁叶茂，结出更多合作发展的丰硕果实。

资料来源：新华社

第六节　孔子学院立德树人的挑战与实现路径

孔子学院作为中国文化的重要传播平台，肩负着立德树人的神圣使命。然而，这一目标的实现并非易事。在跨文化交流背景下，孔子学院立德树人面临着诸多挑战。这些挑战不仅源自文化的多样性，也来自立德树人教育实践本身的复杂性。如何在尊重文化差异的基础上，高效地传播中文和中国文化，培养具有国际视野和跨文化交流能力的世界人才，是孔子学院立德树人实践亟待解决的问题。

本节旨在通过分析孔子学院立德树人实践过程中所面临的挑战，为孔子学院的持续发展和立德树人理念的落实提供思路和借鉴。

一、孔子学院立德树人的挑战

（一）文化差异与多元文化的挑战

孔子学院在教授中文和传播中国文化的过程中不可避免地面临着文化差异带来的各种挑战。孔子学院分布于全球各地，每个国家和地区的文化背景、价值观念、教育体制等都各具特色，这在一定程度上增加了孔子学院在工作中践行立德树人理念的难度。为防止产生文化冲突和误解，孔子学院在立德树人工作中，必须充分考虑并尊重当地的文化传统和教育习惯，避免以中国文化为中心而导致文化冲突和误解的产生。

如何在保持中国文化的核心价值和特色的同时，又能适应并融入不同国家和地区的文化环境，是孔子学院践行立德树人理念需要深入思考和解决的问题。在多元文化背景下，孔子学院需构建一个包容性强、适应性广的教育体系，以满足不同国家和地区学生的需求。为此，孔子学院需不断创新和完善教育内容和方法，以适应不同学生的学习风格和文化背景。同时，培养一支具备跨文化交流能力和全球视野的教师队伍，也是孔子学院提供高质量教育服务的关键。

（二）师资培养与管理的挑战

优秀的教师是立德树人工作顺利开展的关键。而目前孔子学院在师资培养与管理上面临着诸多挑战。一方面，由于孔子学院数量众多且分布广泛，难以统一调配资源以进行大规模的师资培训活动，这在一定程度上制约了教师专业水平的提高和教学质量的提升。同时，不同国家和地区的文化背景与教育需求呈现多样化的特点，也为师资培养带来了更大的复杂性和挑战性。另一方面，全球中文师资管理亦是一项艰巨的任务。如何确保教师能够恪守孔子学院的办学理念并遵循孔子学院立德树人的工作理念，提高教学质量和人才培养质量，同时兼顾不同国家和地区的文化差异，是一个亟待解决的重要问题。

（三）教育内容与方法的挑战

在教育内容与方法层面，孔子学院也面临着挑战。教育内容的选择和教育方法的设计如何既能体现中国文化精髓，又能适应不同国家和地区学生的需求，需基于各地孔子学院的实际情况因地制宜地应对挑战。

在教育内容的选择上，应平衡中国文化的传播与全球视野的拓展。一方面，要深入挖掘并真实、全面地呈现中国文化精髓，展现中国文化魅力。另一方面，亦需敏锐捕捉并关注全球范围内的文化、教育和科技发展趋势，确保教育内容兼具时代性和前瞻性，在保持中国文化特色的同时，巧妙融入全球视野元素和跨文化交流元素。

在教育方法的设计上，需保持创新精神，以适应不同学生的学习需求和文化背景。传统的教育方法可能无法完全满足现代学生的多元化需求，孔子学院教师需积极探索新的教育方法，以激发学生的学习兴趣和积极性，兼顾不同学生的学习风格和学习习惯，还需关注学生的学习过程与学习效果，提供个性化的学习支持与指导。这些目标的实现，都依赖孔子学院师资队伍强大的教育创新能力和灵活的教育管理机制。

（四）社会认知与社会接受度的挑战

在全球范围内传播中文和中国文化，应尽可能得到当地社会的认可和接受。然而，由于文化差异、政治因素以及部分媒体对孔子学院的片面报道，一些国家和地区可能对孔子学院存在误解或疑虑，将其视为中国政府的文化扩张工具而非单纯的语言文化教育机构。这在一定程度上会影响到孔子学院立德树人工作的顺利开展，也会阻碍孔子学院的可持续发展。这些误解和疑虑可能导致当地社会对孔子学院的接受度不高，甚至产生抵触情绪。

此外，随着全球范围内对教育公平性和多样性的关注度不断提升，孔子学院的教育模式和教育内容也可能面临质疑。一些人可能认为孔子学院过于强调中文教学和中国文化传播，而忽视了对其他文化和语言的尊重与包容。这种质疑同样也会对孔子学院的社会声誉和社会接受度产生负面影响，不利于孔子学院立德树人工作的开展。

二、孔子学院立德树人的实现路径

在全球化和多元文化交融的大背景下，孔子学院立德树人工作不仅具有重要的现实意义，也蕴含着深厚的历史价值。面对当前的挑战与机遇，孔子学院需积极主动地探索立德树人的实现路径。这既是孔子学院实现可持续发展的内在要求，也是时代赋予的历史使命。为此，笔者从宏观、中观和微观角度出发，对孔子学院立德树人的实现路径进行了探讨。

（一）宏观角度

1. 紧密围绕国家政策与导向

孔子学院在立德树人实践中首先应以国家政策与导向为重要指引，紧密围绕其进行。在推进各项教育活动时，孔子学院应深入理解和贯彻国家的教育方针和教育目标，特别是在德育、文化传承和国际交流等关键领域，以确保开展的工作与国家的教育政策、文化外交政策等宏观政策紧密对接，始终与国家政策与导向保持高度一致，以推动其立德树人实践与国家长远教育目标相契合。在制定教育计划、构建课程体系以及实施教学活动时，需全面考虑国家的教育目标，确保立德树人实践紧密贴合国家的整体教育战略，从而为我国教育的国际化发展贡献力量。

2. 加强国际文化交流与合作

孔子学院在人才培养过程中，也应注重推动国际文化交流与合作。作为中文和中国文化的重要传播机构，孔子学院在全球文化交流舞台上扮演着举足轻重的角色。孔子学院可以通过策划与举办各种文化交流活动，如文化节、艺术展、学术研讨会等，促进世界多元文化的对话与理解，这不仅可以增强学生对中国文化的认同感，更能拓宽学生的文化视野，培养出开放、包容的文化心态。此外，孔子学院可以积极寻求与国际组织、教育机构建立稳固的合作关系，通过与国际组织、教育机构进行深度的交流与合作，共同制定全球中文教育标准，协作开展教育项目与研究，从而推动中文教育的国际化发展进程。通过国际交流与合作，孔子学院不仅可以借鉴他国教育领域的成功经验，进而丰富和完善自身的教育理念与教育实践，也能为中国文化的国际传播搭建宽广的平台，为提升中国文化软实力做出积极探索。

3. 制定明确的发展目标与战略规划

为促进孔子学院立德树人工作的稳步推进，必须明确其发展目标和战略规划。在宏观层面上，孔子学院立德树人工作需要具备前瞻性视野和战略性眼光，对全球教育及文化交流的未来发展趋势进行深入预测和规划。这要求孔子学院不仅要紧跟时代步伐，关注全球教育发展趋势，还需敏锐洞察国际文化交流动态以及国际政治经济形势的演变。这些变化往往会对全球教育、文化交流，特别是孔子学院立德树人工作，具有深远的影响。在制定发展目标和战略规划时，需要综合考虑内外部环境以及自身优势和挑战等因素，确保目标的明确性和可行性。

首先，综合考虑内外部环境。孔子学院应在研究分析全球教育、文化、经济、政治等多方面发展趋势的基础上，分析国际社会对中文及中国文化的需求，同时审视竞争对手的情况，在此基础上评估孔子学院内部的师资力量、教学资源、教学质量、管理水平等各方面情况，明确自身的优势和不足，进而确定改进方向。

其次，明确发展目标。确立和完善发展目标要先确定孔子学院在全球文化交流中的定位并明确立德树人理念在孔子学院发展中的重要性。在此基础上，明确孔子学院立德树人工作的长期、中期和短期目标。这些目标需具有明确性和可实现性，同时与孔子学院的可持续发展战略保持一致，确保资源的合理配置和社会效益的平衡。为确保目标符合各方期望与需求，可以征求当地教育部门、合作院校、教师及学生等的意见和建议。

最后，制定战略计划。根据已明确的内外部环境分析和发展目标，确定孔子学院在中文教学、文化交流及国际合作等层面的战略方向，并为每个战略方向制定切实可行的战略措施，以确保战略规划的有序推进。

4. 引导公众认知与舆论走向

孔子学院应积极拓展与各类媒体合作的范畴，涵盖传统媒体与社交媒体，充分利用媒体、网络等多元化渠道，发布新闻稿件，接受媒体采访，开设专题栏目，传播积极的声音，进行正面宣传，以正确引导社会舆论，提升孔子学院的社会认知度和接受度。同时，孔子学院需加强对教师公关意识的培养，提升他们应对舆情危机的能力，确保在面对各种情况时能够及时、迅速、妥善地处理。

为更有效地传播信息，孔子学院需重视信息内容的质量和创新性。可以借助孔子学院的平台优势，结合优质的教育资源、文化活动视频等内容，吸引当地群众的关注和兴趣。还应运用多样化的传播渠道与方式，积极开展人文交流活动，展示中国文化的独特魅力，以增进国际社会对孔子学院的认同和支持。

此外，品牌建设与维护对于孔子学院在社会认知和舆论引导方面具有重要意义。通过塑造积极正面的品牌形象，提供优质的教育服务，孔子学院可以提升品牌知名度和美誉度。同时，建立舆情监测机制，定期收集、分析、反馈关于孔子学院的舆情信息，以便及时发现并解决问题，为决策提供科学依据与有力支持。

（二）中观角度

1. 优化课程设置与教学内容

孔子学院在推进教育工作时，应秉承立德树人这一教育理念，不断优化课程设置与教学内容。其首要任务是强化德育元素的融入，将中华优秀传统文化与立德树人紧密结合，通过中文教学与中国文化交流活动的双重并进，全面培养学生的跨文化交流能力、批判性思维能力、道德品质及社会责任感。其次，孔子学院应关注教学内容的更新与创新，紧密结合当代社会发展情况与学生成长需求，增加与当代社会相关的课程内容，以激发学生的学习兴趣和学习动力；关注全球热点话题及全球发展趋势，将这些元素有机融入课程体系，提升课程的实用性与吸引力；增加与经济、社会、现代科技等领域相关的课程内容，以培养学生的国际视野及跨学科、跨领域合作能力。同时，孔子学院还应积极与当地社区、学校及企业建立稳固的合作关系，共同研发和优化课程，确保课程内容与实际需求紧密相连，鼓励学生积极参与各类社区服务与实践活动，将课堂所学应用于实际生活中，做到知行合一。此外，孔子学院应建立健全持续改进与评估机制，定期对课程设置与教学内容进行全面评估与调整，确保其始终符合立德树人这一教育理念与时代发展需求，为学生提供优质、全面的教育服务。

2. 加强师资队伍建设与管理

教师是孔子学院推进立德树人工作和培育优秀人才的核心力量。为确保孔子学院立德树人的质量与效果，孔子学院应加强师资队伍建设，全面提升教师的专业素养和教育能力。第一，建立健全招聘和选拔机制。制定清晰明确的招聘与选拔标准，以确保新入职教师能够具备良好的思想品德素养、优秀的中文教学能力和出色的跨文化交流能力。同时，积极拓宽招聘渠道，吸引更多优秀中文教师加入孔子学院。第二，加强在职教师岗中培训。定期组织系统的培训课程、教学研讨会以及专题讲座等，促进教师在中文教学、中国文化知识和跨文化交流能力等方面的提升。鼓励教师参与学术研究和社会实践，以拓宽其视野和知识面，进一步增强其综合素质。第三，完善激励机制。建立健全的激励机制包括职业发展激励等，是有效激发教师工作热情和创造力的关键，从而为教师的成长和进步提供有力支持。第四，高度重视师德师风建设。制定并推行师德规范，明确教师的职业道德标准，引导教师树立崇高的职业道德风范，为孔子学院的可持续发展奠定坚实基础。

3. 强化质量管理与评估

孔子学院强化教学质量管理与评估是确保其教育质量和教学效果的关键环节。立德树人理念在孔子学院工作中得到有效实践需要孔子学院制定全面、系统、科学的质量管理标准与流程，明确教学质量、课程设置、师资管理、学生服务等多个维度，确保孔子学院教学工作有序、高效地进行；建立健全质量管理组织机构，明确各部门及部门人员的职责与权限，形成高效协同的工作机制，确保质量管理体系的有效运行。通过对课堂教学、学生反馈、教学效果等多个方面进行评估，可以及时发现教学中的不足和问题，为教师和管理人员提供改进依据。评估结果还可以作为对教师教学质量评价的依据，激励教师不断提升自身教学水平。定期对课程设置进行审查与更新，可以确保课程内容与教学目标和社会需求相符合。此外，还要注重课程的实用性和可操作性，提高学生的实际应用能力。建立学生评价机制，积极收集学生对教学质量、课程设置等方面的意见和建议，了解学生的需求与期望，可以为改进工作提供参考，有助于提升学生的满意度与参与度。

（三）微观角度

1. 在课程育人中融入德育元素

课程育人是孔子学院立德树人的重要途径。课堂是课程育人的主阵地，教师通过中文课程、中国文化课程和其他特色课程的知识传授，可以潜移默化地让孔子学院学生了解更多关于中国传统美德与精神的内容等。与针对中国学生的课程育人相比，孔子学院的课程育人更多的是润物细无声的、沉浸式的，而不是直白的理论知识传授。因此，在孔子学院日常教学中，德育元素的融入至关重要。这要求孔子学院教师在中文和中国文化教学中，巧妙地穿插中国优秀传统道德故事，以此引导学生深入理解并践行"仁爱""诚信""礼义"等核心价值观念。同时，教师应发挥榜样作用，以身作则，通过自身的言行示范，向学生传递正确的道德观念和行为准则。为了提升学生的德育体验，可以精心设计一系列德育活动，使学生在参与过程中深刻领悟德育的重要性，并学会将其应用于实际生活中。此外，充分利用多媒体和数字化资源辅助日常教学，能使教学内容生动有趣，从而激发学生的学习兴趣和积极性。

日常教学中立德树人工作的开展是一项长期而系统的任务，需要教师和学生的共同参与和努力。为此，孔子学院在课程育人中应积极融入德育元素，弘扬中华优秀传统文化，不断创新教学方法和手段，注重学生的品德教育，强化跨文化交流能力的培养。

2. 关注学生的个性化需求与全面发展

在孔子学院的教育实践中，重视并满足学生的个性化需求，同时促进其全面发展，是秉承以学生为本教育理念的必然选择，也是培养具备国际视野和跨文化交流能力人才的重要基础。为深入了解学生的个性化需求，教师可以通过问卷调查、学生反馈等多种渠道，掌握学生的学习风格、兴趣爱好、文化背景以及学习目标等信息。基于这些信息，教师可以更好地调整教学内容和教学方法，使之更满足学生的个性化需求。在师资允许的情况下，孔子学院应尽可能提供多元化的课程和活动，涵盖各类中文课程、文化活动和社会实践等。此外，根据学生的学习兴趣和学习需求，孔子学院可开设选修课程、兴趣小组，成立学生社团等，进一步满足学生的个性化需求。

同时，孔子学院也需高度关注学生的全面发展。这包括培养学生的语言能力、跨文化交流能力、创新能力以及批判思维能力等。通过组织丰富多样的实践活动，让学生在体验中锻炼和提升各项能力，是实现其全面发展的重要途径。

从实现路径来看，孔子学院在推进立德树人工作过程中，可以从宏观、中观、微观角度进行系统规划。从宏观角度，紧密围绕国家政策与导向，加强国际文化交流与合作，制定明确的发展目标与战略规划，引导公众认知与舆论走向。从中观角度，着力推进教育教学改革与创新，优化课程设置与教学内容加强师资队伍建设与管理，强化质量管理与评估，确保教学质量稳步提升。而从微观角度，则需在课程育人中融入德育元素，关注学生的个性化需求与全面发展。通过这3个角度的路径，孔子学院能更有效地实现立德树人的目标，为培养具有全球视野和跨文化交流能力的人才做出积极贡献。

参考文献

[1] 中华人民共和国教育部．孔子学院发展规划（2012—2020 年）［EB/OL］．（2013 - 02 - 28）．http：//www.moe.gov.cn/jyb_xwfb/gzdt_gzdt/s5987/201302/t20130228_148061.html.

[2] 孔子学院总部．孔子学院章程［EB/OL］．（2006 - 10 - 01）．http：//www. moe.

gov. cn/srcsite/zsdwxxgk/200610/t20061001_62461. html.

［3］中国国际中文教育基金会. 孔子学院年度发展报告 2022［EB/OL］.（2023 - 11 - 29）.
https：//www. ci. cn/gywm/nb/b3267e90 - 4b4e - 4dc0 - 8de8 - 04128c6164e1.

［4］中国国际中文教育基金会. 孔子学院年度报告 2020［EB/OL］.（2023 - 04 - 20）.
https：//www. ci. cn/gywm/nb/6ae806ae - 448f - 47c6 - 960a - a5884deb8501.

［5］中外语言交流合作中心. 中外语言交流合作中心简介［EB/OL］.［2024 - 02 - 02］.
http：//www. chinese. cn/page/#/pcpage/publicinfodetail? id＝140.

［6］孔子学院. 申办孔子学院机构基本条件［EB/OL］.［2024 - 02 - 02］. https：//ci. cn/
gywm/sl.

［7］张未然. 新形势下孔子学院的舆情困境：特征、原因与对策［J］. 现代传播（中国传
媒大学学报），2021，43（3）：20 - 26.

［8］田学军. 在第十二届孔子学院大会闭幕式上的总结讲话［J］. 孔子学院，2018（1）：
66 - 77.

［9］李丹. 中外语言交流合作与人类命运共同体构建［J］. 贵州省党校学报，2021（2）：
41 - 48.

［10］刘宝存，张永军.“一带一路”沿线国家孔子学院发展现状、问题与改革路径［J］.
西南大学学报（社会科学版），2019，45（2）：74 - 80，196 - 197.

［11］黄湄. 优化孔子学院布局　助力“一带一路”建设［J］. 中国高等教育，2017（24）：
52 - 53.

［12］左路平，吴学琴. 当代中国价值观念话语体系的对外传播策略研究［J］. 探索，
2018（1）：180 - 189.

［13］林航，邱丹妮，林锴.“一带一路”视域下孔子学院对中国文化软实力的影响——基
于中国文化输出的数据［J］. 浙江树人大学学报（人文社会科学），2018，18（5）：
27 - 34.

［14］李建军，苗昕，张玉亮. 以学术话语讲好中国故事［J］. 河南师范大学学报（哲学
社会科学版），2022，49（1）：1 - 7.

［15］李开盛，戴长征. 孔子学院在美国的舆论环境评估［J］. 世界经济与政治，2011
（7）：76 - 93，157 - 158.

［16］阎啸. 孔子学院发展的舆论环境变迁——基于 2005—2014 年中外报纸对孔子学院报
道的分析［J］. 中华文化海外传播研究，2018（2）：219 - 226.

［17］杨晓雯，高铭. 他者视域下孔子学院的媒体形象分析——以美国 EBSCO 学术数据库
为例［J］. 云南师范大学学报（对外汉语教学与研究版），2023，21（5）：65 - 77.

［18］黄铭，吴成年. 孔子学院在发展中国家舆情形象研究——基于与歌德学院语料检索对
比［J］. 东南传播，2023（9）：74 - 78.

［19］王立. 全球孔子学院（课堂）布局及发展研究——基于文化地理学视角［J］. 河北
广播电视大学学报，2022，27（1）：97 - 101.

［20］余波．国际中文教育转型背景下孔子学院的发展思路［J］．决策与信息，2021（6）：83－89.

［21］刁俊，刘文燕．基于 SWOT 的西北地区高校孔子学院发展研究［J］．云南师范大学学报（对外汉语教学与研究版），2017，15（2）：35－40.

［22］周勇．中外大学合作建设孔子学院的利益分析［J］．国际汉语教育（中英文），2017，2（3）：16－20.

［23］徐丽华．非洲孔子学院：检视、问题与对策［J］．浙江师范大学学报（社会科学版），2012，37（6）：52－56.

［24］赖林冬．"一带一路"背景下东盟孔子学院的发展与创新［J］．南洋问题研究，2017（3）：37－52.

［25］金志刚，史官圣．意大利孔子学院发展现状、问题与策略研究［J］．国际汉语教学研究，2019（3）：12－18.

［26］孙雍．中亚地区孔子学院的建设理念与路径转向［J］．北部湾大学学报，2023，38（3）：61－66.

［27］刘晓慧．孔子学院面向泰国精准传播的实践与反思［J］．北部湾大学学报，2023，38（5）：78－83.

［28］莫嘉琳．孔子学院与世界主要语言文化推广机构的比较研究［J］．云南师范大学学报（对外汉语教学与研究版），2009，7（5）：21－27.

［29］安然，魏先鹏．孔子学院跨文化传播模式研究［J］．对外传播，2015（1）：53－55.

［30］杨薇，翟风杰，郭红，等．非洲孔子学院的语言文化传播效果研究［J］．西亚非洲，2018（3）：140－160.

［31］罗小如．埃塞俄比亚孔子学院课程体系研究［J］．天津职业技术师范大学学报，2023，33（3）：61－66，72.

［32］刘荣，徐蔚，胡晓．完善孔子学院课程体系　助力汉语国际推广［J］．中国高等教育，2014（8）：56－58.

［33］梁吉平，杨佳宇．海外孔子学院课程设置研究——以美国 15 所孔子学院为例［J］．云南师范大学学报（对外汉语教学与研究版），2019，17（2）：76－83.

［34］李宝贵，庄瑶瑶．意大利孔子学院当地化课程建设研究［J］．云南师范大学学报（对外汉语教学与研究版），2020，18（3）：76－85.

［35］邰东梅，郭力铭，孙迪．坚定文化信念，讲好中医故事——斯洛伐克"中医孔子学院"课程体系建设与实践［J］．辽宁中医药大学学报，2018，20（8）：130－132.

［36］赵金铭．孔子学院汉语教学现状与教学前景［J］．华南师范大学学报（社会科学版），2014（5）：67－72，162.

［37］刘露蔓，王亚敏，徐彩华．"产出导向法"在海外汉语综合课教学中的有效性研究［J］．汉语学习，2020（4）：87－97.

［38］芦胜男，武冬．民族传统体育推广与发展的路径研究——基于中国与挪威卑尔根孔子

学院的武术教学实践、反思与评析［J］．中国学校体育（高等教育），2016，3（6）：
83-86.

［39］李丹．影响孔子学院教学本土化的主要因素：分解与测量［J］．常熟理工学院学报，
2020，34（6）：87-93.

［40］吴坚．孔子学院本土汉语教师培养：现状、问题与对策［J］．华南师范大学学报
（社会科学版），2014（5）：63-66，162.

［41］李佳，胡晓慧．孔子学院发展和对外汉语教材本土化进程中的问题及对策［J］．中
国出版，2013（11）：31-35.

［42］高莉莉．非洲孔子学院人才培养和可持续发展的思考［J］．天津职业技术师范大学
学报，2019，29（1）：69-73.

［43］李晓东，刘玉屏，尹春梅．中亚本土"中文＋"复合型人才需求分析与培养方略研究
［J］．齐齐哈尔大学学报（哲学社会科学版），2021（1）：184-188.

［44］李瑞林，李正升，马可．"中文＋职业技能"人才培养模式探究［J］．云南师范大学
学报（对外汉语教学与研究版），2023，21（6）：21-27.

［45］Hartig Falk. Confucius Institutes and the Rise of China［J］. Journal of Chinese Politi-
cal Science，2012，17：53-76.

［46］Starr Don. Chinese Language Education in Europe：the Confucius Institutes［J］. Eu-
ropean Journal of Education，2009，44：65-82.

［47］Repnikova Maria. Rethinking China's Soft Power："Pragmatic Enticement" of Confu-
cius Institutes in Ethiopia［J］. The China Quarterly，2022，250：440-463.

［48］King Kenneth. China - Africa Relations：Building Images through Cultural Co - operation，
Media Representation，and Communication［M］. London：Routledge Press，2017.

［49］Link Perry. The Debate over Confucius Institutes［EB/OL］. (2014 - 06 - 23)［2023 - 10 -
10］. www. chinafile. com/conversation/debate - over - confucius - institutes.

［50］苏国红，李卫华，吴超．习近平"立德树人"教育思想的主要内涵及其实践要求［J］.
思想理论教育导刊，2018（3）：39-43.

［51］任志锋．价值观教育国际比较的立场、范式与难题——以东北师范大学"全球价值观
教育调查"为例［J］．东北师大学报（哲学社会科学版），2023（2）：50-55.

［52］王学俭，杨昌华．立德树人：中国特色社会主义高校的立身之本［J］．新疆师范大
学学报（哲学社会科学版），2018，39（1）：2，54-62.

［53］习近平．深入实施新时代人才强国战略　加快建设世界重要人才中心和创新高地
［EB/OL］. (2021 - 12 - 15). https：//www. gov. cn/xinwen/2021 - 12/15/content_
5660938. htm.

［54］人民网．三个"事关"定调高校思政工作：培养社会主义可靠接班人［EB/OL］.
(2017 - 02 - 28). http：//theory. people. com. cn/n1/2017/0228/c40555 - 29111913.
html.

［55］习近平．在北京大学师生座谈会上的讲话［EB/OL］．（2018 - 05 - 03）. https：//
www. gov. cn/xinwen/2018 - 05/03/content ＿ 5287561. htm? eqid ＝ aa60538b0005c
3030000000364683628.

［56］环球网．国际中文教育教学资源建设 70 年助力中华文化"走出去、融进去"［EB/
OL］．（2022 - 03 - 11）. https：//3w. huanqiu. com/a/c36dc8/478zBdKGnok.

［57］邱军．成功之路·进步篇（第 1 册）［M］．北京：北京语言大学出版社，2008.

［58］邱军．成功之路·提高篇（第 2 册）［M］．北京：北京语言大学出版社，2008.

［59］邱军．成功之路·成功篇（第 1 册）［M］．北京：北京语言大学出版社，2008.

［60］习近平．习近平谈治国理政［M］．北京：外文出版社，2014：155，173.

［61］张雯雯．加强优秀传统文化品牌化建设［EB/OL］．（2017 - 02 - 24）. http：//opin-
ion. people. com. cn/n1/2017/0224/c1003 - 29104173. html.

［62］中外语言交流合作中心．"汉语桥"中文比赛［EB/OL］．［2023 - 12 - 28］.
http：//www. chinese. cn/page/♯/pcpage/project? id＝129.

［63］中外语言交流合作中心．新汉学计划．［EB/OL］．［2023 - 12 - 30］. http：//
www. chinese. cn/page/♯/pcpage/project? id＝135.

［64］许良英，赵中立，张宣三．爱因斯坦文集（第三卷） ［M］．北京：商务印书馆，
1979：310.

第六章　福建农林大学立德树人国际化实践的经验与启示

立德树人在教育中具有根本性、基础性的地位和作用。党的十八大以来，福建农林大学认真落实立德树人这一根本任务，在推进教育对外开放、实施国际化办学进程中，积极探索立德树人国际化实践新路径，在中外合作办学、来华留学教育、教育科技对外援助工作中，大力弘扬社会主义核心价值观，宣传中华优秀传统文化，讲好中国故事，传播好中国声音，通过教育开放推进人文交流、培养创新人才，学校工作呈现良好的发展态势。

第一节　福建农林大学立德树人国际化实践的基因

福建农林大学地处海上丝绸之路门户、首批沿海开放城市之一的福州，是一所以农林学科为优势和特色，理、工、经、管、文、法、艺等多学科协调发展的省属重点大学，是农业农村部、国家林业和草原局与福建省人民政府共建高校，入选福建省一流大学建设高校、"双一流"建设 A 类高校。学校国际化工作立足区域经济社会发展需要，凸显地域和学科优势，聚焦农林特色，通过引进优质教育资源，开展科技合作，培养国际化教学、科研队伍，有效助推学校"双一流"建设。

福建农林大学是一所拥有国际化基因的地方农林高校。福建省毗邻台湾岛，是著名侨乡、海上丝绸之路的核心区，历来注重发展外向型经济。学校的历史源头之一是创建于 1936 年的福建协和大学农科，是当时的教会学校；学校的重要历史源头是成立于 1940 年的福建省立农学院，首任院长严家显先生曾经在美国留学，获得明尼苏达大学博士学位。八闽子弟多俊秀，弦歌不辍慰古今。纵观福建农林大学 87 年的发展历程，学校几度撤建搬迁，历经沧桑，但始终初心不改，在立德树人、强农兴农之路上坚韧不拔、自强不息。其间，有一批批学子漂洋过海出国刻苦求学的身影，更有一件件学成回国、报效国家的动人事迹，其中，留学回国教师群体在学校国际化办学历程中发挥的作用及产生的影响尤其令人印象深刻。

一、抗日战争时期留学回国教师群体

严家显（1906—1952年），字仲扬，江苏吴县人，福建省立农学院的首任院长、著名昆虫学家、农业教育家。1931年获金陵大学农学学士学位后入燕京大学研究院深造，获理学硕士学位，即赴美国留学。1937年夏，严家显在美国获明尼苏达大学昆虫学博士学位。因学业成绩优异，曾两度获明尼苏达大学"金钥匙"奖。作为一名留美的爱国学者，在抗日战争爆发后，他毅然放弃在美国的优厚待遇，回到祖国。归国后的严家显，先是在武汉大学任教，后来又到广西大学。1940年6月，他在福建永安创建福建省立农学院（福建农林大学前身）。1944年，严家显举家赴重庆改任复旦大学农学院院长，抗战胜利后随学校迁回上海。新中国成立后又参与筹建中国人民解放军军事医学科学院。1952年，严家显在奔赴抗美援朝前线之际，不幸因病逝世。他为教育沥尽一生心血，培养了众多农业科技人才，为新中国的农业教育奠定了良好基础[1]。

留美期间，严家显接触到资本主义社会丰富的物质条件，尤其是发达的科学技术与中国落后的科技水平形成了鲜明的对比，深深地触动了青年时期的严家显，在他心灵深处播种下科学救国、农业救国的种子，从而他确立了自己科学救国、农业救国的信仰，走上了报效祖国的道路。他提出了"教学、科研、推广并重"的办学理念，他严格治校，严谨治学，带出了一支高水准的教师队伍，开创了优良的校风学风；他大力倡导研究高深学问，毕生从事科学研究，传播科学知识，推广科技成果，培养出了一大批新中国建设急需的农业人才；他拥有的国际视野和科学救国的夙愿，深刻影响了20世纪40年代的农业学子，也是如今开展爱农兴农教育丰富的历史资源。在严家显的身上，闪耀着抗日图存时代中国知识分子爱国主义思想的光芒，集中体现了中华民族自强不息的优良传统和开拓创新、顽强拼搏、为中华民族伟大复兴而不懈努力的宏大抱负，以及为人师表、无私奉献、甘为人梯的崇高精神。

周桢（1898—1982年），字邦垣，浙江青田人，福建省立农学院第二任院长、森林经理学家、林业教育家，中国森林经理学的主要奠基人与开拓者之一。周桢于1921年毕业于国立北京农业专门学校林学科，并留校任教。1923年与梁希一起赴德国萨克森森林学院德累斯顿塔兰特研究所进修，专修森林经理学。

1927 年回国后先在浙江省任职，后回国立北平大学农学院，出任森林系教授兼系主任及林场场长，讲授《森林经理学》《测树学》《林价计算和较利学》等课程。抗日战争爆发后，他先后在西北联合大学农学院和国立西北农学院森林系任教。1944 年 7 月至 1948 年 8 月任福建农学院院长、教授兼森林系主任。1949 年后他担任台湾大学农学院教授兼森林系主任，后担任台湾大学农学院院长等职。

周桢为建设与发展中国的森林经理学学科做出了开拓性的卓越贡献，作为高等林业教育的著名学者，一贯治学严谨、学风正派，不愧为中国林业教育史上的一代宗师。他的著作《森林经理学》不仅在台湾地区是林学界的权威专著，而且在祖国大陆也是不可多得的大学参考教材。此外，他还著有《测树学》《林价算法及森林较利学》《实用森林计算表》《台湾之森林经理》《台湾伐木事业》等[2]。

李来荣（1908—1992 年），福建南安人，著名园艺学家、农业教育家。1930 年毕业于福建协和大学生物系，毕业后到天津南开学校做生物教员。1934 年 6 月获广州岭南大学研究院硕士学位后留校任教。1938 年夏，李来荣经岭南大学农学院美籍院长高鲁斯介绍，作为交换学者，到美国宾夕法尼亚州立大学任助教并攻读博士学位。1941 年获博士学位后，拒绝加入美籍并于当年年底回国。因为太平洋战争滞留新西兰，作为新西兰科学工业研究部植物研究所高级学者，他发挥专业特长为该国给盟军的蔬菜供应、战略物资桐油供应发挥了重要作用。他还为新西兰成功引种改良猕猴桃、牛油果做出重要贡献。1944 年他再度冒险回国，途中被日军扣留在印度尼西亚万隆集中营，直至 1945 年日本投降后才获自由。万里归途，李来荣历时 4 年，经历 3 次死亡威胁才回到祖国。1946 年，李来荣辗转回国后在福建协和大学任教，之后历任福建农学院副院长、院长、名誉院长等职务，先后获得美国西格玛赛金奖、新西兰皇家学会荣誉会员、福建省劳动模范、中国农业科学院首届学术委员会表彰、国务院特殊津贴等荣誉，出版专著 9 部、发表学术论文近百篇，其专著《南方的果树上山》为我国南方果树生产做出了重大贡献，他的研究成果在东南亚各国农作物生产、果树栽培等方面有着广泛的影响。他为我国园艺事业、农业教育事业以及中国与新西兰科技教育交流做出了杰出贡献①。

二、新中国成立前后涌现出的以知名学者为代表的教师群体

卢浩然（1916—2002 年），福建大田人，我国知名的黄麻遗传育种专家。

---

① 参考福建农林大学校史馆资料。——编者注

自幼上私塾，少年时代受到著名教育家陶行知先生门生的思想熏陶，立志学农报国。1942 年，他在南京中央大学硕士毕业，1943 年，他以中印交换研究学者的身份，在孟买大学国际著名遗传育种学家 B. P. 巴尔博士指导下，从事杂种优势的理论及其应用研究。导师对他的《作物杂种优势》博士论文给予了高度评价，认为他对这个国际公认的难题做出了贡献。1946 年获博士学位后，满怀科学救国的热忱回国任教。历任南京中央大学副教授，福建省立农学院教授，福建农学院教授、系主任、教务处长、副院长、校学术委员会主任等职务，先后获得省部级科技成果奖多项、印度遗传育种学会荣誉会员、国务院特殊津贴等多项荣誉，在黄麻遗传育种和作物杂种优势利用研究方面成就显著①。

周可涌（1912—1988 年），安徽当涂人，中国甘蔗育种和种植技术奠基人。1935 年毕业于南京中央大学农学院，1945 年赴美国留学。回国后历任福建协和大学农学院教授，福州大学农学院教授、农艺系主任，福建农学院教授、副院长，中国作物学会甘蔗协会第一任理事长等职务。周可涌团队十分重视国际甘蔗学术交流，先后从 23 个国家和地区引进 260 多个甘蔗新种质，进行了形态特征、生理特性、病虫抗性和产量性状的综合研究，从中筛选出多批次优良品种并在全国甘蔗产区推广应用，也为全国各育种单位选育出大批甘蔗新品种奠定了重要基础，相关研究成果在 1983 年获农业部科技进步一等奖。1995 年，甘蔗种质的引进鉴定和新品种选育成果获国家科技进步一等奖。他主编了新中国农业高等院校第一部作物栽培学教材，培养了新中国第一个从事甘蔗科学研究的博士生，发表了研究专著 9 部、论文 60 多篇和译文 250 多篇②。

赵修复（1917—2001 年），中国著名昆虫学家，中国蜻蜓和寄生蜂研究的开拓者。1939 年毕业于燕京大学生物系，先后任教于山东齐鲁大学、福建协和大学。求学期间看到国内生物教材全是英文版教材，旧中国许多生物资源没有得到保护和利用，便暗下决心要改变这种状况，闯出研究我国昆虫的新路子。1948 年赴美国马萨诸塞州立大学昆虫系深造，他以国内收集的蜻蜓标本为主要研究材料，短时间内在美国先后获得硕士和博士学位。博士毕业后，他毅然回国工作，1951 年到福建农学院任教。赵修复长期致力于寄生蜂的研究和利用，积极倡导生物防治，培养了大批昆虫学和植保专业人才。他曾任福建

①　参考福建农林大学校史馆资料。——编者注
②　参考福建农林大学校史馆资料。——编者注

省政协副主席，成功推动成立我国第一个国家重点自然保护区——武夷山国家级自然保护区[①]。

李先才（1884—1973 年），字谦行，福建古田人，福建省立农学院首任森林学系主任。1913 年得到基督教会推荐赴美留学，作为工读生。1917 年考取耶鲁大学专攻林学，1920 年获林学硕士学位并在哈佛大学阿诺德树木园从事研究工作。1922 年夏回国，先后执教于厦门集美中学、福州英华中学和福建协和高级职业中学。1933 年，奉命创办福建教育团公有林，主持筹建南平王台第一林场和闽侯南屿第二林场，任总场场长。其间他从美国南方引进长叶松、短叶松、湿地松在南屿林场育苗，该地后来成为我国国外松良种基地和用材基地。1942 年，李先才应聘为福建省立农学院教授，任森林学系主任，讲授造林学。他治学严谨，理论联系实际，力倡发展林业要因地制宜、讲求实效，培养人才要因材施教、学以致用。他借鉴国外造林经验，编译教材并系统总结我国营林科技成果，为我国林学科研与教学培养了一批骨干人才[3]。

三、改革开放时期留学回国教师群体

20 世纪 80 年代以来，随着改革开放政策的实施，福建农林大学国际化办学实践得到恢复和发展。据不完全统计，自 1984 年到 2010 年，福建农林大学外派研学教师超过 100 人，构成了一个特色鲜明的留学回国教师群体，这个群体有许多杰出人才为学校的发展事业做出了贡献，其中尤民生、王宗华等人以其在国际化办学领域的履历和贡献，成为其中的代表。

尤民生，博士、教授、博士生导师，昆虫学科带头人，农业部（现农业农村部）闽台作物有害生物综合治理重点实验室主任，曾任福建农林大学副校长、福建省农业科学院院长，兼任中国昆虫学会理事、教育部高等学校农林科类（植物生产与草业科学）教学指导委员会委员等。在群落生态学、种群系统模拟、害虫生态控制等方面具有创新性的研究成果。先后获"全国优秀教师""全国优秀农业科技工作者"等荣誉，1996 年入选国家"百千万人才工程"第一、二层次，享受政府特殊津贴。2011 年，尤民生教授因主持完成了"十字花科蔬菜主要害虫灾变机理及其持续控制关键技术"获中国国家科学技术进步奖二等奖。尤民生 1987 年 6 月在华南农业大学获博士学位；1988—1989 年，在加拿大多伦多大学林学院做访问学者；1989—1990 年，在加拿大魁北克林业中心做博士后。1998 年开始参与主持加拿大国际发展署（CIDA）2 个国际

---

① 参考福建农林大学校史馆资料。——编者注

合作项目。基于跟加拿大同行深入的学术交流和科技合作，尤民生推动福建农林大学与加拿大新斯科舍农学院签署合作办学协议，引进加拿大农业教育资源，开设园艺专业、农业资源与环境专业的国际课程实验班，拉开了福建农林大学中外合作办学序幕[4]。

王宗华，博士、博士生导师、研究员，曾任福建农林大学副校长、闽江学院院长，兼任中国植物病理学会副理事长、福建省植物病理学会理事长、国际稻瘟病科学委员会委员及 *Mol Plant Pathology*、*PLoS One*、*J Integrative Agriculture* 编辑等学术职务，曾在国际水稻研究所（菲律宾）担任项目科学家，在美国康奈尔大学和密歇根州立大学从事博士后研究，在加拿大戴尔豪西大学任高级访问学者，系国家有突出贡献中青年专家和国家"百千万人才工程"第一、二层次人选。王宗华2004—2009年任福建农林大学海外学院院长，以其开阔的国际视野、鲜明的育人理念有效推进了中外合作办学事业健康发展；2009—2017年任福建农林大学副校长，分管国际化办学，当时正是我国扩大教育开放和推进高校"双一流"建设的大好时期，在福建农林大学党委的大力支持下，福建农林大学国际化办学进入快速发展期，来华留学教育、孔子学院、国家留学基金管理委员会合作项目竞相启动和落地，菌草援外工作持续推进，国际化办学水平迈上新台阶。

第二节　福建农林大学立德树人国际化实践概述

改革开放以来，福建农林大学对外交流得到恢复和发展，中外学者互访交流、参加国际学术会议、合作开展科研、互派留学生等依次展开。1998—2003年，学校参与加拿大国际发展署（CIDA）合作科研项目，带动了一批教师参与访学进修、合作科研，在深入的交流合作过程中，福建农林大学确定了引进加拿大优质教育资源的战略举措。2002年夏，福建农林大学与加拿大新斯科舍农学院签署合作办学协议书；2003年春，经福建省教育厅批准，联合举办园艺专业、农业资源与环境专业国际课程实验班，并于当年开始招生。由此拉开了福建农林大学立德树人国际化实践的序幕。

一、中外合作办学

1998—2003年，福建农林大学、加拿大新斯科舍农学院教师共同参加了加拿大国际发展署（CIDA）援助中国—越南可持续发展研究项目。在深入的科研合作基础上，两校于 2001 年达成教育合作意向并签署合作办学协议。2003 年，经福建省教育厅批准，福建农林大学从加拿大新斯科舍农学院引进专业课程，开设园艺专业、农业资源与环境专业国际课程实验班，纳入学校计划内招生指标，在福建省高考本科二批次录取学生。2007 年通过教育部复核，福建农林大学与加拿大新斯科舍农学院合作举办园艺专业、农业资源与环境专业本科教育项目，招生规模分别为每年 40 人，合计 80 人，项目有效期到 2027 年。

2011 年，经过福建农林大学、加拿大新斯科舍农学院协商，同意与加拿大圣文森山大学构成三方合作框架，为本科项目学生学习工商管理、会计学、人类营养学等专业提供选择机会。2012 年 9 月，加拿大新斯科舍农学院并入加拿大东部名校戴尔豪西大学。2013 年 4 月，教育部国际司《关于福建农林大学中外合作办学项目部分事项变更的复函》，同意福建农林大学 2 个中外合作办学项目外方合作者更为加拿大戴尔豪西大学[5]。

2013 年，福建农林大学与世界名校加拿大不列颠哥伦比亚大学合作举办生态学专业本科教育项目。2014 年，园艺专业、农业资源与环境专业合作办学项目成功通过教育部中外合作办学评估。2015 年，福建农林大学与加拿大戴尔豪西大学合作举办风景园林专业本科教育项目。2020 年与加拿大戴尔豪西大学联合举办农学博士项目。2023 年 5 月，教育部致函福建省政府批准福建农林大学正式设立中外合作办学非独立法人二级机构——福建农林大学戴尔豪西大学联合学院。

二、来华留学教育

1993 年，福建农林大学获得来华留学生招生资格，随后开始陆续接收来华留学生到校学习。2011 年，学校被教育部授予"来华留学中国政府奖学金生接收高校"，并于 2012 年开始招收第一批硕（博）士中国政府奖学金生，拉开了福建农林大学来华留学学历教育的序幕。此时，来华留学教育归口于海外学院/留学预科学院（合署）。2019 年，海外学院/留学预科学院（合署）与文法学院组建成立国际学院。一直以来，学校来华留学教育坚持"稳增长、调结构、提质量"的发展思路和"趋同化"的管理理念，努力推进来华留学教育招生规模、教育质量等各项工作的良性推进。

截至 2023 年年底，学校共有来自 39 个国家和地区的在校学历教育来华留学生 193 人，分布于 5 个本科专业和 35 个研究生专业，形成了本科生、硕士研究生、博士研究生全学段的来华留学教育体系，来华留学生层次不断提高，结构进一步优化，研究生占在校学历来华留学生总数的 95％，规模居省内高校前列。2019 年、2021 年，学校分别顺利通过首批中国政府奖学金年度评审抽查、中国政府奖学金绩效试评价，学校来华留学教育的内涵建设和质量发展得到广泛认可，成为国外特别是"一带一路"沿线国家学生留学中国的重要目标高校。

三、孔子学院

2013 年 3 月 26 日，在国家主席习近平和南非总统雅各布·祖马的共同见证下，孔子学院总部总干事、国家汉办主任许琳与南非德班理工大学校长艾哈迈德·巴瓦在南非行政首都比勒陀利亚的总统府签署了孔子学院共建协议。3 月 27 日，福建农林大学党委书记叶辉玲代表学校与南非德班理工大学校长艾哈迈德·巴瓦在南非德班理工大学里特森校区签署了执行协议，标志着由福建农林大学与南非德班理工大学共同建设的孔子学院正式成立。南非德班理工大学孔子学院是习近平担任国家最高领导人首次外交出访见证签约的孔子学院，也是全球第二所农业特色孔子学院。南非德班理工大学孔子学院以汉语教学和特色文化推广为主体，依托福建农林大学特色农林专业优势，并结合福建省、福州市特色文化，在当地社区和学校开展菌草技术、茶艺、蜂产业等方面的文化推介及职业技术培训项目。南非德班理工大学孔子学院多次举办以茶文化为代表的中国农业文化活动，得到南非著名媒体"星期日先驱者报"大幅版面详细报道。除了在当地社区传播中国农业文化（如为参加德班汉语语言学习培训的南非共产党官员班介绍中国茶及中华传统茶文化），南非德班理工大学孔子学院积极推进农业文化交流的双向性与交互性，于 2016 年 10 月派遣茶艺队从南非到福州参加由高等学校国家级实验教学示范中心联席会主办、福建农林大学承办的第三届中国大学生茶艺技能大赛，不远万里献上匠心独具的中国茉莉花茶茶艺表演，祝贺福建农林大学的 80 周年华诞。

2023 年 8 月，国家主席习近平复信南非德班理工大学孔子学院师生，鼓励他们学好中文，为传承发展中南两国友好事业、促进中非友谊合作贡献力量。9 月 19 日，福建省委副书记、省长赵龙率团访问南非期间考察了南非德班理工大学孔子学院，并参加了福建农林大学—德班理工大学孔子学院建院 10 周年庆典系列活动。12 月 15 日上午，福建省委书记、省人大常委会主任周祖翼在福州会见了参加"寻迹中国式现代化"主题冬令营活动的南非德班理工大学孔子学院师生一行，该冬令营为期 15 天，行程涉及福州、宁德、武夷山、泉州、厦门、北京等城市[6]。

四、国家留学基金管理委员会优秀学生国际交流项目

2012 年开始，福建农林大学被列入国家留学基金管理委员会合作高校，遴选了一批优秀的研究生、本科生获得国家留学基金管理委员会资助，前往美国得州农工大学、加拿大不列颠哥伦比亚大学等国际知名高校开展为期一年的课程学习。由于福建农林大学积极推动、学生素质优秀，福建农林大学获得国家留学基金管理委员会的高强度资助，资助人数在福建省属本科院校中名列第一。2011 年，福建农林大学被国家留学基金管理委员会正式列为合作院校。福建农林大学与美国得州农工大学开展的"植物保护和生物安全专业本科生课程学习交流项目"通过国家留学基金管理委员会评审，被正式列为国家留学基金管理委员会 2012 年"优秀本科生国际交流项目"。2012 年，福建农林大学首次获批开展国家建设高水平大学公派研究生项目，从生命科学、食品科学、植物保护等学院遴选了 4 位优秀研究生赴美国、加拿大等地的高校、科研机构开展合作研究。以国家留学基金管理委员会项目实施学校为契机，福建农林大学自 2013 年起进一步拓展国家留学基金管理委员会各类优秀学生国际交流项目，并制定了鼓励学生赴海外交流研修的资助奖励政策，为学生拓宽国际视野创造了有利条件，获批项目的数量和选派规模居福建省属高校首位，其中硕（博）士研究生项目"中美（FAFU - TAMU）合作培养植物保护学创新型人才项目"（2014 年）和"中德美合作培养农业基因组人才项目"（2016 年）被列为国家留学基金管理委员会创新型人才国际合作培养项目，让福建农林大学成为福建省唯一被列入该项目的高校。2016 年，福建农林大学被国家留学基金管理委员会批准的优秀本科生交流项目增加到 11 个，合作院校涵盖美国、加拿大、澳大利亚、新西兰、南非等国，选派专业从 25 个增至 30 个，选派人数从 56 人增至 66 人。通过从传统优势学科甄选优秀学生到海外进行短期非学历的交流与交换，扩大了具有跨境学习经历学生的规模，扩充了"高峰""高原"学科国际化人才队伍，为不断提升传统优势学科国际影响力提供了人才支撑。同时，福建农林大学还与美国、加拿大、德国等国知名高校开展 20 余个学生联合培养和交流互换项目。

2023 年 12 月，国家留学基金管理委员会公布了 2024 年创新型人才国家合作培养项目资助名单，福建农林大学"中加联合林业拔尖创新型人才培养项目"正式获得资助。该项目依托福建农林大学林学院与加拿大不列颠哥伦比亚大学林学院深厚的合作基础和项目执行经验，充分利用双方在林学、生态学等研

究领域的国际领先优势，共同打造高水平师资队伍，致力于培育一批具有全球视野、先进理念和专业技术的高层次林业创新型人才，有力提升了福建农林大学林学一流学科的建设水平。该项目执行时间为2024—2026年，每年选送5名优秀研究生赴加方培养，其中博士研究生2人/年，联合培养博士研究生3人/年[7]。

第三节　福建农林大学立德树人国际化实践的路径

20年来，福建农林大学坚持全方位开放办学思路，不断拓展对外合作交流领域，构建了多层次、宽领域的对外合作交流格局，形成了特色鲜明的开放办学局面。

一、聚焦树立国际化理念，提高人才培养的国际化水平

（一）加强教育教学的国际化建设

开展学生国际化专业培养方向建设、课程体系国际化建设，提高双语教学和全英文授课课程比例，重视学生实践能力培养，加强二级学院教育教学国际化管理人才的培养等，目标就是在遵守国家法律的基础上尽量让人才培养方案与国际接轨。推进学生海外教育交流项目，认真实施好国家留学基金管理委员会、福建省教育厅"优秀本科生国际交流项目"以及学校资助的博士研究生海外研修项目等，吸引更多优秀学生参与海外交流研修。

（二）大力推进中外合作办学

20年来，福建农林大学中加合作办学从引进国际课程实验班起步，合作办学项目由2个发展到5个，办学层次从本科教育延伸到博士研究生教育；合作办学类型从合作办学项目发展到建立非独立设置的中外合作办学机构；合作对象也扩展到国际高水平一流大学。合作办学双方遵守相关法律和政策，探索建立起一套务实有效的合作办学工作机制，认真落实合作办学协议，合作办学事业健康发展。

（三）做好来华留学生工作

用好国家来华留学教育的鼓励政策，申请"中国政府来华留学奖学金生接

受高校"，设立来华留学生奖学金，推进来华留学教育。坚持激励机制和倒逼机制相结合，推动教师开设英文课程和对外汉语教学建设，推动建立英文教学管理平台，推动教师和管理干部的国际化能力建设，通过探索来华留学生趋同化管理体制，提高学校的国际化办学水平。

二、以队伍建设为关键，提升学校国际竞争力

（一）招聘海外高层次人才

推进重点岗位的全球公开招聘，优化人才队伍结构；依托各类人才计划，大力引进急需的海外优秀领军人才并做好团队建设；建立一支相对稳定的高水平海外专兼职教授队伍，参与学校学科建设、人才培养和科学研究。2013年以来，面向全球招聘一批领军人才组建学校人才和创新高地——海峡联合研究院，产出了一批高水平学术成果，发挥了国际化人才的示范引领和辐射作用。

（二）鼓励人才海外研修

设立教师海外研修基金，具有半年以上海外研修经历纳入教授评聘条件，鼓励青年教师海外研修；设立管理干部海外研修基金，在现有各类因公出国项目基础上，选派一批优秀管理干部赴海外参加短期研修，加快推动培养国际化管理人才。

三、以协同创新为突破，推动国际科研联合攻关

（一）加强国际学术交流

发挥学院的主体作用，鼓励支持学院、学科举办和承办有影响力的国际（区域）学术会议，了解和掌握国际前沿科研动态，建立相对稳定的学术交流平台。学校每年重点支持1～2个高水平国际学术会议，逐步培育和形成具有持续影响力和体现学校特色的学术项目。支持专家学者在教学科研项目预算范围内持因私护照出国（境）参加学术会议和开展合作研究。

（二）合作开展科研攻关

依托优势学科和创新团队，建设好联合国（中国）实蝇防控研究中心等一批国际合作平台，加强与国际原子能机构等国际组织的合作，加快推进与境外

高水平大学和研究机构的实质性合作，建立符合国际惯例的知识创新模式，推动原始创新成果的产出和拔尖创新人才的培养。设立面向境外专才的教育科研项目，吸引高水平人才来华开展教学科研工作。

（三）大力推动技术援外工作

发挥菌草援外工作的特色和优势，推进与教育部、农业农村部、科学技术部等国家部委的交流合作项目，积极参与国家层面的各类国际合作项目及援外项目。依托援外项目平台进一步加强对外宣传工作，推进来华留学生招生工作。

四、建设多元的校园文化，促进中外人文交流

（一）办好孔子学院

孔子学院是孔子学院总部（国家汉办）在世界各地设立的推广汉语以及传播中国文化与国学的教育和文化交流机构。2013 年，在习近平主席的见证下，福建农林大学与南非德班理工大学成功共建孔子学院，对推动福建农林大学走出国门、扩大国际影响力具有十分重大的意义。福建农林大学成立了孔子学院申办工作小组，由主要领导担任组长，各部门协调配合，积极开展相关筹备工作。

（二）促进多元文化交流

为了使汉语水平尚未达到一定程度的来华留学生更多了解中国历史和文化，也为了提高中国学生用英语传播中华文化的能力，组建跨文化交流社团，举办"中外文化名家讲坛"，举办"福建农林大学国际文化节""福文化节""耕读文化节"，开设《跨文化交际》《京剧艺术与欣赏课》等选修课，促进多元文化交流。

五、健全工作机制，构建立德树人国际化实践新格局

（一）加强组织领导

要充分调动院、系的积极性，逐步形成以学校为主导、学院为主体、学科为基础，以教师、专家、学生为主角的多层次、多领域、多形式的国际交流与合作的立体格局。除了学校层面，各学院也要成立外事工作小组，由院长全面

负责，并指定一名副院长具体开展对外交流工作，配备专门的外事秘书负责办理涉外业务。

（二）完善政策制度

要修订和完善关于学生国际联合培养、合作办学、学术会议、项目合作、引智工作、来华留学教育、因公出国（境）等方面的管理办法和相关规定，进一步规范外事工作程序，加强对外交流合作中的保密与安全工作。

（三）加强条件保障

加快外专外教公寓、来华留学生公寓建设，改善科研教学合作条件，配备相应的生活设施、交流活动场所和交通工具，改善并适应国际化交流合作的大环境。加强英文课程建设，完善英文网站和校园英文标识建设，通过英语角、英语竞赛、学术会议、学术报告会，以及开设满足多元文化交流需求和符合国际礼仪的选修课程等，努力营造有利于国际化建设的人文交流环境，进一步提升学校的国际形象和国际化水平。

（四）强化考核督查

探索建立国际化建设评估制度和奖惩机制，对成绩突出的单位和个人给予重奖；对派出研究生赴海外交流研修的学院和教师在招生指标上给予倾斜支持；对接收并指导研究生层次来华留学生的导师给予奖励；对接收来华留学生的学院增加一定的管理经费；对于参加交流项目的本科生在保送推免上给予加分等。

第四节 福建农林大学立德树人国际化实践的成效

21 世纪以来，福建农林大学各项事业有了长足的进步，国际化办学道路越走越宽广。2012 年 8 月，福建农林大学第三次党代会明确提出要建设更具特色、更为开放、更加和谐的国内一流农林大学。2013 年 1 月，福建农林大学召开国际化建设工作会议，明确提出要把国际化办学纳入学校总体发展战略布局，陆续出台了一系列推进国际化办学的举措。2014 年，福建农林大学高水平大学建设指标体系中又明确提出了提升对外办学水平的工作要求，指明了未来一段时间在人才教育、师资培养、科研协作等方面的国际化工作努力方向。2015 年，福建农林大学召开国际化建设工作推进会，旨在更新观念、提升认识，实现跨越发展，福建农林大学相继出台了一系列推进国际化办学的措施：鼓励支持中青年教师开展半年以上的海外研学，还设立管理干部海外研修基金、来华留学生奖学金、全英文课程建设基金，等等。通过福建农林大学全校的共同努力，形成了上下联动、主动作为、蹄疾步稳、狠抓落实的良好局面，立德树人国际化实践呈现出全面播种、次第开花的生动景象。

一、一批具有国际视野的复合型农业人才脱颖而出

（一）中外合作联合培养人才

福建农林大学与加拿大不列颠哥伦比亚大学合作举办 1 个本科教育项目，与加拿大戴尔豪西大学合作举办 3 个本科教育项目、1 个博士教育项目，合作办学项目总数达到 5 个，位居全国农林高校前列。20 年来，学校中外合作办学项目共招收学生 2 646 人。福建农林大学致力于培养具有国际视野、熟悉国际规则、能够参与国际竞争的复合型、创新型人才；务求实效，扎实推进，拓展合作渠道和空间，实现了从项目到机构的重大跨越，逐步成为学校国际化办学的示范窗口与平台，得到教育主管部门的肯定与社会各界的好评，形成了鲜明特色。受益于国际化的办学理念、办学资源和教育教学模式，中外合作办学学生在外语交流能力、国际理解能力、批判性思维能力上非常突出。

（二）围绕"一带一路"培养来华留学生

福建农林大学在来华留学教育上始终坚持以立德树人为根本任务，坚持思想引导与学业强化办学理念，以全球化为背景，厚植中国文化，传授农林知识，通过不断优化教育体系、创新培养模式、强化文化交流等方式，潜心做好跨文化来华留学生群体的管理和服务，努力培养认同人类命运共同体理念、具备国际视野、能够参与国际事务的知华、友华的高素质人才。福建农林大学持续举办各类具有中华优秀传统文化、福建地域特色的文化体验交流活动，让来华留学生在中外文化的交流和融合中感知、认同、传播中国文化；开展"感知中国"社会实践，帮助留学生亲身感受和体验中国特色社会主义现代化建设成就，增进来华留学生对中国发展和中国道路的自觉认同。2002 年迄今，福建农林大学先后培养了 520 余名高素质农林人才，其中博

士研究生占 52.12%，硕士研究生 37.31%，学生主要分布在"一带一路"沿线的 50 多个国家。

（三）率先对我国台湾地区单独招生

福建农林大学积极探索海峡两岸科教深度融合发展新路，共建两岸合作科研平台，成立省部共建的闽台作物有害生物生态防控国家重点实验室等创新平台，有效推动闽台科技深度合作。福建农林大学先后与台湾中兴大学、台湾海洋大学、东华大学、亚洲大学举办 6 个"3＋1"闽台高校联合培养人才项目。福建农林大学面向台湾农业行业协会会员开办函授大专班，累计培养 500 余名台湾函授生。

📖 **案例 6-1**

放飞青春梦想，讲好中国故事

DOAN BA TOAI（团伯遂），男，越南籍留学生，2017 级福建农林大学经济与管理学院硕士研究生，现为福建农林大学经济与管理学院博士研究生。该生曾任校研究生会副主席、国际学院院长助理等职务，积极组织各类活动，讲好中国故事，传播好中国声音，先后获全国高校商业精英挑战赛二等奖、第一届福建省"邮政速递杯"大学生跨境电商技能大赛国际组一等奖、福建省第二届经典诵写讲大赛"诵读中国"留学生组一等奖并入围国赛，参加改革开放四十周年"学在中国"演讲比赛总决赛，受邀参加外国本土汉语教师厦门大学研修班、北京大学第五届新结构经济学专题研讨会。新冠疫情期间，该生就职于越南成东大学负责汉语教学及国际合作事宜，助推越南成东大学成为越南第七个汉语水平考试考点，并举办多场汉语水平考试，助力汉语国际推广。

HATUNGIMANA MEDIATRICE（梅迪），女，卢旺达籍留学生，2016 级福建农林大学生命科学学院硕士研究生，现为福建农林大学菌草与生态学院博士研究生、卢旺达发展委员会示范中心项目协调员。该生在校期间努力学习专业知识，回国后将所看、所学、所感讲述给周边的人，曾担任联合国经济和社会事务部非洲研讨会主讲人，将中国智慧、中国方案推广到卢旺达，帮助卢旺达妇女从事菌草种植，促进就业、摆脱贫困，为促进民心相通、构建人类命运共同体做出贡献，其事迹被新华社、中央电视台等主流媒体多次报道。

BRYAN GILBERT MURENGAMI（莱恩），男，津巴布韦籍留学生，2021级福建农林大学机电工程学院硕士研究生，现为西北农林科技大学博士研究生。该生在校期间任校"一带一路"留学生"福"文化研习社副会长、留学生宿舍管理助手等职务，积极参与各类活动，拍摄"福"文化短视频，先后获中国大学生自强之星，第六届福建省"互联网＋"大学生创新创业大赛银奖，全国三维数字化创新设计大赛14周年精英联赛福建赛区特等奖、全国总决赛二等奖等荣誉，申请了两项实用专利。

资料来源：福建农林大学留学生管理办公室

二、聚焦"一带一路"倡议，助力国家技术援外和人文交流

（一）农业技术援外和科研成果推广

一是技术援外工作蓬勃开展。福建农林大学是我国承担援外任务最多的高校之一，先后承担中国援助卢旺达、中国援助斐济的农业技术示范中心建设任务，参与中国援助马里农业技术示范中心建设，与贝宁、马来西亚等国家深入开展农业技术援助与合作，落实"农业走出去"，积极响应国家"一带一路"倡议，在斐济、南非等海上丝绸之路沿线的8个国家建有先进适用技术示范与推广基地。如今，福建农林大学研发的菌草技术已被推广到101个国家，并以15种文字在世界上传播；研发的茶叶、麻类、水稻、甘薯、花卉等农业作物品种和栽培技术在亚洲主产区得到广泛应用。二是好成果国际推广彰显实力。2023年5月，由福建农林大学牵头研制的国际标准 ISO 20680《White tea - Definition and basic requirments》已正式获得批准立项。该标准是继福建农林大学在 ISO/TC34/SC8 "茶叶"分委员会承担 ISO 20716《乌龙茶—定义和基础特征》国际标准研制并于2022年9月正式发布后获得的新突破。其中，乌龙茶国际标准是首个由中国人主持的茶叶国际标准。三是共享优质种质资源。福建农林大学从非洲引进的菌草品种已在国内30个省份种植，特别是在黄河沿岸和大江大河沿岸大力推广种植的巨菌草和绿洲一号，用于防风固沙、提供优质饲料。福建农林大学从美国、巴西、澳大利亚等国家引进选育的甘蔗良种年应用面积占全国甘蔗种植面积85％以上[8]。

（二）加强国际人文交流

一是南非德班理工大学孔子学院续写中南文化交流佳话。福建农林大学与

南非德班理工大学共建的孔子学院，积极开展中文教学、文化交流、职业技能培训等工作，累计培养近万名学员，获评"全球先进孔子学院"和"全球示范孔院"。二是高水平交流引领高水平人才培养。定期举办"21世纪海上丝绸之路农业可持续发展论坛""国际生态安全会议"等高水平学术会议，邀请诺贝尔奖获得者、美国科学院院士、中国"两院"院士等高层次人才进行深入研讨，福建农林大学众多师生积极参与此类高水平交流。三是接待外国政要助推"一带一路"建设。福建农林大学是发展中国家政要到访最多的地方高校，南非祖鲁国王、圭亚那总统、柬埔寨国王等外国政要以及 30 多个国家驻华使节先后到校访问，增进了我国与"一带一路"沿线国家的交流与友谊，促成了福建省分别与巴布亚新几内亚东部高地省、南非夸祖鲁-纳塔尔省结成友好省份。四是积极参与国际协同创新，福建农林大学成为联合国粮食及农业组织/国际原子能机构联合司、加拿大国际发展署等机构的中方合作院校。

（三）共建"一带一路"智库

福建农林大学通过技术援助服务国家外交大局，服务"一带一路"，积极对非洲和南太平洋岛国的农业发展状况和农业政策进行跟踪研究。根据习近平总书记的重要指示精神，福建农林大学从校情、基础等实际出发，整合校内外优势资源，积极谋划成立海上丝绸之路研究智库。2016 年 10 月，海上丝绸之路可持续发展研究院在校正式成立，这是全国首家以海上丝绸之路可持续农业发展为主要研究对象的特色智库，随后加入"一带一路"智库合作联盟，得到了业界的高度肯定。2017 年 7 月，由福建农林大学申报的南太平洋岛国研究中心获批教育部国别和区域研究中心，实现了福建省高校零的突破，为福建农林大学对该区域开展长期深入研究搭建了平台[8]。

📁 **案例 6 - 2**

中国福建省与加拿大新斯科舍省于 2020 年 12 月 21 日举行结好协议书网上签署仪式。福建省也成为继广东省之后，新斯科舍省结好的第二个中国省份。

新斯科舍省省长斯蒂芬·麦克尼尔表示，新斯科舍省与福建省均属沿海省份，新斯科舍省重视与福建省的关系并期待进一步合作，共创互惠互利的机遇。他说，在新斯科舍省着眼于新冠疫情后的经济复苏之际，这样的友省关系颇具意义。

福建省省长王宁表示，自 2018 年 5 月两省签署结好意向书以来，双方各领域交流合作持续深化、卓有成效，特别是在今年抗疫过程中，两省民众同舟共济、守望相助，以实际行动践行了人类命运共同体理念，正式结好水到渠成。希望两省以此为契机，进一步加强产业、贸易、文教、旅游等领域的务实合作，更好造福两省人民。

中国驻加拿大大使丛培武、加拿大驻华大使鲍达民亦出席网上签约仪式并致辞。两省企业、高校代表在仪式上签署了相关合作备忘录。

新斯科舍省一直走在加拿大地方对华合作前列。该省曾于 2016 年 4 月发布"中国合作战略"。这是中加关系史上加拿大省级政府发布的首个对华合作战略文件。中国是新斯科舍省的第二大贸易伙伴和出口目的地国，目前约5000 名中国学生在新斯科舍省学习，是当地最大的海外留学生群体。

资料来源：中国新闻网

三、协同发力推进学校"双一流"建设

（一）立德树人国际化实践进一步促进学校人才高地建设

福建农林大学全方位推进国际化办学过程中，坚持培养、引进、用好高层次优秀人才，面向全球招聘一批优秀科学家和学院院长，建设海峡联合研究院，优化资源配置和运行机制，建设人才高地和科技创新高地。福建农林大学现有中国科学院院士、全国杰出专业技术人才、国家重大人才计划、万人计划、国家杰青、国家优青等国家级人才 147 人次，拥有国家级教学团队 2 支、全国高校黄大年式教师团队 2 支、教育部创新团队 1 支、科学技术部"创新人才推进计划"创新团队 2 支、农业农村部创新团队 2 支、国家林业和草原局科技创新团队 1 支。福建农林大学入选国家创新人才培养示范基地，2 个基地入选国家"高等学校学科创新引智计划"，涌现出党的十九大、二十大代表以及全国人大代表、"感动中国"年度人物、全国最美教师、全国模范教师、全国优秀教师、全国三八红旗手、"八闽楷模"等先进典型。

2023 年，福建农林大学新增国家级高层次人才 20 人次；出台人才工作"双百计划"，敦聘谢华安院士为全职教授；新增国家优青 2 名、万人计划青年拔尖 2 名；引进国家杰青、国家优青、万人计划领军 4 名；新增省级人才 153人次；组建高端创新团队 7 支；引进优秀青年博士 150 人；新聘高级职称教师208 人。已有 10 余人获全球植物科学"新星奖"、中国青年科技奖、全国教师教学创新大赛一等奖等荣誉[9]。

📖 **案例 6 - 3**

2022 年，福建农林大学组建未来技术学院，以进一步落实习近平总书记在农林两校合并时要求把学校建成"创新人才的培养基地、知识创新的研究基地、关键技术的攻坚基地和高新技术产业的孵化基地"的殷殷嘱托，践行立德树人这一根本任务，强化强农兴农时代责任，面向 2035 年农业农村现代化的人才需求，聚焦未来农业技术关键领域，扎实推进新农科、新工科建设的再深化、再拓展、再突破、再出发，探索学校全新拔尖人才培养体系，培养未来科技创新领军人才，探索专业学科实质性复合交叉合作，支撑和引领未来农业发展。

未来技术学院全面深化新农科、新工科建设，构建"2＋1＋1""0.5＋2.5""0.5＋0.5＋2"和"0.5＋3.5"模式培养本、硕、博学生，探索运行拔尖创新型、复合交叉型农林人才培养新模式。未来技术学院现有生物育种和生物安全 2 个交叉学科、1 个目录外二级学科农业人工智能的二级学科博士点，以及生物育种科学、智慧农业、数据科学与大数据技术、人工智能 4 个本科专业。同时积极推进农林大数据、合成生物学 2 个交叉学科建设。未来技术学院现有本科生 732 人、研究生 316 人，其中有博士研究生 26 人。

一起向未来。站在新的历史起点上，未来技术学院紧扣立德树人和强农兴农两大历史使命，全面落实党建和思想政治工作守正创新"八大工程"，以高质量党建引领学院事业高质量发展，致力建成学校"创新人才的培养基地、知识创新的研究基地、关键技术的攻坚基地和高新技术产业的孵化基地"的先行先试区，努力为国家战略和新福建建设做出更大贡献。

资料来源：福建农林大学未来技术学院

（二）立德树人国际化实践促进学校创新高地建设

高水平研究成果取得突破。2023 年 8 月 8 日，国际期刊 *Nature* 以快速发表的形式报道了福建农林大学材料工程学院帅李教授团队名为"Bonding wood with uncondensed lignins as adhesives"（"未缩合木质素作为木材胶黏剂"）的最新研究成果，福建农林大学为唯一完成单位。11 月 17 日，徐通达团队与杨贞标团队合作在国际期刊 *Cell* 发表名为"ABLs and TMKs are co-receptors for extracellular auxin"（"生长素结合蛋白 ABLs 和 TMKs 激酶形成共受体感受胞外生长素"）的研究论文，这是继徐通达团队 2019 年、杨贞标团队 2021 年分别在 *Nature* 上解析生长素- TMK 信号途径后的又一重大进展。如今，福建农林大学累计发表 CNS 国际顶刊论文 13 篇，数量位居全国高校第 22 位。福建农林大学入选自然指数全球科研机构排行 500 强，居国内农林高校第 7 名。福建农林大学牵头承担 2 项国家重点研发计划重点专项和 9 项重点专项课题，实现历史性突破。同时，福建农林大学获批国家自然科学基金 86 项，同比增长 43.3%，连续 4 年优青项目、重点项目不断线；获批国家社科项目 8 项，重点项目实现零的突破。2023 年，纵、横向科研经费超 4 亿元，立项经费数、到账经费数双创历年新高。获得福建省科学技术奖 17 项，其中一等奖 2 项。产学研合作进一步深化，与 23 个单位（地市）签订战略合作协议，共建 2 个地方产业研究院和 2 个县域乡村振兴研究院。新增科技小院 14 家，总数 47 家，占全省 98%[7]。

📁 案例 6-4

2012 年 12 月，福建农林大学成立海峡联合研究院，借鉴国际高端科研平台管理模式，面向农业农村现代化，围绕国家和区域重大需求，瞄准生物学前沿，加强基础研究，创新人才引育机制，凝聚了一批高层次创新人才，建设基因组与生物技术研究中心、基础林学与蛋白质组学研究中心、园艺植物生物学与代谢组学研究中心、根系生物学研究中心、植物免疫研究中心、媒介病毒研究中心等 9 个创新平台、37 个科研团队，80% 以上的课题组负责人获得过福建省级以上人才称号，其中国家级人才包括国家杰青等 19 人，在生物学基础研究和原创性成果产出上成绩显著，是学校的"人才特区"和"创新高地"，并被《光明日报》誉为"校园'硅谷'"。

资料来源：福建农林大学海峡联合研究院

（三）立德树人国际化实践促进学校学科和专业建设

经过 20 年的持续努力，福建农林大学现有 11 个一级学科博士点、2 个博士专业学位授权点、26 个一级学科硕士点、17 个硕士专业学位授权点、12 个博士后科研流动站；9 个学科入选国家林业和草原局重点学科，10 个学科进入 ESI 全球排名前 1%；福建农林大学现有省部共建国家重点实验室 1 个、全国重点实验室（共建）1 个、国家工程技术研究中心 2 个、省部共建 2011 协同创新中心 2 个、国家地方联合工程实验室 2 个、教育部重点实验室（工程研究中心）4 个、教育部国际合作联合实验室 1 个、教育部区域和国别研究中心 1

个、农业农村部重点实验室（研发中心、试验站、分中心）7 个、国家林业和草原局重点实验室（工程技术研究中心、研究中心、研究基地）8 个、自然资源部工程技术创新中心 1 个。

2023 年，福建农林大学新增材料科学、药理学与毒理学、分子生物学与遗传学 3 个学科进入 ESI 全球排名前 1%，从而该类学科的总数达 10 个，其中植物学与动物学、农业科学 2 个学科进入 ESI 全球排名前 1‰；新增农业工程博士后科研流动站，新组建数字经济学院、菌草与生态学院；新增党的建设、农业生态学、农业人工智能、智慧园艺、智慧植保、中国共产党"三农"工作的理论与实践等 6 个自主设置二级学科，以及菌草学、生物育种、生物安全、农林大数据科学与工程等 4 个交叉学科[7]。

四、凝炼总结出一批教育教学理论成果

福建农林大学中外合作办学项目办学质量受到社会各界的一致认可。《教育国际化背景下的中加合作"2＋2"本科办学机制的构建与实践》获得福建农林大学教学成果特等奖（2013 年），引进课程《农业生态学》经过中加双方教师的通力合作和精心打磨，得到师生广泛认同，入选福建省精品课程（2007年）和国家级双语示范课程（2009 年），相关成果《国际本科教育合作背景下的〈农业生态学〉课程双语教学体系构建》获福建省教学成果一等奖（2014年）。合作双方构建的课程网站和共同撰写出版的配套教材，引起全国同行的高度关注，先后有华南农业大学、淮阴工学院、河南农业大学、西北农林大学的同名课程都使用相关教材或课件。

《地方院校国际化农林人才培养探索与实践》获得福建农林大学教学成果一等奖（2016 年）、福建省教学成果二等奖（2017 年），还有 30 多篇与国际化办学相关的学术论文参加国内外学术会议或在学术刊物上正式发表。2018 年，厦门大学中外合作办学研究中心专程到福建农林大学开展中外合作办学党建和思想政治工作调研。国家外国专家局、教育部国际合作与交流司、江西农业大学、湖南农业大学、中南林业科技大学、浙江海洋大学等相继到校考察调研、交流指导。

📖 **案例 6 - 5**

2013 年 12 月，福建农林大学举办首届"福建农林大学国际文化节"。作为文化节重要组成部分，福建农林大学中加合作办学 10 周年学术论坛邀请加

拿大合作办学高校及国内同行研讨和总结中外合作办学经验，受到高度的认可。教育部国际合作与交流司和福建省教育厅领导分别致辞，出席论坛的加拿大不列颠哥伦比亚大学、戴尔豪西大学、圣文森山大学、阿尔伯塔大学等高校的专家，以及福州大学、福建师范大学、福建医科大学等兄弟院校派员参加论坛。

其中，由厦门大学中外合作办学研究中心主办、福建农林大学承办了第四届全国中外合作办学年会——"中外合作办学质量建设"国际学术研讨会（2013.厦门），福建农林大学校长兰思仁教授主持了大会开幕式，出席本次大会的代表来自美国、加拿大、英国、葡萄牙、西班牙、日本等十几个国家和地区以及中国25个省份，共400多人。教育部国际合作与交流司和9个省教育厅（教委）的近20位领导及其相关部门负责人，50多位大学校长，200多位中外合作办学机构、项目负责人出席会议。其中，国外代表20多人，本次学术年会很好地宣传了福建农林大学的中外合作办学和国际化工作。

资料来源：《地方院校国际化农林人才培养探索与实践》教学成果申报材料

第五节　福建农林大学立德树人国际化实践的启示

一、扎根中国大地，坚持国际化与本土化相结合

现阶段大学教育国际化主要任务是引入世界先进教育资源，但是这不是照搬，而必须予以创造性地发挥，使之具有中国元素。要结合本地区、本校的实际情况，采取优先发展自己的特色和优势的战略，既要防止在其国际化建设中复制照搬他国、他校的先进经验，杜绝简单的模仿和拼接，又要自觉地克服植根于民族文化中的狭隘观念。大学教育国际化，就是要向世界知名高校学习和借鉴，在竞争中提升人才培养质量和办学效益，在提升学校的国际知名度和竞争力的同时，力争把学校的优势学科和先进科研技术传播到周边国家，把民族的、本土的原创成果与先进的文化互相融合，使融合后的成果成为世界文化的重要组成部分。

扎根中国大地办大学、走中国特色发展道路，深刻体现新时代高等教育发展必须坚持自主化、特色化发展的文化自信和道路定力。长期以来，因为先发优势，西方国家的高等教育发展模式作为样板外推到世界其他国家。很多国家和地区的高等教育理论、政策和实践都面临着"西方化"或"被西方化"的挑

战。发展中国家必须立足历史发展的阶段性特征、文化传统和制度性差异，规避机械模仿引起的水土不服和制度失灵。

要辩证看待中国与世界的关系，坚持高水平的教育对外开放，构建以国内大循环为主体，国内国际双循环相互促进的高等教育发展新格局。要坚持"引进来、走出去"的发展战略，加大在高等教育领域开展高层次人文交流、项目合作、平台建设的力度。积极参与全球教育治理，针对世界高等教育改革发展的共性问题，提供中国方案、发出中国声音、贡献中国智慧[10]。

二、积极担当作为，坚持"引进来"与"走出去"相结合

一方面要积极主动地引进、消化和吸收世界先进的教育理念和教育方式，为我所用，要加大聘请外专、外教的力度，扩大来华留学生招生规模，提高学校外籍教师和来华留学生比例，推进中外合作办学机构、项目建设，努力提高自己的办学水平。另一方面要创造条件，立足于自身优势，积极"走出去"，加大学术交流力度，锻炼队伍，扩大影响，占据世界教育舞台上应有的位置。

三、围绕中心工作，坚持教育国际化与教学科研工作相结合

不能将教育国际化工作游离于学校的教学科研工作之外独立开展，必须与教学科研工作紧密结合，共同推进。在理念、行为和制度安排上都要把教育国际化工作作为部门的一项常规项目，融入学校工作整体推进。聚焦主业培养高层次国际化农业人才。

四、遵循思政规律，坚持思政课程与课程思政协同育人

新时代高校思想政治工作关系高校"培养什么人、怎样培养人、为谁培养人"这个根本问题，是一项长期的战略任务。一是要深刻认识高校思想政治工作的本质是做人的工作。这就要求高校思想政治工作要以学生为出发点，坚持为学生服务的立场、情感和作风。二是要遵循高校思想政治工作的规律。高校思想政治教育工作要遵循思想政治工作规律，遵循教书育人规律，遵循学生成长规律。三是要创新高校思想政治工作的方法。信息时代要做好思想政治工作，要推动思想政治工作传统优势同信息技术高度融合，运用新媒体、新技术使工作活起来，增强时代感和吸引力[10]。

加强高校思想政治课程建设是高校思想政治工作新的发力点。各类课程要与思想政治理论课同向同行，形成协同效应，整合学科课程和思想政治理论课

程资源，发挥整体育人优势。"课程思政"体现了"大思政"的教育理念，扭转了传统单科课程进行思想政治教育容易窄化、淡化、边缘化的不利局面。高校思想政治课程建设要从学科融合发展走向学段衔接发展新阶段。

五、坚守理想初心，坚持党对国际化办学的全面领导

中国共产党是新时代中国高等教育事业发展的领导核心，是确保党的教育方针政策贯彻落实、实现高等教育现代化发展的根本政治保障。坚持党的全面领导，既是我国高等教育"走自己的路"的理论和实践立足点，也是我国高等教育发展得出的历史结论。实践已经充分证明，什么时候党对高校的领导得到全面加强，高等教育事业发展就很顺利；什么时候党对高校的全面领导弱化，高等教育事业就难以实现健康发展。

坚持党对高等教育的全面领导，首先要完善党对教育工作的领导体制和工作机制。加强高校基层党委能力建设，提高党的基层组织做思想政治工作的能力，形成各级党组织齐抓共管的工作格局。关键在于推动高校党的建设和事业发展的深度融合，确保党的各项政治原则、政治标准、政治要求贯彻落实到办学治校和教书育人的各要素、各环节、全流程。

参考文献

［1］许丽英，吴锦程，杨孔炽．严家显先生办学思想研究［J］．福建农林大学学报（哲学社会科学版），2010，13（5）：1-5.

［2］中国农业大学校友网．百年人物—周桢［EB/OL］．（2012-01-09）．https：//xyh．cau．edu．cn/art/2012/1/9/art_22589_426787.html.

［3］苏祖荣．松树品格和李先才其人［J］．福建林业，2015（2）：24.

［4］福建农林大学植物保护学院．尤民生［EB/OL］．（2017-01-09）．https：//zbxy．fafu．edu．cn/5c/4c/c7489a23628/page.htm.

［5］罗志雄．福建农林大学中外合作办学现状与发展策略研究［D］．福州：福建农林大学，2013.

［6］福建农林大学党委宣传部．勇毅前行开新局　团结奋斗谱华章——2023年福建农林大学建设发展十件大事［EB/OL］．（2023-12-31）．https：//www．fafu．edu．cn/2023/1231/c132a81352/page.htm.

［7］福建农林大学．福建农林大学2023年重要事件回顾［EB/OL］．（2023-12-30）．https：//www．fafu．edu．cn/2023/1230/c132a81351/page.htm.

［8］兰思仁．"一带一路"与农林高等教育发展的战略选择——以福建农林大学为例［J］．中国农业教育，2017（4）：7-10，83.

［9］肖燕娜．引进海外优秀人才对高校人才队伍建设的有效性评价研究［J］．教育评论，2019（8）：112-116.

［10］罗建平，桂庆平．扎根中国大地　加快建设中国特色社会主义大学——习近平总书记关于教育的重要论述学习研究之六［J］．教育研究，2022，43（6）：4-18.

后　记

本书源于对福建农林大学教育国际化探索的实践感悟和理论思考。

时间追溯到 2003 年，福建农林大学与加拿大新斯科舍农学院合作开设园艺专业、农业资源与环境专业的国际课程实验班，这是福建农林大学教育国际化的标志性事件。20 年来，福建农林大学中外合作办学从引进国际课程实验班起步，合作办学项目由 2 个发展到 5 个，合作办学层次从本科教育延伸到博士研究生教育，合作办学类型从建立合作办学项目发展到建立非独立设置的中外合作办学机构，合作对象也扩展到国际高水平一流大学。20 年来，福建农林大学中外合作办学、来华留学教育、国家留学基金管理委员会合作项目、孔子学院、菌草科技援外项目等有序推进，教育国际化工作踔厉步稳，次第开花，局面喜人。

笔者 2007 年至 2019 年曾在福建农林大学原海外学院从事思想政治教育工作和党建工作，工作范围涉及中外合作办学、来华留学教育、孔子学院等多个领域，作为福建农林大学教育国际化的参与者、经历者和见证者，这份经历和情感使我坚持关注和思考高等教育国际化过程中立德树人这一命题。

本书是团队协作的成果，由罗志雄担任主编，由李晓辉、黄剑峰、雷好、关煜航担任编委。其中，关煜航负责第一章、第二章这两章主体部分的撰稿，约 5 万字；李晓辉负责第三章的撰稿，约 5 万字；黄剑峰负责第四章主体部分内容的撰稿，约 2 万字；雷好负责第四章部分内容、第五章的撰稿，约 10 万字；罗志雄负责本书选题策划，负责引言、后记、第六章的撰稿，参与第一章、第二章、第四章这三章部分内容的撰稿。全书由罗志雄负责统稿。

本书是福建农林大学、加拿大不列颠哥伦比亚大学、加拿大戴尔豪西大学、南非德班理工大学师生协同开展高等教育国际化探索与实践的集体智慧结晶。在选题策划、材料收集、书稿撰写工程中，我们得到了福建农林大学原海外学院、原国际学院、戴尔豪西大学联合学院（国际学院）、对外合作与交流处、马克思主义学院、学工部、图书馆等同仁的大力支持和悉心帮助，本书还获得了福建省中青年教师教育科研项目（JAS14685）经费支持，在此一并表示由衷感谢！

罗志雄

2023 年 11 月 30 日

图书在版编目（CIP）数据

高校立德树人国际化探索与实践 / 罗志雄主编 . —
北京：中国农业出版社，2023.11
ISBN 978-7-109-31789-5

Ⅰ.①高… Ⅱ.①罗… Ⅲ.①高等学校－思想政治教
育－研究－中国 Ⅳ.①G641

中国国家版本馆 CIP 数据核字（2024）第 054426 号

中国农业出版社出版
地址：北京市朝阳区麦子店街 18 号楼
邮编：100125
责任编辑：全 聪 文字编辑：赵冬博
版式设计：王 怡 责任校对：张雯婷
印刷：北京中兴印刷有限公司
版次：2023 年 11 月第 1 版
印次：2023 年 11 月北京第 1 次印刷
发行：新华书店北京发行所
开本：700mm×1000mm 1/16
印张：17.5
字数：300 千字
定价：88.00 元
